上海市哲学社会科学规划教育学课题
上海市教育科学研究重点项目（A1226）"支持职初教师专业发展的'临床型'组织建设研究"成果

Clinical Organization:
the Secret of Initial Teacher Development
in Shanghai

临床型组织：
上海职初教师成长的秘密

陈珍国　等著

复旦大学出版社

序一

（一）

很高兴作为第一读者读到了陈珍国的新著《临床型组织：上海职初教师成长的秘密》，这是一本在他多年研究基础上，将教师在职培训推向一个新阶段的力作。

中国的教师培训有着自己的特点，也取得了很大的成就。这些特点概括起来就是：目标导向、问题为本、专家引领、同伴互助与自我发展。

所谓"目标导向"就是以专家型教师为终极指向，从服务我国教育改革的实际需要出发，全面提升教师的专业精神、专业素养、专业知识与专业技能。

所谓"问题为本"就是教师在发展过程中存在什么不足、困惑，就有针对性地提供帮助。

所谓"专家引领"就是让教育理论研究工作者提供理论的支持，让专家型教师为他们提供实践中的教育智慧。

所谓"同伴互助"就是让教师在实践中互联互通共享各自的教育教学经验。

所谓"自我发展"就是注重教师自身的积极性与创造性，立足于教师自身发展的需要。

《临床型组织：上海职初教师成长的秘密》则在这一基础上，对上海教师培训的经验进一步加以升华与深化。"临床型组织"概念的提出意味着：教师培训的目标是个体化的，它针对入职初期，每一各不相同、个性各异的教师。

"临床"无疑是从医学中借用的一个概念，然而，在教师培训上却又是一相当形象与妥帖的概念。世界上没有两个相同的病人，就是相同的病症也有不同的病因。当然，教师不是病人，而是"人类灵魂的工程师"，但是，他们，尤其是他们中新入职的青年教师，在成长与发展中的需求有着很大差异，因而，教师培训必须立足于每一各不相同的教师，满足他们在专业精神、专业素养、专业知识与专业技能方面各不相同的需求。"临床诊断"的概念则要求培训工作者要仔细地研究每一个教师，研究每一教师特殊化的需要。该书在浦东新区的问卷调查就是了解新入职教师特殊需求的尝试。"浸润式培训"＋"跟随式矫正"则是把专家引领、同伴互助与自我发展融合起来的一种可操作的培训新途径与新方法。

本书提出的理念与方法很值得高等师范院校在培养职前教师时借鉴。

（二）

当然，将"临床"引入教师培训领域，并非是陈珍国的首创。但是，本书并非只是外国概念的复制。作者对国外的成果加以了本土化的改造，并在实践基础上对该理论进行了丰富与提升。

在我国的教育研究领域，进一步说，在我国哲学社会科学研究领域有两种倾向值得注意：

其一，食洋不化。拿来主义不错，但拿来以后照搬照套，不问国情，抛弃我国原本就存在的优良传统与行之有效的方法就有问题了。

其二，拒绝继承。教育是一合目的与合规律相统一的社会活动，教育的目标追求与价值导向受着意识形态的影响，然而教育规律（包括认知、情感与动作技能发展的规律）则没有国界。培训过程也同样如此，善于继承是善于创造的起点。不懂继承，什么都从头做起，一切都从零开始显然是不明智的。站在巨人的肩上，人类文明才能得到不断发展。

陈珍国是明智的，他既懂得从中国国情出发，又善于借鉴国际一切先进的成果。在浦东新区开展的职初教师的"临床型"支持组织的研究中，他领衔开展的职初教师"临床型"支持组织研究从整体设计出发，对浦东新区的"临床型"支持组织进行了新的规划，建立了浦东新区"临床型"支持组织的运行机制，并把它分解为三个层次的职初教师"临床型"支持组织：基于教研组的"临床型"教师专业发展支持组织；基于见习教师规范化培训基地学校的"临床型"教师专业发展支持组织；基于区域教育研发机构的"临床型"教师专业发展支持系统。基于这三个层次的支持组织，他带领团队开展了一系列纵向研究，比如：以课例研究为载体的"临床型"教师专业发展研修活动研究、以关键事件为焦点的职初教师"临床"专业成长影响因素研究、以文化濡染引领职初教师成长的"临床型"教研组建设案例研究、基地学校带教导师的学科诊断研究、区域协同研修系统在职初教师专业培训中的应用研究、教师专业发展学校与见习教师规范化培训基地学校的比较研究、区域教师展示平台建设的实践研究等等，有针对性地解答了浦东职初教师成长的"秘密"。我相信浦东的职初教师培训在我国教师培训的同行中会引起很大的反响，实现我国教师培训的转型和升级。

（三）

进入新世纪以来，我国基础教育进入以促进内涵发展、提高质量为重心的新阶段。全面深化课程改革、以培养学生核心素养为重点,落实立德树人的教育根本任务将成为新时期教育改革和发展的新任务。只有整体提高全体教师队伍素质才能有效地完成时代赋予我们教育工作者的任务。职初是教师专业发展的关键阶段,直接关系到他们未来的专业发展取向。教师职业生涯的头几年不仅是他们适应学校教学工作的关键期,也是影响其职业倾向的关键期,决定着其一生的专业素质发展。为此,可以说:这一研究有重要意义。

我一直认为,一本好书,尤其是好的学术专著应当具有以下几个品质:

(1) 敢于抢占国家与社会需求的制高点。教育既是"国计",也是"民生",她不仅是满足国家对高素质人才的需要的重要途径,更是让人民群众享受到"改革红利"的主要来源。人民群众需要优质教育,优质教育呼唤高水平的教师。高水平的教师需要从入职那天就被关注。关注社会的热点与社会发展中的难点,才有可能形成一本书的亮点。

(2) 善于把握社会需要与作者自身优势的结合点。勇于探索教育的难点是不容易的,但是仅仅有勇气还远远不够,认识自身的优势,以自己的强项、以自己的学术优势去为读者解疑,为大众释惑,为国家献策,满足国家与社会发展的需要,只有这样才能更好地满足国家的需要,实现作者的人生价值。

(3) 敏于深挖作品的创新点。读过陈珍国的几本书,总体感觉他是敏于挖掘每一创新点的细节的。教师教育作为社会的实践活动,只有理念的创新是远远不够的,它需要有可操作性,有可操作性才有可复制性。当然,这需要有实践的基础,这恰恰是作者的优势所在。

陈珍国从事教师教育工作多年,在这一领域有丰富的实践经验,掌握着大量鲜活的素材,有深厚的理论积淀,正因为如此,他能够超脱繁忙的工作和繁杂的各种事务,从纷繁的教育事务中,敏锐把握当前职初教师教育的热点与关键问题,并在理论与实践结合的基础上创造出了一套职初教师培训与培养的模式,令人感佩。

正是这三点的结合,才使本书产生了真正的意义与价值。

当然,我们更期待陈珍国在教师教育的研究道路上不断创新,通过打造教育软实力,不断推进浦东新区乃至上海与中国教育的发展。

陈玉琨
华东师范大学首批终身教授、博士生导师
华东师范大学校务委员会前副主任、教育部中学校长培训中心主任
现华东师范大学考试与评价研究院院长、教育学部学术委员会主任
国务院学位委员会公共管理学科评议组成员、全国教育干部培训专家委员会主任委员
2017 年 7 月于华东师范大学丽娃河畔

序二

只有教师的精彩才能成就学生的精彩

在2009年之前,上海基础教育一直是"养在深闺人未识",但自上海学生在PISA2009(国际学生评估项目2009测试)惊艳亮相后,上海学生又连续在PISA2012测试中排名第一。世界各国政府高官和教育人士才惊讶地发现,在遥远的东方,一座人口超过许多OECD国家和地区的城市,其教育远不是有些人想象的那样落后,而是在全球的坐标系中大放异彩!以英美为代表的西方国家精英纷纷来沪一探究竟,2013年,三次普利策新闻奖得主、《世界是平的》作者托马斯·弗里德曼来沪探秘,我与他交流后,推荐他去上海三所小学——蔷薇小学、上海实验小学、长宁区适存小学考察。他回国后在《纽约时报》上发表专栏文章《上海的秘密》(The Shanghai Secret),记录了他对于上海为什么能在PISA中表现出色的调研结果——他以上海蔷薇小学等为例,揭示上海教师每周把70%的时间用在教学上,把30%的时间用在发展教学技能和备课上,是教师的精彩成就了学生的精彩!

同样由经济合作与发展组织主持、上海4000多初中教师参与的"教师教学国际调查"(Teaching and Learning International Survey,简称TALIS)调查数据也支持了这个结论。

我认同教师是在学习共同体当中成长的,但不同发展阶段的教师需要的学习共同体有何不同?学习共同体怎样运作才能更好地支持教师的发展?这些问题也一直萦绕在我的心头。所以,五年前,当上海市浦东教育发展研究院的陈珍国老师申请上海市哲学社会科学规划教育学课题、上海市教育科学研究重点项目"支持职初教师专业发展的'临床型'组织建设研究"时我充满了期待。历时五年,陈老师团队研究成果《临床型组织:上海职初教师成长的秘密》终于面世了,他得出了一个重要结论:对于职初教师的成长最好的支持组织是临床型组织,他借用了医学领域"临床"的概念,但没有把"临床专家型教师"与"职初教师"的关系等同于医生与病人的关系,而是学习共同体当中平等的双方,在陈珍国老师和他的研究团队眼里,大家都处在临床型组织当中,既相互诊断又相互提出改进建议。他认为学校教研组是临床型组织,区域教研室也是一种型态的临床型组织,一个层次多元、结构良好的临床型组织是职初教师得以成长的重要保证。课题围绕"临床"这个关键词,研究人员直面教育教学现场,在现实情境中进行组织建设的创新实践,以促进职初教师的专业发展，不仅使得研究更接地气，也保证了成果本身的"临床性"，结论更可信，读者更欢迎。

陈老师的课题对职初教师成长秘密进行了解读。比如，本书第二章介绍了上海浦东职初教师要接受五种类型的培训服务：（1）基地学校：为职初教师实施"浸润式"培训；（2）聘任学校：为职初教师实施跟岗培训；（3）浦东教发院：组织区级通识培训；（4）职初教师本人：自我研修；（5）第三方专业培训机构：为职初教师提供考核服务。其中，除了职初教师本人的自我研修，其他四层都是实体性的临床型组织，都是由政府部门或市场系统设计、精心培育的"临床型"教师教育组织。这些"临床型"的教师教育组织的形态和功能，明显有别于其他与教育教学现场保持距离的组织（如师范院校、科研机构），更具临床性。因此能给职初教师的专业发展提供真正意义的"临床支持"。我特别欣赏这个研究团队对"临床支持"的核心特征的揭示：（1）按需求进行专业支持；（2）直面对象、以诊断技术为支撑；（3）跟随式矫正，互动式发展。显然，这些特征都更能针对"入职"这一特殊发展阶段，满足其成长需求，更能促使职初教师获得突破。

陈珍国老师是上海市特级教师、上海市首批正教授级高级教师、华东师大特聘教授，长期以来专注教师继续教育领域的理论与实践研究，在区域教师专业发展支持系统建设方面有深入探索，期待陈老师带领研究团队能持续探究，揭示出更多类型教师成长的秘密，也期待该课题成果能在更大范围内进行辐射、推广。

是为序！

张民选

上海师范大学教授、博士生导师

上海市教育委员会前副主任

上海师范大学前校长

曾荣膺亚洲首位"全球教育领导者"和亚洲协会首届"创变者奖"

现国际与比较教育研究院院长、教育部"国际教育研究咨询中心"主任

2017年7月于上海

CONTENTS 目 录

第一章 "临床型"支持组织建设问题的提出　　1

第一节　职初教师的专业发展困境 / 2
　　一、问卷总体数据分析 / 3
　　二、调研内容的数据分析 / 4
　　三、职初教师群体特征的归总 / 8

第二节　问题的提出与研究意义 / 11
　　一、关于专业理念的问题 / 11
　　二、关于专业知识的问题 / 11
　　三、关于专业能力的问题 / 12
　　四、关于教育对象的问题 / 12
　　五、关于职业规划的问题 / 12

第三节　"临床型"支持组织的已有研究经验 / 13
　　一、理论研究 / 13
　　二、实践研究 / 15
　　三、浦东新区的研究经验 / 17

第二章 "临床型"支持组织的深入解读　　22

第一节　教师组织的基本内涵 / 22
　　一、科层组织 / 22
　　二、专业组织 / 23

第二节　"临床型"支持组织 / 24
　　一、组织要素 / 25
　　二、内部构成要素 / 25

第三节　职初教师"临床型"支持组织 / 26

一、基地学校：为职初教师实施"浸润式"培训 / 26
二、聘任学校：为职初教师实施跟岗培训 / 27
三、浦东教发院：组织区级集中培训 / 27
四、见习教师本人：自我研修 / 27
五、专业培训机构：提供职初教师培训服务 / 28

第三章 职初教师"临床型"支持组织的整体设计 29

第一节 浦东新区"临床型"支持组织的体系设计 / 29
一、"临床型"支持组织的体系构成 / 29
二、"临床型"支持组织的核心要素分析 / 30
三、"临床型"支持组织的主要标准 / 31

第二节 浦东新区"临床型"支持组织的运行设计 / 31
一、"临床型"支持组织的运行机制 / 31
二、"临床型"支持组织的研修方式 / 31
三、"临床型"支持组织的实践平台 / 32

第四章 基于教研组的"临床型"教师专业发展支持组织研究 34

第一节 课例研究："临床型"教师专业发展研修活动 / 34
一、课例研究的基本概念和核心理念 / 34
二、课例研究对职初教师专业成长的特殊作用 / 37
三、职初教师课例研究活动设计与实施案例 / 38
一、教学主题的选择 / 39
二、教学方案的规划 / 40
三、教学方案的实施（略）/ 41
四、分析与反思（节选）/ 41

第二节 以关键事件为焦点的职初教师"临床"专业成长影响因素分析 / 50
一、"关键事件"概念界定 / 50
二、影响职初教师成长的关键事件案例研究 / 51
三、关键教育事件对职初教师"临床"专业成长的影响分析 / 59

第三节 以文化濡染引领职初教师成长的"临床型"教研组建设案例剖析 / 62
一、何谓"临床型"教研组 / 62
二、教研组对职初教师成长的文化濡染作用初探 / 66

第五章　基于见习教师规范化培训基地学校的"临床型"教师专业发展支持组织研究　　76

第一节　基地学校带教导师的学科诊断策略的研究 / 76
一、学科带教导师队伍建设策略 / 76
二、带教导师对课堂教学诊断的对策 / 78

第二节　基地学校的"临床"诊断典型案例及评析 / 82
一、教学设计能力诊断典型案例 / 82
二、课堂实施能力诊断典型案例 / 97
三、综合带教典型案例 / 110

第六章　基于区域教育研发机构的"临床型"教师专业发展支持系统研究　　126

第一节　协同研修系统在职初教师专业培训中的应用研究 / 126
一、协同研修含义 / 126
二、协同研修的运行机制 / 126

第二节　教师专业发展学校与见习教师规范化培训基地学校的比较研究 / 129
一、目的与任务不同 / 129
二、建设背景的不同 / 130
三、内涵机制的不同 / 131

第三节　区域教师展示平台建设的实践探索 / 133
一、不同阶段教师的特点分析 / 133
二、区域教师展示平台的架构 / 133

第七章　"临床型"支持组织建设中各主体的成长个案研究　　135

第一节　职初教师专业成长的案例分析 / 135
一、"临床型"教研组支持下的职初教师专业成长案例 / 135
二、"临床型"基地学校支持下的职初教师专业成长案例 / 141
三、"临床型"区域教育研发机构支持下的职初教师专业成长案例 / 152

第二节　"临床型"带教导师的成长案例分析 / 157
一、中学带教导师的成长案例分析 / 157
二、小学带教导师的成长案例分析 / 158
三、幼儿园带教导师的成长案例分析 / 160

第三节　"临床型"学校的发展案例分析 / 162
一、构建了校级见习教师规范化培训课程 / 163
二、构建了区级见习教师规范化培训课程 / 166

第八章 "临床型"支持组织建设的对策与展望 … 168

第一节 "临床型"支持组织建设的实践对策 / 168
一、树立"临床型"支持组织的目标理念 / 168
二、创新"临床型"支持组织的制度设计 / 169
三、厘清"临床型"支持组织的基本要素 / 170
四、形成"临床型"支持组织的动力基础 / 171
五、形成"临床型"支持组织的实施与评价体系 / 171

第二节 "临床型"支持组织建设的发展趋势 / 174
一、通过课题引领,面向实践问题 / 175
二、优化组织载体,注入发展动力 / 175
三、丰富支持主体,健全运行机制 / 175
四、完善评价机制,增强实际效能 / 176

参考文献 … 177

后记 … 179

第一章
"临床型"支持组织建设问题的提出

2010年我国国家中长期教育改革和发展规划纲要开篇明确提出,"教育是民族振兴、社会进步的基石,是提高国民素质、促进人的全面发展的根本途径,寄托着亿万家庭对美好生活的期盼"。教育对于国家、社会以及个人的重要性毋庸置疑,优质教育已经成为全社会人们的共同期盼。百年大计,教育为本,而教育大计,教师为本。众所周知,高质量的教育需要高素质的教师队伍,面对人们对教育的高关注与高期望,加强教师队伍建设,促进教师专业化,提高教师素质,已经成为教育界亟需解决的问题。特别是在基础教育课程改革和全面推进素质教育的时代背景下,建设一支具有精湛业务素质、结构合理、相对稳定的教师队伍,是教育改革和发展的根本大计。

近年来,随着教育规模的不断扩大,每年都有越来越多的毕业生加入到教师队伍中来,教师队伍结构越来越趋向年轻化。职初教师作为刚刚离开象牙塔、踏上教育教学工作岗位不久的群体,具有其特殊性。一方面,他们在业务水平、科研能力等方面具有巨大的潜力,很有可能成为学校教育教学改革、推进教育现代化的主力军;另一方面,职初教师缺乏教育教学经验,职业心理调适能力不强,面对复杂的教学情境与有限的自身知识的冲突时,难免会迷茫和困惑。如何让职初教师尽快由"学生"向"教师"的角色转化,建立起一支符合学校教育教学需要的高素质教师队伍,这是任何一所学校的管理层以及教育行政部门必须面对的问题。

在我国,教育行政部门(教育厅和教育局等)、教学研究机构(各级教育科学研究院或教育科学研究所、各级教研室和教科室等)和学校(教研组、备课组和课题组等)是保障教师专业发展活动实施的三个主体,其目标在于巩固教师专业发展活动在中小学的地位,保证其实施条件和提高其实施质量。我国现行的教研机制经过几十年的发展,已经有了比较严密的组织和制度体系,成为我国基础教育事业发展的重要组成部分和业务支撑力量。作为"校本家族"中的一个新成员,有关以校为本的教师专业发展的支持组织(即教师专业发展的"临床型"支持组织)研究已经在全国各个地区迅速开展起来了。但是,相关专业工作人员和中小学教师们必须审慎地思考和回答一些基本的问题:教师专业发展的"临床型"支持组织是如何在中国出现和成长起来的？该组织与传统的教研有何异同？在该组织的实施过程中，已经出现或者还会出现哪些问题？如何使教育工作者正确理解和把握教师专业发展的支持组织的理念与内涵，从而准确到位地开展教师专业发展活动？教师专业发展的支持组织有何发展前景？理论工作者应该从哪些方面寻找解决问题的途径？国外的教师专业发展的支持组织开展情况如何？我们能否从中寻找到借鉴和启示？等等。现有的研究并没有对这些问题都给出令人满意的答案。

第一节 职初教师的专业发展困境

根据教师专业发展的不同层次，教师的成长过程一般可以分为职初教师、经验型教师和专家型教师。各发展阶段的时间长短因人而异，有些教师在顺利通过职初阶段后，有强烈的发展意愿，专业进取精神十分充足，善于学习，并能结合专业实践及时反思，对教育教学工作进行理性思考，形成规律性的认识，于是便能够在很短时间内超越经验型，迅速成长为专家型教师，进入专业发展的快速轨道。而有的教师则很可能在熟悉并适应教师工作后的很长一段时间内，始终停留在经验层面，甚至直到职业生涯结束，仍然不能完成从经验型教师向专家型教师的跨越。这主要取决于教师个体的专业发展意愿、进取精神、专业基础、思想方法、能力水平以及外部客观原因。

在教师专业发展的初级阶段，职初教师往往具有如下特点：一是对教师职业的理解和感悟有待深化。作为职初教师，无论是师范专业毕业生还是非师范专业毕业生，他们对教师职业的理解，一方面来源于在教学过程中耳闻目睹的教师工作给他们形成的印象，另一方面来源于教育学书籍或相关报章媒体中对教师工作的理论描述、教师职业生存状态、教育领域新闻事件等。所有这些，从认识论的角度来看，都属于间接经验，而要获得对教师职业的生涯体验和身份认同，进而生发出教书育人的使命感、责任感、荣誉感乃至成就感，则需要通过教育教学实践来完成一个由体验到内化的过程。二是与教育教学相关的专业知识需要有效转化，教育教学能力需要养成。职初教师的知识结构以原理知识为主，包括学科中的概念、规则、原理等，以及教育学、心理学等学科中的描述性知识，如循序渐进、量力而行的原则，教师主导、学生主体的原理等等。这些知识是陈述性的、可以用文字来进行表述的明确知识。而在教育实践中，默会知识要远远多于明确知识，这些默会知识是情境性的、个别化的，只可意会不可言传，需要通过教育教学实践活动，在浸润中完成体验、领会的过程。三是需要积累丰富的教育教学经验，并在此基础上通过科学研究深化对教育教学的规律性认识，从而形成教学研究的习惯和能力，进而促进自身专业发展。

为了了解职初教师职业发展的总体情况及困境，2014年，课题组研制了《关于职初教师培训需求的调查问卷》。该问卷由三部分组成，第一部分"个人基本信息"，共10个单选题,主要用于了解被调查者的总体情况。第二部分"关于职初培训的需求",共8个多选题,主要从个体层面出发确认职初教师参与培训的需求,并从中挖掘职初教师的群体特征。第三部分"关于培训组织的需求",共6个多选题,主要从组织层面出发了解职初教师对培训组织的需求,基此来分析职初教师培训组织的改革与发展方向。

一、问卷总体数据分析

问卷定稿后,课题组向浦东全区全学段职初教师(教龄5年以内)开展网络问卷调查,共回收有效问卷2 616份。

(一) 性别结构

在2 616位被调查者中,男性教师272人,占调查总人数的10.4%;女性教师2 344人,占调查总人数的89.6%。

(二) 学校性质

被调查者中,教师专业发展学校教师633人,占24.2%;校本研修学校1 213人,占46.4%;其他学校770人,占29.4%。

(三) 学校体制

被调查者中,公办学校教师2 471人,占94.5%;民办学校教师145人,占5.5%。

(四) 学段分布

被调查者中,高中教师140人,占5.4%;初中教师495人,占18.9%;小学教师1 085人,占41.5%;幼儿园教师896人,占34.3%。

(五) 任教学科

被调查者中,语文教师482人,占18.4%;数学教师426人,占16.3%;英语教师325人,占12.4%;体育教师146人,占5.6%;美术教师98人,占3.7%;音乐教师72人,占2.8%;生物(自然)教师44人,占1.7%;信息科技教师40人,占1.5%;化学教师32人,占1.2%;物理教师28人,占1.1%;其他学科教师923人。

(六) 年龄结构

被调查者的年龄主要集中在21—25岁,共1 429人,占54.6%,26—30岁的1 023人,占39.1%;30岁以上的164人,占6.3%。

(七) 教龄结构

教龄在0—1年和1—2年间的人数分别为634人和623人,约各占1/4,其余教师的教龄都在2年以上。

(八) 受教育程度

从受教育程度上看,本科学历的教师2 153人,占82.3%;大专学科的教师261人,占10.0%;硕士及以上学历的202人,占7.7%。

(九) 专业背景

从专业背景上看，具有师范专业背景的教师 1 479 人，占总数的 56.5%；非师范毕业的 1 137 人，占 43.5%。

(十) 专业水平

当问及"你觉得自己的专业水平是否符合当前需要"时，有 2 384 人认为符合，占 91.1%；有 232 人认为不符合，占 8.9%。

二、调研内容的数据分析

(一) 关于参训动机的分析

当问及"您希望职初培训能带来的实际效果是什么"时，教师们最主要是为了"提升专业知识与技能"，占 86.9%；其次是为了"尽快适应工作岗位"，占 60%。此外，为了"开拓视野"的占 44.5%，为了"提升理论水平"的占 40.6%，为了"广交朋友，共同成长"的占 21.7%，为了"改善收入状况"的占 21.2%。

从性别角度来看，男性职初教师的参训动机依次更倾向于"广交朋友，共同成长"和"改善收入状况"，女性教师则更倾向于"提高专业知识与技能"。

从年龄和教龄角度来看，年龄较小、教龄较短的教师，其参训动机主要是"尽快适应工作岗位"和"提升专业知识与技能"。随着年龄和教龄的增长，职初教师的主要参训动机则更倾向于"提升理论水平"和"开拓视野"。

从受教育程度来看，研究生学历教师"提升理论水平"的动机显著低于本科和专科学历的教师。相比之下，研究生学历教师更倾向于"开拓视野"。

与其他学段相比，幼儿园教师依次更偏重于"提高专业知识与技能""开拓视野"和"提升理论水平"，初中教师更倾向于"广交朋友，共同成长"，高中教师更倾向于"尽快适应工作岗位"。

此外，师范生更倾向于"开拓视野"，非师范生更倾向于"提升理论水平"。

(二) 关于学习计划的分析

在回答"您目前的学习计划情况"时，84.8%的职初教师是"根据组织的安排进行学习"，55.2%的教师"有自己的学习计划，正在实施"，17.9%的教师"有自己的学习计划，但未实施"，3.7%的教师"还没有自己的学习计划"，1.1%的教师"没有任何想法"。

从年龄角度看，3.7%的 30 岁以上教师"没有任何想法"，略高于其他年龄段。

从教龄角度看，教龄 1 年内的教师是"根据组织的安排进行学习"的主要群体，占该教龄人数的 89.4%。随着教龄增加，该比重呈下降趋势，但并不显著，如在教龄 4—5 年的教师中，仍有 82.4%的人主要"根据组织的安排进行学习"。此外，在 4—5

年教龄的教师中,有2.7%的人对学习计划"没有任何想法",比例高于其他教龄的教师。

从受教育程度看,学历越低的职初教师,越倾向于"根据组织安排进行学习"。如大专学历教师占比最高,为88.5%,其次是本科学历教师,占85.1%,最后是硕士及以上学历教师,占76.7%。大专学历教师更倾向于有自己的学习计划,而且正在实施,占65.1%,其次是研究生学历教师,占57.4%,本科学历教师占53.8%。此外,研究生学历教师中有6.4%的人"还没有自己的学习计划",显著高于其他学历教师,本科学历教师又高于大专学历教师。

从学段来看,幼儿园教师更倾向于组织安排的学习,占88.3%,明显高于其他学段教师,如小学教师(85.5%)、高中教师(80.7%)、初中教师(78.2%)。幼儿园教师中,有60.2%的人有自己的学习计划,而且正在实施,明显高于其他学段教师,如高中教师(58.6%)、小学教师(53.8%)、初中教师(48.3%)。初中教师有24.0%的人有学习计划,但没有实施,明显高于其他学段教师。

从学校性质看,在校本研修学校教师中,有86.6%的人主要靠组织安排学习,占比最高,显著高于教师专业发展学校(84.7%)和其他学校(82.1%)。

(三) 关于培训内容的需求分析

在回答"您目前希望掌握的培训内容有哪些"这一问题时,职初教师的选择主要集中在"教学方法与技能"(65.3%)、"专业知识与技能"(57.2%)、"班级管理工作"(46.6%)。接下来,依次为"职业生涯发展规划"(25.3%)、"师德修养"(22.9%)、"心理调适和咨询水平"(21.6%)、"教育教学理论"(17.2%),以及"教育政策法规"(10.7%)和"教育科研"(9.2%)。

其中,从性别角度看,男教师更倾向于学习"师德修养"(29.4%)、"教育政策法规"(19.5%)、"教育科研"(12.9%)等内容。女教师更倾向于学习"教学方法与技能"(66.3%)、"班级管理工作"(48.0%)、"心理调适或咨询水平"(22.1%)等内容。

从年龄角度看,21—25岁教师更倾向于学习"班级管理"(49.1%)和"师德修养"(25.7%);30岁以上教师更加注重"教育科研"。其中,对"班级管理"的学习需求,随年龄增长而递减;对"教育科研"的学习需求,随着年龄的增长而递增。

从教龄角度来看,职初教师对"心理调适或咨询水平""教育科研"等内容的学习需求,随着教龄的增长而递增;对"教学方法与技能""班级管理工作""师德修养"等内容的学习需求,随着教龄的增长而递减。

从受教育程度来看,职初教师的学历越高,对"心理调适与咨询水平"和"教育科研"的学习需求就越高,对"师德修养""教育教学理论""专业知识与技能"的学习需求就越低。

从学段来看,幼儿园教师对"教育教学理论""专业知识与技能"的学习需求显著高于其他学段教师,对"心理调适与咨询水平""班级管理工作"和"教育科研"的学习需求又显著低于其他学段教师。

此外,师范生更倾向于学习"教育科研",非师范生更倾向于学习"心理调适与咨询水平"。

(四)关于培训方式的需求分析

在回答"您最期望的培训方式有哪些"时,职初教师最大的需求为"听课评课",占55.0%。其次为"参观考察"(40.5%)、"专家讲座"(37.4%)、"网络在线学习"(34.8%)、"教研组活动"(30.2%),以及"一对一指导"(26.6%)、"自学"(14.3%)和"小组讨论"(13%)。

从性别角度看,男教师更倾向于"自学"和"小组讨论";女教师更倾向于"听课评课"。

从年龄角度看,职初教师对"网络在线学习"这一培训形式的需求,会随着年龄的增长而增长。与其他年龄段相比,26~30岁教师更倾向于"参观考察"。

从教龄角度看,教龄越短的职初教师,越需要"听课评课""教研组活动""一对一指导""小组讨论"等培训形式;教龄越长的职初教师,越需要"参观考察""网络在线学习"等培训形式。

从学段看,学段越高的职初教师,越需要"自学""教研组活动""网络在线学习"等培训形式。学段越低的职初教师,越需要"参观考察""专家讲座"等培训形式。

从教师的学历来看,随着受教育水平的提高,教师对"自学""一对一指导""网络在线学习"等培训形式的需求逐渐增加,而对"参观考察""专家讲座"等培训形式的需求逐渐减少。这也反映出学历较高的职初教师更偏好个性化、自主性的学习形式。

从学校性质角度看,校本研修学校(37.3%)和其他学校(36.5%)的职初教师更倾向于开展"网络在线学习",明显高于教师专业发展学校教师的27.8%。

(五)关于培训者的需求分析

在回答"您认为哪类人适合做职初教师的培训者"这一问题时,被调查者的主要选择依次为:"教学名师"(69.5%)、"本校资深教师"(64.1%)、"学科教研员"(46.4%)、"外校资深教师"(40.7%)。此外,选择"本校同伴教师"(17.6%)、"学校领导"(14.7%)和"退休老教师"(8%)的比例相对较小。

其中,从性别角度看,女教师对"教学名师"和"外校资深教师"有更明显的倾向。

从年龄角度看,21—25岁和30岁以上的职初教师更倾向于"本校资深教师",显著高于26—30岁的教师;与21—25岁的教师相比,26—30岁及以上的教师更倾向于"教学名师"。

从教龄角度看,随着教龄的增长,职初教师对"本校资深教师"的需求呈递减趋势,对"外校资深教师"的需求呈递增趋势。教龄1年内的教师,对"学科教研员"的需求显著高于其他教龄的教师。

从学段来看,幼儿园职初教师对"学校领导""教学名师"和"外校资深教师"的需求倾向最强,随着学段的提高,教师们的这一需求呈下降趋势。小学职初教师对"学科教研员"的需求倾向明显高于其他学段教师。随着学段的提高,教师认为"本校同伴教师"适合做培训者的比例呈递增趋势。

从学校性质看,教师专业发展学校教师对"学科教研员"的需求显著低于其他两类学校。

(六) 关于学习伙伴的需求分析

在回答"您喜欢和哪类人一起交流学习"时,职初教师的选择主要集中在"本校资深教师"(62.3%)、"本校同伴教师"(50.5%)和"教学名师"(50.3%)。其次是"外校资深教师"(26%)、"学科教研员"(19.5%)、"外校同伴教师"(13%)、"教育科研专家"(12.4%)、"学校领导"(6.6%)和"跨专业人士"(5.4%)。

从性别角度看,男教师更倾向于与"学校领导""跨专业人士"一起交流学习,占11.0%;女教师更倾向选择"教学名师"为学习伙伴。

从年龄角度看,随着职初教师的年龄增长,把"教学名师"和"跨专业人士"作为学习伙伴的需求呈递增趋势,把"本校同伴教师"作为学习伙伴的需求呈递减趋势。

从教龄角度看,随着职初教师教龄的增长,把"本校资深教师"作为学习伙伴的需求呈递减趋势。

从受教育程度看,大专学历教师与"学校领导"共同学习的愿望显著高于其他学历教师;研究生学历的职初教师更倾向于与"教学名师"和"教育科研专家"共同学习。随着学历的提高,教师与"本校同伴教师"共同学习的需求呈递减趋势,与"学科教研员"和"跨专业人士"共同学习的需求呈递增趋势。

从学段角度看,幼儿园职初教师愿意与"学校领导"交流学习的比例,显著高于其他学段。随着学段的提高,教师愿意与"教学名师""外校资深教师""外校同伴教师""学科教研员"共同交流学习的比例呈下降趋势。

从学校性质角度看,教师专业发展学校的职初教师更倾向于与"本校资深教师""教育科研专家"和"学校领导"共同学习;校本研修学校的职初教师更倾向于与"本校同伴教师"共同学习;其他学校的职初教师更倾向于与"外校同伴教师"和"教育科研专家"共同学习。

此外,非师范毕业教师更倾向于与"学科教研员"共同学习,师范毕业教师更倾向于与"教育科研专家"共同学习。

(七) 关于培训时间的需求分析

当问及"您所期望的培训时间是什么"时,职初教师们的选择依次为"工作日白天"(49.1%)、"脱产短期"(31.0%),其次是"寒暑假"(11.5%)、"周六周日"(9.2%)、"脱产长期"(4.5%)、"工作日下班以后"(3.1%)。从单次培训时长看,教师们选择1小时的占

35.1%、选择2小时的占31.2%、选择3小时的占5.3%。

从性别角度看,男教师更倾向于在"寒暑假""周六周日""工作日下班后"参加培训,女性教师更倾向于在"工作日白天"参加培训,倾向于单次培训2小时。

从年龄角度看,随着年龄的增长,职初教师参加"脱产短期""脱产长期"培训的需求呈递增趋势,对"每次培训约1小时"的需求呈递减趋势。

从教龄角度看,随着教龄的增长,职初教师对"寒暑假""周六周日"培训的需求呈递减趋势,对"工作日白天"培训的需求呈递增趋势。

从受教育程度看,研究生学历的职初教师更倾向于"脱产短期"培训,大专学历教师在该选项上的比例则最低。

从学段角度看,随着学段的提高,职初教师对"脱产短期""脱产长期""寒暑假"培训的需求呈递增趋势。幼儿园教师更倾向于"工作日白天"的培训。幼儿园和小学教师更倾向于2小时时长的培训,初中和高中教师更倾向于1小时时长的培训。

此外,非师范毕业教师更倾向于"脱产短期"培训,师范毕业教师更倾向于"工作日白天"的培训。

(八)关于培训障碍的分析

关于"您认为职初培训的主要障碍或问题有哪些"这一问题,职初教师的选择主要集中在"工作繁忙"(60.0%),其次是"培训组织方式单一"(35.3%)、"培训内容不合需要"(29.5%)、"培训考核与个人发展关系不大"(24%)、"一对一指导不够"(21%)、"家庭或个人负担重"(17.5%)等。

从性别角度看,男教师更倾向于认为职初培训的障碍是"培训理念落后"(18.8%)、"培训内容不合需要"(34.9%)、"培训者水平有限"(13.2%)。

从年龄角度看,随着年龄的增长,职初教师越来越倾向于认为培训障碍在于"家庭或个人负担重""领导不够重视"。

从教龄角度看,随着教龄增长,职初教师越来越倾向于认为培训障碍在于"培训内容不合需要""家庭或个人负担重"。

从受教育程度看,学历越高的职初教师,会越倾向于认为培训障碍主要在于"培训内容不合需要""培训理念落后""培训者水平有限"。

从学段角度看,随着学段提高,教师们更倾向于认为培训障碍在于"培训内容不合需要""培训理念落后""培训者水平有限""培训考核与个人发展关系不大"。幼儿园职初教师认为培训障碍还在于"一对一指导不够",明显高于其他学段的教师。

三、职初教师群体特征的归总

根据问卷数据的初步分析,职初教师群体最主要的专业发展动机是"提升专业知识和技能",以及"尽快适应工作岗位"。与该动机相匹配,多数职初教师也更希望学习"教学方法与技能""专业知识与技能"和"班级管理工作"等内容。绝大多数职初教师的学习与培训主要靠组织来安排,尽管如此,仍有一半教师能按照自己的学习计划开展学习,表现出较好的自觉性和主动性。在培训方式方面,过半教师把"听课评课"作为首选,其次是"参观考察"和"专家讲座"。大部分职初教师希望"教学名师""本校资深教师"和"本校同伴教师"成为指导自己成长的培训者或学习伙伴。在培训时间方面,教师们更倾向于"工作日白天"和"脱产短期"培训,单次培训时间最好是1或2个小时,而且不希望占用寒暑假、周末和下班时间开展培训,对私人时间、对个人生活品质表现出更高的要求。职初教师认为"工作繁忙"是影响他们参与培训的首要障碍,其次才是培训组织方式单一、培训内容不合需要等问题。

(一) 不同性别的职初教师的特征

男教师更希望通过培训扩大交往圈和改善收入状况,更倾向于师德修养、教育政策法规和教育科研等学习内容,以及自学、小组讨论等培训方式,更希望与校领导和跨专业人士进行学习交流,对培训理念、培训效果和培训者水平有更高的要求与思考,从而表现出一定的宏观性、理论性、探索性与依赖性等特征。此外,男教师更希望利用寒暑假、周末和下班后等时间培训,说明男教师宁可参加培训,也不希望待在家里。

女教师更希望通过培训提高专业知识与技能,并且更倾向于学习教学方法与技能、班级管理、心理咨询等内容,偏爱听课评课的培训形式;对教学名师和外校资深教师等培训者或学习伙伴表现出更强的信任与期待,表现出一定的微观性、操作性、感性和依赖性特征。女教师更愿意在工作日的白天培训,说明她们更加重视私人时间与空间。同时,女教师更倾向于单次2小时的培训,表现出比男教师更强的学习耐性。

(二) 不同年龄和教龄的职初教师的特征

年龄和教龄越小的职初教师,参与培训越是为了提高专业知识和技能,以尽快适应工作岗位;他们更倾向于依靠组织的安排,更希望学习教学方法与技能、班级管理和师德修养等内容,更倾向于听课评课、教研组活动、一对一指导和小组讨论等培训形式。他们更希望教学名师、本校资深教师、学科教研员、本校同伴教师做自己的培训者或学习伙伴。他们会更多选择在寒暑假和周末参加培训。

年龄和教龄越长的职初教师,更多是通过培训来提升理论水平和开拓视野,对组织的依赖程度更小,更希望学习心理调适和教育科研等内容,更倾向于参观考察和网络在线学习等培训形式。他们更希望外校资深教师(而非本校资深教师)为培训者,以教学名师和跨专业人士为学习伙伴,更倾向于长短期的脱产培训或在工作日白天的培训。受社会、职业和家庭生活的多重影响,他们的培训也更容易受到家庭或个人负担的影响。

(三) 不同学历的职初教师的特征

学历越低的职初教师,越希望通过培训提升理论水平,更依赖于组织安排的培训,更加会开展有计划的自学。他们更倾向于学习师德修养、教育教学理论、专业知识和技能等培训内容,更倾向于与校领导、本校同伴教师成为学习伙伴。

学历越高的职初教师,越希望通过培训开拓视野,对组织安排的培训需求更低,但绝对比重仍然很高。他们更希望学习心理调适与咨询、教育科研等培训内容,更倾向于与教学名师、科研专家、学科教研员和跨专业人士成为学习伙伴。同时,他们对培训理念、培训内容和培训者水平有更高的要求。

(四) 不同学段的职初教师的特征

学段越低的职初教师,越依靠组织安排的培训,更倾向于开展有计划的自学,对教育教学理论、专业知识与技能的学习需求更高,更希望参观考察、专家讲座等培训形式。他们更倾向于校领导(幼儿园尤其显著)、教学名师和外校资深教师做培训者或学习伙伴。他们会更倾向于单次 2 个小时的培训。

学段越高的职初教师,对组织安排培训的依赖程度越低(高中除外),更倾向于学习心理调适与咨询、班级管理和教育科研等内容,对自学、教研组活动、网络在线学习等培训形式更加情有独钟。他们更倾向于本校同伴教师做培训者,更加期待单次 1 个小时的培训。其参训障碍更多地是培训内容不合需要、培训理念落后、培训者水平有限,以及培训考核与个人发展的关系不大。

(五) 不同学校的职初教师的特征

教师专业发展学校的职初教师,会更倾向于在线学习的培训方式,更愿意与本校资深教师、教育科研专家和学校领导共同学习。

校本研修学校的职初教师,会更多依赖组织安排的培训,更倾向于以学科教研员为培训者,更愿意与本校同伴教师共同学习。

其他普通学校的职初教师,也更倾向于在线学习,以学科教研员为培训者,并与外校同伴教师和教育科研专家共同学习。

(六) 师范/非师范职初教师的特征

师范专业背景的职初教师,更希望通过培训开拓视野,更多学习教育科研类培训内容,与教育科研专家共同学习。他们更倾向于工作日白天的培训。

非师范专业背景的职初教师,更希望通过培训提升理论水平,更多学习心理调适与咨询类的培训内容,与学科教研员共同学习。他们更倾向于脱产短期培训。

通过以上描述可以看出,职初教师在教师专业发展过程中,处在对教育教学工作的体验期、适应期、熟悉期、规范期。这一发展阶段的教师,其主要任务是体验教师职业的性质和特点,认识教育工作的重要性,形成对教师职业的认同感,并逐渐适应教师工作,熟悉教育教学的基本流程和相关要求,了解并掌握班级管理与学科教学工作的基本方法和主要规范。

第二节 问题的提出与研究意义

根据对调研问卷进行梳理和分析,我们总结出职初教师专业发展的主要问题包括以下几个方面:专业理念、专业知识、专业能力、教育对象、职业规划等。

一、关于专业理念的问题

简言之,专业理念问题就是为什么从事教师职业的问题,是职初教师对自己所从事职业的意义和价值的基本反映,对职初教师的职业信念、教育情怀、发展动力、教学风格、专业品质等均有着深远影响。初为人师的新教师们由于年龄较轻、教龄较短,人生观、价值观尚未完全成熟,往往对为什么从事教师行业还没有形成深刻的认识与理解。这就容易造成一系列现象与问题,比如:当处理教育教学难题时,会缺少深入钻研的意识或能力;当成长为职业能手后,却因缺乏进取心和方向指引而过早进入职业高原期;当职业发展受挫,经济收入或社会地位预期无法满足时,会质疑教师职业的价值并离开教师行业等。美国的一份调查显示:美国全国有22%的职初教师在三年内会离开教师岗位,而洛杉矶市的这一数据则是大于50%,这些现象无不与职业理念息息相关。[1]

二、关于专业知识的问题

教师的专业知识一般分为学科知识、理论知识和实践知识三种。第一,学科知识是教师能否胜任教学的基础性知识,职初教师的专业知识经常会在结构的系统性、认识的准确度、理解的深刻性、运用的熟练度等方面存在问题。第二,理论知识,即教育学和心理学理论,是教师关于"如何教"的知识。刚从高等院校毕业的职初教师,其理论知识往往存在抽象化、书面化、学术化特点,无法真正用于理解和解释各种复杂的教育教学现象。实践知识是教师在教学实践中积累起来的经验性知识,是理论与实践相融合的知识。对职初教师而言,实践知识才是其专业发展的关键,同时,也是其专业发展的主要问题所在,简单来说,就是还没有经验。

---

[1] 和利. 国外新教师入职培训的现状及模式[J]. 师资培训研究,2005,(4).

三、关于专业能力的问题

教师专业能力是教师在从事教育教学活动中，顺利完成教学任务所表现出来的个性心理特征，是成就教师专业成长的支撑点。[①] 教师专业能力可分为教育能力、教学能力和研究能力等。职初教师在实际教学中遇到各种挫折、困惑和焦虑，往往都与这些能力有关，比如：在教育能力中，还欠缺班级管理能力、心理咨询能力等；在教学能力中，还无法熟练运用教学设计、实施与监控等能力；在研究能力中，对一些教育现象或问题尚未形成敏感意识、深入思考、科学论证和实际解决的能力等。

四、关于教育对象的问题

在教育教学关系中，学生是教师的教育对象，是非常重要的角色。教师的教学效果和专业自信，只有通过学生的变化才能得以体现。与专业知识和专业能力相比，学生的复杂程度和不可预知程度又远在二者之上。通过第二节的案例分析也可以看出，职初教师们的挫败感往往直接来自于学生的反应。究其原因：在认知上，职初教师对学生群体的心理与行为特点还缺乏认识与了解；在情感上，职初教师还未形成与学生建立亲密师生关系的情怀、方法与技巧，甚至还存在不自信或胆怯等心理；在教学上，职初教师往往更专注于自己怎样尽快熟悉教学，而容易忽略学生个性化的学习需求与特点，尚未掌握激发学生独立思考和自主学习的方式方法等。

五、关于职业规划的问题

不可否认，在职初教师中确实存在许多优秀成员，他们在专业理念、专业知识、专业能力和师生关系等方面基本不存在普通职初教师遇到的大多数问题，能够游刃有余地适应好新的工作岗位。但是，好的开端仅仅是漫长职业生涯的起步阶段，他们在职业发展的各个阶段还要陆续完成各种任务、面对各种问题，如专业问题、深造问题、职称问题、收入问题、家庭问题、中年危机问题和健康问题等。如果没有科学的、个性化的职业生涯发展规划，再好的苗子也难保证有可持续的发展。尤其是对于职初教师而言，当新入职的兴奋与激情淡化之后，他们到底该走向何方，该怎样走好今后的路，这也是必须慎重考虑的问题。否则，方向感的迷失，会直接导致当下的懈怠与徘徊。

[①] 王秀花.职初教师群体专业发展途径探析[J].宁夏教育，2011，(1).

第三节 "临床型"支持组织的已有研究经验

一、理论研究

2001年,我国教育部印发《基础教育课程改革纲要(试行)》,要求各省、自治区、直辖市教育厅(教委)结合各地实际认真贯彻执行。《纲要》涵盖课程改革的目标、课程结构、课程标准、教学过程、教材开发与管理、课程评价、课程管理、教师的培养和培训以及课程改革的组织与实施等九大方面。其中包括：课程实施要倡导学生主动参与、乐于探究、勤于动手,培养学生分析和解决问题的能力以及交流与合作的能力；课程管理实行国家、地方和学校三级课程管理制度,增强课程对地方、学校及学生的适应性；增设综合实践活动课程,并努力创造条件开设选修课；教师在教学过程中应处理好知识传授与能力培养的关系,注重培养学生的独立性和自主性,引导学生质疑、调查和探究,促进学生在教师指导下主动地、富有个性地学习等。新一轮基础教育课程改革从2001年上半年开始进入实验阶段,2005年秋,中小学阶段起始年级都进入了新课程,至今,新课程在中小学领域处于全面实施之中。《纲要》所包括的内容和对教师所提出的要求中,很多都是全新的,教师没有现成的模式可供模仿,没有现成的经验可供应用,教师培训不可能完全满足教师的每个需求。因此,新课程的实施和推进要求教师去发现问题、探究问题和解决问题,亦即教师要能够成为"研究者",开展教师专业发展活动。

2003年3月,教育部颁布的《普通高中课程方案(实验)》指出:"学校建立以校为本的教学研究制度,鼓励教师针对教学实践、针对问题开展教学研究,重视各学科教师的交流与研讨,建设有利于引导教师创造性实施课程的环境,使课程的实施观察成为教师专业成长的过程。学校应与教研部门、高等院校等建立联系,形成有力推动课程发展的专业咨询、指导和教师进修网络。"同年4月,教育部办公厅在《关于2003年义务教育新课程实验工作有关要求的通知》中再次明确指出:"积极推进以校为本教学研究制度的建设。建立以校为本的教学研究制度。"

我国的教育和教学管理机构是自上而下、分层管理的。在全国各省、直辖市和自治区设教育厅或教育委员会等教育管理机构,根据国家教育政策,全面负责、领导和管理所在地方的教育事务。各省、直辖市、自治区下设教育科学研究所或教育科学研究院之类的教育研究机构,在全省和全市的范围内开展教育调查、研究和督导等工作。在省内、直辖市和自治区下属的各市(地)、县(区)等地方行政单位设教育局管理和指导地方教育事务。教育局下面有教师进修学院(校)和中小学教科室、教研室等部门；教研室是分学科的,教研室成员组织起来开展各不同学科的教学调研、督导、评价和指导等工作,旨在提高所在地区中小学的教学质量。教研室的主要职能是对中小学教学进行研究、指导和监督教学质量管理,它是在当地教育行政部门的领导下,承担当地基础教育教学业务改造的事业单位。目前,我国的教研室工作模式中存在的主要、普遍的问题是:一些地方教研室的工作职能模糊,所辖地域面积过大,由此而显得教研员数量不足,教研经费紧缺;另外,教研员水平参差不齐,教研室的官本位思想严重等。所以,中小学校强烈要求教育行政部门建立健康、健全的教师专业发展活动支持体系。在学校里,校长是教师专业发展活动的总策划人和总负责人,教导处和教科室等教务部门是管理和指导学校教研工作的机构,校长和教务部门共同引领着全校教师专业发展活动的开展;教研组、备课组和课题组等是学校里负责教师的教研工作的最基层组织,教师个体的自我反思,教师小组的同伴互助、师徒帮带,教师集体的备课、听课和评课等等,这些教研活动主要都是在教研组或备课组等的组织之下开展的。总而言之,在我国,教育行政部门(教育厅和教育局等)、教学研究机构(各级教育科学研究院或教育科学研究所、各级教研室和教科室等)和学校(教研组、备课组和课题组等)是保障教师专业发展活动实施的三个主体,其目标在于巩固教师专业发展活动在中小学的地位,保证其实施条件和提高其实施质量。我国现行的教研机制经过几十年的发展,已经有了比较严密的组织和制度体系,成为我国基础教育事业发展的重要组成部分和业务支撑力量。

目前,国内学者对于美国教师培养的"临床型"实践模式的研究较少,研究的角度也较为零散。有研究者把教育硕士专业学位的教育总结成"临床专家型"教师和管理人员,从不同角度解读了教师的身份和社会形象,采用了实验研究的方法初步探明了"临床专家型"教师在学生学习过程中的作用。然后通过调查研究和理论分析法对现行教育硕士专业的理论课程的内容、体系、结构和实施取向方面探讨教育硕士专业课程的合目的性和合规律性,从而对教育硕士专业课程应有的内在价值做出判断,借鉴临床医学硕士课程和工商管理硕士课程的特点和取向,提出了教育硕士专业课程应该"以教学和教学管理为核心的理论的学习和对实际教学和教学管理活动的解剖为基本特质和取向"。

同时,也有研究者以教师知识理论诉求、教师反思理论和教师专业化理论为视角,阐明了教育实践课程的重要性,并通过中美课程的目标、历史轨迹、内容、评价等全方位的比较,体现了美国实践课程的特色并指出全球教师教育将要回归到临床实践的热潮。还有研究者基于我国传统幼儿教师培养策略的弊端,提出高师学前专业应该以培养"临床型幼儿教师"为目标,并充分阐释了临床型幼儿教师培养的理论基础——个人实践理论。在此基础上,有针对性地提出了三方面的培养策略:一是与幼儿园建立相互支持的关系;二是进行高师课程与教学改革;三是在实践中进行评价与反思。

二、实践研究

在最近几年里,有研究者开始介绍"临床型"实践模式提出的背景和内容以及国外学者对于该模式的评论,使读者对于"临床型"实践模式有了一个大致的认识和了解。而在《美国临床实践型教育硕士培养方案探析——以密歇根州立大学为例》一文中,作者以密歇根州立大学为例,从招生选聘、培养目标以及课程设置介绍了临床型教育硕士的培养模式,并对我国的教育硕士培养提出了几点可借鉴之处。此后,有研究者从临床实践型教师教育的理念内涵、实习的基本要素、实习的保证机制及特点并结合美国临床实践型教师职前培养的经验为构建我国职前教师教育实习模式提出了切实可行的建议。还有研究者针对我国教师教育缺乏实效性的实际问题,提出临床型教师的培养核心要素是教学实践,培训目标、课程、方式以及评价体系都应该紧紧围绕"教学实践"来构建。并在实践基础上证明,临床型教师培养模式可以有效避免"专家中心"和"教师中心"培训模式的弊端,促进教师教育的良好发展。

行动研究(action research)是教师专业发展支持组织的理论源头,"临床型"支持组织的本质就是行动研究。行动研究之父勒温建立了行动研究的螺旋循环操作模式:从"计划—行动—观察—反思"到下一个循环中的"重新计划—行动—观察—反思";在此基础上,凯米斯改造整理出了经典的凯米斯程序(或称迪金程序):"计划—行动—观察—评价—再计划",如此循环反复。简单而言,这几个步骤所代表的是:教育或教学问题出现之后,研究者讨论、商谈以寻找解决问题的突破口和可能性,在考虑各种障碍的基础上制定一个"总体计划";之后是实施计划的"行动";随之是"观察和监控"行动的过程,这一过程伴随着研究者的讨论与学习、理解与反思、回想与再计划等研究行为;最后一步是"评价和反思"全部活动,在评价和反思的基础上总结问题解决的程度和活动的效果,发现新的问题和制定新的计划,开始新的行动。在许多人看来,行动研究就是以此程序为特征的研究,人们把行动研究的开展流程大致等同于"计划—行动—观察—评价"这几个环节。有论者是这样论述中国教师专业发展在学校层面的实施流程中的几个环节的:当教师打算解决某个教学"问题"时,他首先总是要想方设法地"设计"出一个解决问题的方案,然后尝试性地将这个方案付诸"行动",行动之后回头再"反思":原先设计的方案是否合理,是否能真正解决问题。而实际上,真正的教学难题不可能一次性地被解决,这就需要教师"再次设计"解决问题的方案,然后再次付诸"行动",行动之后再次"反思"原先的方案是否需要重新调整和修改。这就构成了教师专业发展的基本流程,教师专业发展就是在"教学问题—教学设计—教学行动—教学反思"的过程中展开的。此外,近年来,还有很多著作和文献都论及了中国以校为本教师专业发展的实施流程,如邹尚智在其编著的《教师专业发展活动指导》中所谈的"教师专业发展活动的基本环节"、黎奇主编的《新课程背景下的校本教学研究》

论述了"校本教学研究的过程"、王少非主编的《新课程背景下的教师专业发展》中的相关论述,等等。综合各家研究成果,我国以校为本的教师专业发展支持组织的活动实施流程以及其中的常见环节可通过下图(图1)展示出来。

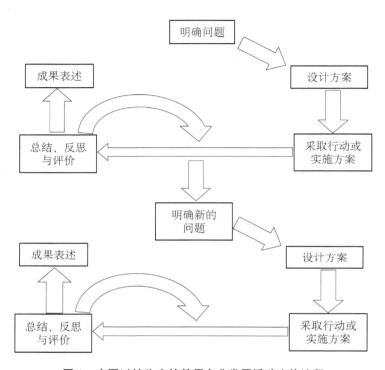

图1 中国以校为本的教师专业发展活动实施流程

第一,提出和确定问题。发现问题是进行教师专业发展活动的起点,从广义上来说,此处的问题是与学校以及教师的教育教学实践相关的问题,如郑金州在其《校本教研活动指导》一书中提到的下述几个方面:学校发展中存在的由来已久的困难与缺点;学校当前所面临的突出问题;学校自身定位及已有的传统;学校已有的成功经验;社会政治经济发展需要与学校发展需要之间的结合点。(转引自黎奇主编,《新课程背景下的校本教学研究》,首都师范大学出版社2006年版,第10页。)这是与学校的整体发展相关的一些问题。而与教师的课堂教学直接相关的问题则是教师专业发展活动的首要内容,如:在新课程背景下,如何根据地方和学校特点进行校本课程开发?如何在教学实践中运用某种新的教学理论?如何改善班级管理?如何实现学生的自主学习、提高学生的学习兴趣和学习效果?这些问题必须是由开展教师专业发展活动的教师本人在其所在的学校或教室中发现的实际问题。问题的来源主要有如下一些途径:从课例研究中发现问题;从教学反思中发现问题和从对教师的观察访谈或问卷调查中发现问题。此外,从教育教学的疑难中、从具体的教育教学场景中、从阅读交流中、从学科发展中等方面也可以去寻找、捕捉、发现或确定问题。不是任何被提出来的问题都具有研究的价值的，一些问题是已经被研究过了的、已经有了解决方案的，问题提出者可能会限于阅读或了解范围而不知道，另一些问题则可能是没有研究价值的，因此，问题被提出来之后应该紧跟着对之进行筛选。查阅专题书籍、报刊、网络资料等文献是筛选问题的必经途径，教师由此而完成与其所提出的问题相关的理论学习，并最终确定自己即将研究的问题。此时，应该大致明确自己即将进行的研究是属于课例、课题、专题或案例等研究类型中的某一种。

第二，设计研究方案。设计方案即所计划的问题解决方法和途径，这一阶段中需要明确的是研究类型和参与研究的主体人员，研究类型的确定要以上一步骤所提出的问题为基础，明确即将进行的研究是课题研究或专题、课例或案例等其他不同类型的研究，研究主体可以是学校的教师团队或者是学校教师和外部的大学教师、教研员、科研员等结合而成的研究团队。这样，研究团队从总体上设计出一个问题解决的方案，明确计划的目标。

第三，采取行动。行动意味着执行所设计的方案和计划，包括根据计划而灵活地组织教师或研究人员进行课堂观察、听评课、搜集数据和资料、组织并召开会议和各种研究交流活动等监控方案执行的工作。

第四，总结、反思和评价。这一环节中，作为研究者的教师应主要做以下几件事：首先，整理和描述，即对已经观察到和感受到的，与问题、设计和行动有关的各种现象进行回顾、归纳和整理；其次，评价和解释，即在回顾、归纳和整理的基础上，对问题、设计与行动的过程和结果作出判断，对有关现象和原因作出分析和解释，探讨各种教学事件背后的理念，提升规律，提高认识，提炼经验；最后，重新设计，改进原有方案或重新设计方案，并付诸实施，进行进一步的检验、论证和改革探索。这样，研究人员在总结和归纳整个活动过程的基础上，就可以明确教师专业发展活动是否解决了问题或者问题解决的程度、行动开展的效果、所得出的研究结论以及所发现的新问题等事项了。

第五，成果表述和明确新的问题。"总结、反思和评价"阶段之后将出现"成果表述"和"明确新的问题"两个分叉。教师专业发展活动作为一种研究类型，最终也需要发表研究成果，在更大范围内接受人们的审视，成果表述的方式主要有研究报告、论文、教育故事、反思笔记等。"成果表述"为一个教师专业发展活动画上了一个暂时的句号。而对先前所研究的问题的总结、反思和评价活动极有可能使人产生"新的问题"，"明确新的问题"成为下一轮教师专业发展活动的起点，由此，教师专业发展活动开始了下一个螺旋循环。

三、浦东新区的研究经验

目前浦东新区实施的教师专业发展的"临床型"支持组织实践模式主要以学生的学习为设计原则，以学生产生的成果数据为重要依据来评价候选教师的表现。候选教师通过运用多种评估方式调整自己的教学计划，为学生量身制定解决问题的方案，促进学生各方面的发展。另外目前正在实行的各项临床实践培养项目都围绕着这两大实践目标制定了详细的实践实习标准和要求。如果把教学过程比喻成现场，那么教学过程也是一个"临床"；如果把每一次教学比喻成"看医生"，那么第一次教学也是一种"诊断"。既然如此，教学的"临床诊断"的概念是客观存在的。上海市浦东新区在教师培训过程中，引入"临床诊断"的概念，既有对浦东教学现状的需求拉动，也有着对教育规律的自觉遵循。

　　帮助教师跨越新课程理念与实践的鸿沟是当前教师教育机构面临的中心课题。为了更好地推进新课程实施，2003年9月，浦东开展了"地毯式"课堂教学情况大调查，通过调研，发现浦东教师存在学情分析技能缺失、情境创设技能缺失、信息技术与课堂教学整合技能缺失、学生发展情况评价技能缺失、数字化课程资源开发技能缺失，直接限制了新课程理念落地于实践、生根于课堂。

　　而美国教育家科根将"临床"引入教师培训领域，提出"临床诊断式"培训概念，倡导对教师在教学中出现的问题进行诊断（自我诊断或他人诊断），通过诊断找出问题症结，拟定"处方"，促使其获得突破，这也给了浦东教师培训极大的启示。

　　对此，浦东以"浦东新区教师专业发展学校"为临床教学基地，通过调研，梳理浦东教师实施新课程面临的问题——教学技能的缺失点，从而把握有效培训的起点。在内化国际经验的基础上，基于浦东的实情，设计"标准引领""临床诊断""跟随式矫正"式的浦东教师教学技能培训方案，确定试点项目，探索区域标准，开发诊断工具，推进重点项目，形成"临床诊断"实践经验。

　　为解决区域的实际问题，浦东开展了基于"临床诊断"的教师教学技能培训，形成了有效样式：(1)诊断问题；(2)专业化引领；(3)跟随式矫正；(4)实践中改进。这当中，"诊断"是前提，浦东设置了多个试点项目和重点项目，均把切入点放在诊断技术的引进上，各自研发适合本学科的诊断工具，并建立相应学科的专业标准，使诊断更有根据、更为规范。

　　如今，"临床诊断"成为学校引导教师专业发展的契入点，成为教师提升专业发展能力的常态术。2007年起以先后评出的53所教师专业发展学校为基地，以"临床诊断"为手段，开展本校教师的教师教学技能培训；2009年起，又将"跟随式矫正"拓展到优秀校本研修学校，为新区见习教师提供入校"专业诊断"和"跟随式矫正"。

　　浦东新区每年有1 000名左右新教师参加入职培训。为快速提升其教学技能，项目组创造性地将新教师实践培训模块与教师专业发展学校的"临床学校"功能整合，首倡职初教师进入"教师专业发展学校"接受专业诊断。2009年以来，项目组每年将职初教师分配至有专业优势的教师专业发展学校之中，由基地学校和聘任学校双方带教导师形成合力，对新教师开展"跟随式矫正"，提高了培训实效。

（一）建立基地：把教师专业发展学校打造成教师培训的"临床学校"

　　浦东教发院围绕"教师专业发展学校"开展了多层次、多形式的课题研究，其中和华东师范大学教育科学学院以合作共建"教师教育创新基地"的形式,合作开展"教师教育创新的理论与实践:基于区域与学校"研究,申报成为上海市教育科学规划重点课题;在此基础上,教发院偕同区级教师专业发展学校,自主开展教师专业发展学校对见习教师规范培训的临床指导研究。

建设"教师专业发展学校"和"校本研修学校",明确其内涵为"临床学校",是从组织形态上保证浦东新区教师培训的落实,使这里的培训区别于以专家讲授为主的专业引领、以学员自主练习为主的实践改进,以及传统师徒制下的口耳相传,更具备大面积推广的可能。

"教师专业发展学校"最大的特点在于临床性,作为师范生、职初教师"临床"教学的基地,既可成为教师职前教育的摇篮,也可在教师入职教育中发挥更大的作用。基于此,自2006年起,浦东新区努力建设"跟随式校正"的组织形态,研制了《浦东新区教师专业发展学校评估方案》,经过三轮评审,共评出53所"浦东新区教师专业发展学校",成为教师教学技能训练的"临床学校",探索"跟随式矫正"的技能培训方式,为本校及其他学校教师提供专业诊断服务。

"临床诊断"在浦东教师培训中,不断从点到面,从环节到过程,渗透到不同层面的师资培训中,产生了滚雪球效应。53所市区级教师专业发展学校和其他一些受聘为见习教师规范化培训基地学校的校本研修学校,均组建了针对见习教师规范化培训需求的带教与诊断工作小组,开发了临床诊断工具,将实践带教与专业诊断有机结合,取得了优异的成绩。教师专业发展学校的领导和老师们也在这样的临床指导中感受到了全新的挑战,他们认识到,带教导师与见习教师可以实现同步的专业发展,关键是如何真正发挥教师专业发展学校的"临床"功能。

如洋泾中学在实践探索过程中建立了一整套数字化课堂教学诊断系统,它由软硬件系统两方面组成。硬件方面由数字化的课堂观评课系统和网络化的教学研讨、反思系统组成,软件保障包括现场教学视频切片技术标准、视频课例诊断技术标准以及数字化课堂教学诊断系统的运行、维护等一系列规范。数字化的课堂观评课系统由数字化高清录播教室和听评课教室组成,两间教室之间隔着一面单向玻璃。教师在数字化高清录播教室中进行实际课堂教学,除了配置与普通教室一致的设施外,还配有多角度、多探头录摄装置,在录摄教师教学行为的同时也关注学生的实时反映。听评课教室是听课者现场听课的场所,由于与数字化高清录播教室之间隔着单向玻璃与隔音墙,听课老师可以及时展开交流,有效地降低听课活动对课堂教学所产生的干扰,进而提高观课评课的质量。

(二)设立临床导师(培训师):为"临床学校"建设保驾护航

2011学年以来,上海市启动中小学(幼儿园)见习教师规范化培训,浦东新区抓住此契机,通过自愿申报,遴选了104所区级见习教师规范化培训基地学校,赋予这类学校在区域见习教师专业成长中的"临床指导"职责。为了更好地帮助这些学校完成此项极具挑战性的任务,新区组织开发"临床导师"(教师培训师)标准,在大量调研、充分论证的基础上,形成了临床导师应该具备的基础能力结构和评审办法,引领各基地学校的带教导师向更加专业的方向努力。

与此同时,浦东启动了"临床导师"(教师培训师)培训项目,在区域教师专业发展"临床学校"建设标准和评审办法基础上,开展区域"临床型导师"的资格认证与培训等。这些创新性的举措有力地促进了"临床学校"的建设,促使浦东新区的教师专业发展学校建设从机制建构期向内涵建构期转型。

(三)实施策略:"临床学校"的培训改革路径

为了准确把握改革方向,浦东教发院强调研究先行。通过文献梳理,明确基于"临床诊断"的培训改革思路;通过现状调研,发现普遍存在的技能缺失,为培训内容的确定提供实证依据。各项目推进过程中都强调了课题研究的指导作用,申报立项了多项市区级重点课题,如市级重点课题"教育研发机构促进区域教育公共服务能力提升的路径研究"、市级立项课题"基于实践的中小学双语教师专业能力建设研究"。

为了使"临床诊断"有章可循,浦东教发院重视各种专业标准的研制。如英语教师培训引进剑桥标准,在此基础上研发区域英语教师专业标准;双语教师培训研制了区域双语教师专业标准;率先开展"教师培训师"标准、教师专业发展学校建设标准等研制与实践,在全市乃至全国产生了一定的影响。同时,推进重点项目,强调诊断先行。如英语教师的分层培训:项目实施之初,对新区约2 400名英语教师进行了听、说、写、译等方面能力的全面测试,对测试结果进行了科学的统计和分析,在此基础上实施2004—2007年三年滚动培训计划,开展分层分类培训,其中10%的教师出国接受培训,20%的教师在国内英语专业机构接受培训,40%的教师聘请外籍专家进行培训,30%的教师聘请国内外专家进行培训。2008年4月—2009年6月组织了ICELT(在职英语教师证书)课程培训,2009年9月—2010年6月组织了TT(英语培训师)课程培训。项目积累的诊断经验和工具支撑了后续开展的其他培训项目,英语培训师的培养经验为区域"教师培训师"标准研制提供了基础。再如双语教师滚动培训:项目自2005年正式启动,至2008年先后完成了四轮培训,2009年至今转型成为浦东新区学校双语特色建设。项目高度重视诊断与评估手段的运用,初步构建了"双语教师能力建设模型",即一体两翼("一体"指以学科为主体的专业能力,"两翼"指信息化素养和网络应用技能、国际化素养和外语应用技能);研发了浦东新区双语教师专业标准;构建了浦东双语教师培训绩效评估指标体系;制定了《浦东新区学校双语特殊建设行动指南》。跟踪培养的189名双语教师迅速成长,10多所双语特色学校多次参加国际教师教育论坛交流,策划、协办国际会议中的双语专题圆桌会议。

注重结果转化,建设培训课程。"临床诊断"只是手段,不是目的,诊断结果均具体落实到培训的内容设计和方式创新之中,以形成有针对性的技能培训课程。以2009年启动的第三期数学教师培训为例,共有84所学校508名中学数学教师参与,按诊断结果分成三个层级的班级开展112学时的培训,聘请了35位市、区专家型教师针对学员技能实际开发课程,其中区级学科带头人、骨干教师开发27门课程共304课时,指导中初级班学员教学实践活动1 200多课时。项目负责人领衔开发的"数学课堂教学技能训练"课程的教材由华东师大出版社于2008年6月正式出版。

物理高端教师培训项目则针对学科带头人和骨干教师这个层面的技能现状,在更为细致的诊断基础上,建设高层次的培训课程,形成了丰硕的成果。项目负责人领衔的"网络环境下的物理教学设计理论与实践研究"(2009年上海教育音像出版社出版)成为市级共享课程,并于2011年被评为上海市第十届教育科研成果理论创新三等奖;"基于诊断的中学物理教师教学技能训练教程"成为华东师大、北师大等6所部属师范大学的通选课程,其教材由复旦大学出版社2014年4月正式出版。

浦东教发院将医学上的"临床诊断"移入教师教育领域,不仅有着对浦东教师现状基础性的真切把握,而且有着贯通性的哲学思考,更有着本质性的教育学追寻。教学,是学校实现教育目的的"主战场",是教师履行神圣职责的"共舞台"。优质教育、品质教学,从某种角度说,是由教师的优秀教育教学行为构成的。因此,教师的教学行为,是教育的基色,也是教学的本色。提升教师的专业发展能力,比什么都重要。而提升教师的专业发展能力,是一个循序渐进的过程,需要一个台阶一个台阶攀登。而"临床诊断",就是实现提升的"台阶"。这种诊断,既来源于对教育规律和学科内容的准确把握,更来自于师生共同实践中对技术的发展与创新。

第二章 "临床型"支持组织的深入解读

第一节 教师组织的基本内涵

由于教师专业发展过程中缺乏相应的分享、合作、对话、互动等机制,使得教师在专业发展中常常会表现出疏离感、无意义感、无助感等。按照以往的角度来看,教师的专业发展主要强调的是教师在过去、现在、未来单个维度上的培训以及发展,这显然是个人主义的、不完全的。教师的专业发展受到很多方面的影响,不但包括教师的基本素质、精力、技能、情感,还包括具体的社会环境、组织情感、具体环境等因素。站在组织社会学的角度来进行思考,就会产生这样的结论:教师并不是在真空中工作的个人,而是组织中的个体,和组织有着密切的联系,只有促进教师的专业发展,才能更好地提高组织的整体效益。如果以组织社会学的角度来看待教师的专业发展,那么教师发展的组织维度是必不可少的。

教师组织是一类社会组织。一般来说,可以将教师组织划分为两个层次:一是科层主义取向的科层组织,这种组织的主要标志是其具有明确的、严格的行政管理以及规范的工作流程;另一个是专业取向的组织,其主要特征是维护教师的尊严、提升教师专业水准以及开展相关的教育研究等。据此,教师专业发展的组织维度主要包括科层组织以及专业组织两种。

一、科层组织

在我们的生活、学习中,科层组织对我们来说并不陌生,我们接触到的学校、机关都带有明显的科层制色彩,我们也习惯将这种科层组织称之为行政组织,其中既包括我们所说的那些较为人们熟知的组织,即那些看得见的组织,也包括那些不正式的,根据一定的爱好、情感等建立起来的交往系统。

二、专业组织

这里所说的专业组织是有一定的条件的,一般来说,组织需要经过一定的培训以及雇佣,可以将其分为以下几个层次:其一,功能联盟,主要是指教师、顾问等相关人员;其二,小范围团体,主要指的是英语社团、物理社团、棋牌社团等;其三,其他组织,这些组织和教育也存在着一定的关系。对于组织的资格并没有限制,一个人不一定只能加入一个组织,可以同时是几个组织的会员,并且其相关的权益应该得到监督以及相应的保护。

当专业组织建立起来的时候,就说明专业的工作已经逐渐成形,只有具备这个条件,它才能成为一个具有稳定结构的组织,才能引导专业发展,将组织和专业紧密联系在一起,相互促进。一般来说,受到普遍认可的专业都会成立专业组织,因为这样可以提升其专业水平和专业地位等。从这点来看,教师专业组织对于保护教师的专业地位和权威具有重要作用。这主要体现在以下三个方面:其一,要求组织内教师具有合法的知识基础。通过一定的实践、浓缩以及必要的讨论,对教师的知识以及技能进行必要的考验。其二,掌握着教师的专业实践。组织能够对教师专业活动的相关水准做出比较明确的判断,以此来分辨其优劣,从而刺激其改正不良的表现,规范教师的专业行为。其三,控制成员的准入。通过规定和管理新成员的相关培训,来制定以及颁发相应的证书从而对教师进行资格认证,这样就可以使组织获得社会的广泛认可,并保证教师教学的专业性以及教师组织的长远的发展。

教师并不是单独存在,他们会受到其他各方面的综合影响。在良好的环境下,教师会获得激励,更好地完成工作,组织环境越好,教师获得的激励就越大。而教师发展了,组织也会变得更稳定,环境也会更好,两者相互影响,相互促进。对于教师来说,以往的个体式的专业发展显然已经不再适合当下的环境,只有获得组织的支持,教师效能感以及成就感才能充分地体现出来,教师专业发展的积极性才能被调动。教师间只有加强合作,才能够使相互间取长补短,缩短发展的周期,更快地实现发展目标,并保持积极的人际关系,培养自己的职业道德,增强自身的职业效能感与幸福感。

知识及其分布对于一个运转良好的教师组织是非常重要的。当前的时代是知识剧增的时代,传统的英雄式决策已经无法适应多变的环境和时代的飞速发展,决策应当交给那些最熟悉任务及环境的人们去做,因为他们对有关情境和变化有最直接的了解,也对满足下一步行为的各种资源有最直接的了解。今天的教育背景、教育环境复杂多变,这就加深了教师工作的难度,同时也给予教师组织新的力量。

教师组织对于教师的专业知识、能力、精力、精神归属感等方面都有着很大的影响,尤其是对教师专业发展有着深刻了解,精通教师培训的组织,对于教师的作用更大。教师通过参加组织活动能够发掘自身存在的潜能,当他们在教师组织中成为富有表现力的一分子时,他们就能传播一些比较有价值的信息,这样就可以促进教学的发展。此外,教师组织还是社会和学校进行沟通的重要参与者,它能够创造一个安全的心理地带,加强社会与学校之间的对话,这也是教师专业组织的意义所在。

第二节 "临床型"支持组织

"临床"一词来源于医学。是指以医院病床边为主要教学场所,以病人的收治、诊断、治疗等问题为教学任务,医学学生在专家教师指导下直接参与病人的治疗、护理以增加临床经验并提高专业化水平。对职初医生来说,临床即直接面对病人、直接参与诊治病人。

将临床概念引入到教师培养中,美国对该课题的研究相对比较多。20世纪60年代,一些教育者就提出了教师应成为具有专业化水平的教育"临床专家"(Clinician)的培养目标。1986年,霍姆斯小组在《明日之师》的报告中提出大学与中小学关系要进一步密切,并设立"临床学校",以加强师范生的实习实践。2002年9月,卡内基基金会发表了《教育新挑战——教师临床教学》研究报告,呼吁对教师教育进行大刀阔斧的改革,主张采用与医学院训练实习医师类似的方法,让学生在中小学接受实际训练。并强调教师应具有"临床实践型"的职业特点,要像医生那样,从学生身上诊断和分析其发展状况,为其提出解决问题的方案,有效地处理各种教育教学问题,促进学生的健康成长,提高学生的学习成绩。2010年11月,美国全国教师教育认证委员会(NCATE)发表了《国家教师教育改革战略:通过临床实践,培养高效教师》(Transforming Teacher Education through Clinical Practice: a National Strategy to Prepare effective Teacher)的报告,报告指出美国需要一个完整的新体系来培养教师,"临床型"实践模式是一个有效培养专业化教师的新模式。要通过严格师范生入学的筛选制度,加强合作性伙伴关系,大力吸引社会的资金投入来确保该模式实施的效果和持久性。帕姆·格罗斯曼(Pam Grossman)通过《学会实践:关于设计教师培养中的临床经验》(Learning to Practice: the Design of Clinical Experience in Teacher Preparation)一文,指出为教师增加临床经验创建合作性伙伴关系,需要注意投资创建和支持相应的教学和科研基地、支持强大的临床监督和指导系统、以学生的成就发展为重要参考来评价教师、扩大范围加强交流。同时也对实验室培养模式以及驻校培养模式进行了评价,并在此基础上表明"临床型"实践模式拥有广阔发展前景。这些文献都为"临床型"实践模式提供了重要资料和理论职称。

我们认为,"临床型"是指一种教师培养模式,即为专业发展初期阶段的教师提供专家教师的人力资源,并且提供真实的学校、课堂场所进行实践,让他们参与和渗透到各种教学活动,直面教学中的各类问题,深入研究,加以解决,以期职初教师快速有效成长。宏观角度来看,"临床型"还可以作为一种教师培养方式,具有"使教师直面教育教学现场,教学情境真实度高"的特点，以及在此类情境下的教师专业发展培养机制。

临床型教师培养模式旨在解决职初教师在专业发展中遇到的困惑，帮助他们加速积累经验，其最大的特点是让新手教师直面课堂，更直面学生，符合当前课改"以生为本""以学生的发展为本"的核心理念。

"临床型"支持组织是就组织的功能而言的。"临床型"教师培养模式要充分发挥组织的支持力，首先要厘清组织各要素及其相互关系。

一、组织要素

社会系统学派创始人巴纳德认为，组织需和其整个外界环境达到平衡，既要有效地满足组织目标，又要"有能率地"满足个人动机。从这一组织存在的视角，巴纳德提出了组织的三个基本要素：信息交流，做贡献的意愿和共同的目的。对于任何级别，任何规模的正式组织，三者缺一不可。（巴纳德，1938）

巴纳德的研究揭示了组织的部分本质，即组织的存在是由于组织可以通过人与人的有效协作来达到单凭个人努力所无法达到的目标。但他对组织要素的划分也有一定的局限性。首先他过分强调组织中人的因素，而忽视了其他物质要素的存在，只是以部分替代整体。其次，虽然他在组织的整个理论体系中强调了社会协作大系统，但对组织要素的区分还只局限于组织协作体系内，将组织看成是封闭的系统，忽视了对组织的外部要素的研究。

二、内部构成要素

教师教育的管理者，教师教育的对象，教师教育的专业发展目标，"临床支持"所需的技术和资源是构成"临床型"支持组织的几个基本要素。

前已述及，"临床支持"功能是本组织建设围绕的核心。教师专业发展既要有教师的内心需要，也要外部的专业支持。"支持"原义是支撑、支援、赞同、鼓励等。对教师专业发展的支持，是指教师教育的管理从"控制模式"走向"支持模式"，机制从"单角度分割式"支持走向"多维度系统化"支持。针对要素的具体特点，"临床支持"组织内部还呈现的关系有：

1. 按需求进行专业支持。本课题中，体现的是针对"入职"这一特殊发展阶段，满足职初教师的需求，从职业感悟与师德修养、课堂经历与教学实践、班级工作与育德体验、教学研究与专业发展等四个方面开展更具针对性的专业支持。

2. 直面对象，以诊断技术为支撑。本课题中，将由教师专业发展学校吸纳区域职初教师进行面对面的带教指导和专业诊断，通过基于观察和视频分析的课堂诊断研究，研制各学科"临床"诊断书,以帮助职初教师得到更好的发展。

3. 跟随式矫正,互动式发展。不同于临床科学中的病理学取向,本课题的研究对象为职业行为形成期的职初教师,课题主要关注这些教师的形成性发展而非病理性矫正,但也要及时发现他们教学行为中的问题,通过手把手的跟随式指导,完成及时性矫正。同时,"临床支持"中的职初教师和带教导师不是医患关系,而是资深教师和新手教师的互动关系,在不断的互动中,双方都可以获得专业发展。

个人的力量是微弱的,唯有依靠强大的组织,才能整合更多的资源、集中更大的权力、赢得更有力的认可。

第三节 职初教师"临床型"支持组织

浦东新区见习教师规范化培训在教育局领导下,由浦东教育发展研究院具体指导,由基地学校、聘任学校、浦东教发院、见习教师本人、委托专业机构共五个培训主体合作联动落实培训要求,从而形成了浦东职初教师"临床型"支持组织的基本架构,该架构中各主体的主要职责如下。

一、基地学校:为职初教师实施"浸润式"培训

(一)浸润式培训

见习教师每周两天时间(周一和周四全天)到基地学校进行16个要点的浸润式培训。基地学校负责完成的16个要点的具体内容详见《浦东新区见习教师规范化培训管理工作文本汇编》中的《浦东新区见习教师规范化培训基地学校工作要求》。

(二)团队带教

基地学校为每位见习教师配备学科和班主任带教导师。学科导师应为骨干教师,班主任导师应为经验丰富的现任班主任。导师遴选须遵照《浦东新区见习教师规范化培训基地学校工作要求》相关规定。班主任导师与学科导师可以由一人兼任。基地学校应建立"导师负责、学科组教师全体参与"的团队带教方式。学科组全体教师对见习教师开放课堂,为他们提供示范与引领。

(三)文化熏陶

基地学校可以在集中培训活动中,以师德教育为培训切入口,以学校文化、教研文化为引领,组织见习教师学习校史、了解学校优秀教师事迹,为爱教育、爱学生、爱学科教学奠定思想基础。夯实见习教师的职业信仰,增强职业认同感。

二、聘任学校：为职初教师实施跟岗培训

见习教师除了接受基地学校培训和区级集中学习培训之外，还需在聘任学校完成15个要点的培训。聘任学校为本校每位见习教师配备学科和班主任带教导师。学科导师原则上为骨干教师，班主任导师为经验丰富的现任班主任。班主任导师与学科导师可以由一人兼任。聘任学校建立"跟岗式学习"制度，学校全体教师对见习教师开放课堂，为他们提供示范与引领。

聘任学校合理安排见习教师的工作，其工作量原则上为正式教师常规工作量的一半，且不得安排见习教师担任正班主任，确保见习教师到基地学校接受培训的时间每周不少于两天，同时确保时间参加区级集中培训。安排见习教师的见习学科必须与招聘学科保持一致，并督促见习教师认真完成各项培训任务。

三、浦东教发院：组织区级集中培训

区级集中培训的类型主要有：

（一）讲座式培训

聘请市、区级专家进行师德教育、教师礼仪等通识课程的专题培训。组织相关学科高端教师为见习教师作学科课程标准解读。

（二）线上研修式培训

利用浦东教师研修社区等网络平台，发布学习素材，开展线上研讨等研修活动，与线下的讲座式培训构成协同研修方式。

（三）考评式培训

委托专业机构组建专家组，组织进行全区性的见习教师课堂教学综合考评活动，检验培训工作的成效。

（四）榜样引领式培训

鼓励见习教师参加全区性的高端教师区级论坛、示范课等展示活动，用榜样引领的方式对见习教师进行培训。

（五）跟踪选拔培训

在见习教师工作第二年里举行基本功考评比赛，在第三年里举行"新苗杯"课堂教学比赛。通过比赛选拔，跟踪、督促见习教师入职初期的专业发展。

四、见习教师本人：自我研修

见习教师在接受上述培训的同时，还要通过自主阅读专业书籍、撰写读书心得、制定

与完善个人发展规划等形式,加深对教师职业的感悟,提升师德修养,养成自主发展的良好习惯,在"读、访、写、做、赛、悟"中获得成长。

五、专业培训机构:提供职初教师培训服务

(一)培训前:提供咨询服务

在培训工作展开之前,提供规范化培训工作的专业咨询,通过应标响应文件等方式,对培训方案的细化、培训管理的操作点设计等方面,提供支持。

(二)培训中:提供指导与考评服务

在培训开展过程中,按照委托工作招标需求中的具体服务需求,逐项落实过程指导、履职检查等管理工作。在过程指导和检查工作中,发现问题,提出改进建议;发现特色做法,收集提炼推广,以促进培训开展。在课堂教学综合考评中,要形成明确的评价意见和指导建议。

(三)结束时:提供培训总结与评价服务

在培训结束时,对照《浦东新区见习教师规范化培训管理工作文本汇编》中的相关文件规定的考核标准,按委托工作招标需求中的具体服务需求,对聘任学校、基地学校的见习教师规范化培训工作的实施情况、培训绩效等方面,进行综合性的年度检查,逐校形成具体的评价建议,对本学年的培训工作进行专业的总结,为下一学年培训工作的开展奠定更好的基础。

第三章 职初教师"临床型"支持组织的整体设计

作为一名教师,从大学毕业参加教学工作,到退休退出教学工作岗位,从专业发展阶段来看,一般要经历四个阶段:一是新手型教师(职初教师)阶段,二是成熟型教师阶段,三是骨干型教师阶段,四是专家型教师阶段。从新手型教师到成熟型教师、到骨干型教师、最后到专家型教师,一般都要经过相当长时间的磨练,通过量变到质变,才能够从较低层面的教师,向高一层面的教师转变。为了加快教师从较低层面向高一层面转变的进程,除了教师自身的天赋和努力之外,区域层面为不同类型教师提供教学实践的展示平台,对教师的专业发展和成长,可以说是起到了催化剂的作用。近几年,浦东教育发展研究院十分重视研发机构为教师设计并提供专业发展的支持系统,其中为了支持教师的专业发展,提高教师的教学实践能力,在区域层面针对不同类型教师的专业发展进行了整体设计,以促进不同类型教师的成长。

第一节 浦东新区"临床型"支持组织的体系设计

一、"临床型"支持组织的体系构成

职初教师专业发展"临床型"支持组织是直面教学现场,在真实情境中实现教师专业发展的组织形式。根据浦东的实际情况,这一支持组织的核心构成主体有职初教师的聘任学校、教师专业发展学校、见习教师规范化培训基地学校,以及区域教育研发机构等,这些要素层层推进的运行过程构成了职初教师专业发展"临床型"支持组织的体系。同时,这一体系的运作为了解职初教师专业发展现状、测评职初教师专业发展成效提供了有效工具,并通过评价与反馈指向职初教师进一步的专业发展。

二、"临床型"支持组织的核心要素分析

在本研究中,"临床型"支持组织体系的核心要素有二:一是教师专业发展学校;二是见习教师规范化培训基地学校,二者为职初教师专业发展提供主要的组织支持,也是本研究分析的重点所在。

(一)教师专业发展学校

建设浦东新区教师专业发展学校是浦东新区借鉴美国教师专业发展学校、北京教师发展学校的理论与实践,并结合当地教育进入内涵发展阶段的实际需要而做出的探索与尝试。浦东自2005年初开始了对教师专业发展学校的研究、探索,2006年正式启动创建教师专业发展学校,现有52所学校正式命名为"浦东新区教师专业发展学校暨见习教师规范化培训基地学校"。在教师专业发展学校建设上,可以说浦东是上海市的第一家、是第一个"吃螃蟹者"。在"临床型"支持组织体系中,教师专业发展学校的职责或功能主要有:

第一,促进本校职初教师专业发展。教师专业发展学校应在相关大学和其他教育研究机构的指导下,结合学校实际情况确定本校职初的教师专业发展实验项目或科研教研课题,通过实验项目与教育科研将教师教育改革与学校改革紧密结合起来,推动本校职初教师专业发展与学校发展。

第二,发挥经验辐射作用。教师专业发展学校应有较强优势或特色的职初教师专业发展项目,并积极、主动地通过各种形式将本校的优势或特色辐射到其他学校,去影响、指导其他学校的职初教师发展。

第三,提供实践基地和资源。教师专业发展学校要与相关大学和其他教育研究机构展开深度合作,为师范生提供实践和研究基地,为大学教育改革和研究生教育改革提供实践类课程资源,也为职初教师培养无缝衔接的优秀后备力量。

(二)见习教师规范化培训学校

见习教师规范化培训学校的建设,是落实《国家中长期教育改革和发展规划纲要(2010—2020年)》和《上海市中长期教育改革和发展规划纲要(2010—2020年)》的重要举措,是教师教育的重要组成部分,是教师职前教育与职后教育之间的重要环节,是教师管理的制度创新。目前,浦东新区已有77所见习教师规范化培训基地学校(含52所教师专业发展学校)。

作为见习教师规范化培训基地学校,共有十大职责。概括而言,要根据见习教师的实际情况,有针对性地制定培训方案;为见习教师遴选师德高尚、业务精湛、敬业爱生,且有丰富带教经验的带教导师,督促和指导带教导师的工作,保证见习教师学有所获、思有所进。

随着教师专业发展学校和见习教师规范化培训基地学校建设两项工作的进一步推进,对于这两类学校的研究深度也会逐步加深,尤其是对如何持续性、发展性地建设,如何相辅相成地建设,值得我们做进一步的研究、思考。

三、"临床型"支持组织的主要标准

在教师专业发展学校、见习教师规范化培训基地学校这两类学校的建设过程中,浦东新区设立了以下标准,以保证职初教师研修学习的有效性:第一,学校应该有足够数量的引领型教师,如区级学科带头人、骨干教师等,否则职初教师的研修易流于低效甚至无效;第二,区域要努力形成良好的职初教师研修文化,使制度建设的"刚"与文化涵育的"柔"有机统一,使职初教师的专业研修能在效率和效益两方面均实现有效;第三,要开发支持职初教师研修活动的系列工具,使职初教师和学校有实施校本研修的抓手,区域有检测研修效果的准绳,以保证职初教师研修过程和结果的双有效。

第二节 浦东新区"临床型"支持组织的运行设计

一、"临床型"支持组织的运行机制

职初教师专业发展"临床型"支持组织的整体运行模式主要涉及以下要素:一是职初教师;二是教研组、备课组;三是职初教师聘任学校;四是教师专业发展学校/见习教师规范化培训基地学校;五是区域教育研发机构。其中,教师专业发展学校/见习教师规范化培训基地学校并非指单一的一所学校,职初教师的专业发展由多个教师专业发展学校/见习教师规范化培训基地学校共同支持,同时,区域教育研发机构也对区域内多个教师专业发展学校起着引领作用。各要素之间互为联结、相互作用,为职初教师专业发展提供体系化的组织支持和运行保障。职初教师专业发展"临床型"支持组织运行模型及其各要素之间的关系机制如下图(图2)所示。

二、"临床型"支持组织的研修方式

时下的浦东,地广人多,几百所中小学校(幼儿园)分散在1 000余平方公里的土地上,且优质教学资源分布极不均衡。总体上看,沿江地区学校集中,教育资源也相对丰富,而沿海片则学校分散,教育资源就相对稀少。如果单一依靠学校自身的条件对职初教师进行专业培训,学校间的教育资源差异势必扩大。因此,在浦东开始策划职初教师专业培

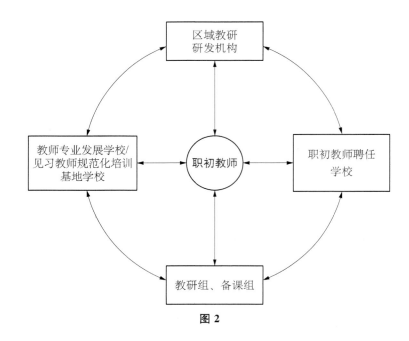

图 2

训工作的时候,我们就不断自问:如何在职初教师的专业培训中有效地综合利用区内优质教育资源?如何让各学科教研员在区级层面对职初教师的专业成长发挥专业引领作用?

从浦东的实践经验来看,协同研修的方式在职初教师的专业培训中发挥着不可替代的积极作用。职初教师通常被安排在起始年级工作,所以我们特别要求各学段起始年级的教研员在研修课程内容的设定上关注基本的教学设计。比如高一语文就关注小说的课型设计;高一数学就关注高一教学内容与教学策略;高一英语就关注课堂的对话与交流。这些研训课程,针对的是教学的具体问题,既有区级层面的专家指导与引领,也有学校层面的校本研修;既有具体的示范课观摩,也有学员自己亲自"做"的实践探索。换句话说,协同教研模式采用讲座、示范、研讨、演练的方式,指导教师从理解入手,在"做"中学,具有一定的实效性。

三、"临床型"支持组织的实践平台

按照研发机构为区域教师和学校提供专业支持的要求,浦东新区为满足不同类型教师的发展需要,搭建了八大教学展示平台,具体包括:一是区域教师协同研修活动平台;二是见习教师教学设计比赛、见习教师课堂教学评优活动;三是浦东新区新苗杯教学评优活动;四是中青年教师参加的各类课堂教学评比活动;五是教师教学论文评选活动;六是特级教师、学科带头人、骨干教师的区级教学展示周平台;七是区学科带头人、骨干教师教学实践与研究团队;八是区级名师培训工作室(基地)。这八个平台为职初教师"临床型"支持组织的实际运作提供了现实抓手和实践载体,是"临床型"支持组织的具体落脚点,其具体内容将在随后的研究中逐步展开。

第四章 基于教研组的"临床型"教师专业发展支持组织研究

第一节 课例研究:"临床型"教师专业发展研修活动

一、课例研究的基本概念和核心理念

近年来,国内基础教育界对课例研究呼声很高。不少学者也身体力行,带领一线教师开展了丰富的课例研究实践探索。浦东新区自2008年起开始区域层面的课例研究探索,取得了一定的成绩,形成了课例研究"八步曲"等本土化的推进经验。回顾这段实践历程,我们深感课例研究确实是当前课堂教学研究的有效形式,这种研究方式适用于所有学校和教师,而且多数学校和教师都能够在这种以"课堂变革"为抓手的教学研究和改进中受益。只要坚持课例研究的若干"精神气质",如"对真实的课堂教学过程的研究""异质人员参与的合作性研究""既关注课堂上的教,更关注课堂上的学""在研究课的开设过程中使用观察技术和工具,收集数据""呈现和讨论来自研究课的数据,从中揭示出对未来教学的启示"[①],课例研究就能成为教师、学生、研究人员共同成长的幸福过程。

那么到底什么是课例研究?为什么本课题可以将课例研究这种课堂教学研究形式运用到职初教师"临床"专业成长中来?这是本章首先要解决的一个基础性问题。

(一)课例研究是教师对真实的课堂教学过程所开展的合作性研究[②]

这个类似于定义(英文概念为 lesson study)的判断虽然来自于国外,但与我们本土的

[①] 邹雪园.浦东新区双语课例研究报告[A].陆蓉、邹雪园.行走在双语路上:基于实践的双语教师能力建设[M].杭州:浙江大学出版社,2010.1.173—174

[②] 这个定义转引自安桂清博士的《课例研究的意蕴和价值》一文,该文发表于《全球教育展望》,2008年第7期。原文注释为:Matoba, M. et al. (Eds.)(2006), Lesson Study: International Perspective on Policy and Practice. Beijing: Educational Science Publishing House, Introduction.

很多探索有不谋而合之处。从这句判断中,我们可以把握住课例研究的几个核心理念,或者说基础特征。

1. 课例研究不同于普通的课例或案例,而是对真实的课堂教学过程的真实的研究。

如下图(图3)所示,一般而言,一个完整的课例研究过程,要经历两个回合以上的规划、行动、观察、反思的行动研究过程。在此基础上形成的课例研究报告,比没有经历这样的过程的教育教学案例或课例,要更具研究性。不仅如此,课例研究过程中,人们更关注真实的课堂教学过程,也更重视研究过程本身的真实性、结论的可靠性。这一点与教师日常生活中常遇到的磨课、反复修改而形成一节好课的思路显然有所不同。虽然说,真正的好课也讲究真实性,经过研究而实现的好课更有价值,但课例研究的主要目标不是为了形成一两节好课,而在于解决教师在教学过程中形成的某种困惑,即下图中课例研究的出发点——疑问。

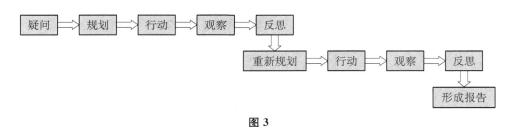

图3

2. 观课过程中大量使用观察技术和工具,收集数据和细节。

这确实是参与过课例研究的基层教师最容易产生的对课例研究的印象。以往我们的观课,往往是教师远远坐在教室的后排,靠眼、耳和手来记录一节公开课的大致流程。然后,凭自己的一点记录和以往的经验参与后面的评课环节,或者,干脆就没有评课环节,听完课各自散去,私下里再跟开课教师作一点基于印象的交流。基本上是以表扬为主,末尾夹带一两点对方能接受的改进建议。课例研究不是这样,而是特别倡导围绕事前设定的研究主题,深入发掘学生的已有学情,设计能反映教学设计主旨与效果的课堂观察表,并借助摄像机、摄影机、记录棒、观察表等各种观察工具,对全体或抽样生进行针对性的观察。参与课例研究的教师,会事先进行观察方位和角色的合理分工,事先还要进行观察记录的培训,进入现场后各就各位,将自身作为观察工具快速融入课堂进程,及时捕捉有效的数据和细节。事后的议课环节,观察员往往就是依据手中的记录进行观察结果汇报,并现场做简要的判断分析。

这样,基于课堂观察的课例研究就区别于教师每天面对的家常课,更像是一节照镜子的课,教室里多了很多帮助教师把握学生学习状态的眼睛,用一位职初教师的体会说就是:"你是我的眼。"课例研究也因此区别于普通意义的公开课、展示课,后者往往是要通过公开的观摩活动,展示某位优秀或资深教师的教学艺术、教学技术或教学理念,即使是青年教师执教这样的公开课,也要尽可能展现自己最完美的一面、最突出的亮点,以获得观摩者的肯定。课例研究的课,如果也有展示的成分,那么更多是展示观察员的功力和眼光,以及观察员与执教教师之间的真诚互动、共同前进。

3. 课例研究既关注课堂上的教,更关注课堂上的学。

这大概是读过佐藤学先生著作的人都更容易认同的一个重要理念,也可以说是课例研究的标志性特征之一。以往我们的听课,虽然一直强调"以学生为本",但观课者往往把视线集中在教师身上,讨论的重点也往往是课堂的环节设计是否合理、教师的提问是否合适,甚至细化到教师的教态、举止是否合适。不能说这种研究没有价值,事实上,以课例研究为载体的职初教师"临床"专业成长活动本身,也是以关注教师的教、改进教师的教学技艺为主要目标的,但只要进入一个具体的课例研究现场,我们首先应该关注的还是学生的学,而且,应以学生学的情况、学的进展,来反观教师的教,改进教师的教。

(二) 课例研究也是一种研修方式,其中典型的课例构成重要的研修内容

当课例研究在学术界和实践界非常走俏的时候,上海师范大学的王荣生教授却显得相对冷静,他和他的学生一起,对课例研究的本土形态进行了重点的梳理,发现本土经验中课例研究其实存在多种形态:1."课例"作为研究成果的表达形式;2."课例"作为研究对象;3."课例"作为所研究问题的载体;4.作为研修内容或研修方式的"课例研究"[①]。

在王荣生教授眼里,作为研修内容或研修方式的"课例研究",又称"课例研修",指教育培训机构把"课例研究"作为研修的内容,或以"课例研究"的方式来组织教师进行研修活动。在行文中,我们能大致判断,和行动研究性质的"课例研究"相比,这种课例研修更具本土特色,值得深入研究。他们进而区分了两种课例研修:

1. 作为研修内容的"课例研究",是学习如何做"课例研究",侧重在"课例研究"的经历和研究方法的掌握。它强调"做中学",在"课例研修"过程中学习"课例研究"。

2. 作为研修方式的"课例研究",指采用"课例研究"的形式和方法,组织学员进行相关主题的研修。它通常以业已完成的"课例研究"为基础,包括前述的"课例"作为研究成果的表达形式、"课例"作为研究对象、"课例"作为所研究问题的载体等。

其实不管是哪一种课例研修,当课例研究成为"研修",课例也好,课例研究也好,都已经成为一种载体,组织、实施者更关注的不是课例和课例研究本身,而是参与其中的教师们的专业成长。这种定位,和本章的理论是非常吻合的。以课例研究为载体的职初教师"临床"专业成长活动,其本质往往就是"课例研修"。但我们并不认为因此可以放松甚至

---

① 王荣生、高晶. "课例研究":本土经验及多种形态[J]. 教育发展研究,2012,(8,10).

放弃对"课例研究"前面几种特质的追求和坚持。事实上,如果不能保证课例研究成为教师对真实的课堂教学过程所开展的合作性研究,那么,以此为载体的课例研修也会变味,进而丧失对参与其中的教师专业成长的促进作用。

二、课例研究对职初教师专业成长的特殊作用

课例研究能不能对职初教师的专业成长发挥特殊的作用?以往的实践中,我们遇到过这样的质疑,不少人认为,要想保证课例研究的质量,执教教师最好是成熟型的,甚至是优秀的教师。这样,才能保证选题的合理性、课例本身的精当性,以及教学反思的深入性。不能否认,职初教师由于其教学经验的欠缺、教学技艺的稚嫩,参与课例研究有一定的弱势。但前文提及的课例研究三大理念(或三大特征),没有一个是对职初教师有所限制的,甚至,他们在接受、领会这些特征时,会比成熟教师来得更加顺利,更易贴近。这不仅是因为职初教师参与的课例研究过程,往往更加真实、真切,在导师、同伴的帮助下,更能得到看得见的进步,而且职初教师由于刚刚离开学生角色,更容易接受学生学习为中心的观察技术、观察视角。以往我们也开展过以职初教师为主角的课例研究,其效果往往让我们振奋。

其实,选择职初教师开展课例研究,与成熟教师的参与性丝毫不矛盾,因为每位职初教师的课例研究过程都离不开他们的带教导师——成熟教师的全程陪伴。有时,师徒同课异构、同时借助课堂观察等技术来进行一定意义上的学习效果 PK,对成熟教师也会构成一种教学理念上的震撼。后文我们会结合一定的案例进行详细陈述,这里不再展开。

经过实践,我们体会到,课例研究可以对职初教师有如下方面的特殊作用:

1. 教学设计技术的针对性提高

如,小学语文教学中,职初教师比较难以把握的设计难点是提问,往往容易形成碎碎问、满堂问,但教学实效性很差。通过课例研究,我们可以将职初教师在阅读课教学设计中的"大问题"设计作为研究主题,由带教导师指导职初教师重新解读文本,从大处设计大问题,再由职初教师自行分解小问题。课堂上,观察员们重点观察师生围绕这些大小问题之间的理答行为,记录分析该职初教师的理答类型、基本特征。经过 2—3 节课的反复实践和反思改进,职初教师能快速把握这种教学设计技术,得到针对性的能力提高。

2. 课堂实施技能的现场性提升

课堂实施技能往往也是职初教师和成熟教师相比较弱的地方,尤其是现场应变能力。课例研究倡导教师撰写复线型教案,即在教案的每个环节设计中,不仅写出设计思路、设计路径,还要预设出学生可能的答案,以及教师预期的行为反应。往往,这样的复线型教案要花费职初教师更多的时间在现场可能情况的预期上。课堂上,观察员们即可以

根据职初教师的复线型教案,现场记录其现场实施技能,分析其应对学生非预期反应时的方式、速度、风格等要素。这样的临床诊断式研修,对职初教师而言肯定是非常难得的磨砺,往往一次非预期的反应"事件"(即应对不当之处),经过课例研究共同体的分析、解剖后,会帮助职初教师快速跨越技能障碍,在下次遇到类似情境时能做到应对合理。

3. "学习为中心"视角的实践性生成

虽然说职初教师刚从学生角色中转身,比较容易理解"学习为中心"的课堂教学追求,但理解和实施、赞同和落地永远是两回事。由于职初教师往往临场经验和镇定性不够,上课时注意分配能力也相对不足,更容易一直关注着自己的教学设计环节的按部推进,而较少能根据学生现场学习情况做现场调整。课例研究其实就是不时地给职初教师提醒,让他们从刚刚顺利上完一节自我感觉不错的好课中冷静下来。四面八方的观察员将来自各个角落的学情汇报给职初教师,让他们能及时矫正自己的不够准确的"课感",而身为观察员时,职初教师又有更多机会跳出上课时的角色局限,站在学生的立场反观作为同伴的职初教师的课堂问题。这样的反复互换角色、深度互换观点,非常有利于职初教师在实践中真正养成"学习为中心"的视角。

4. 教研组团队研修文化的反省式成长

如果说前三点作用都是针对职初教师而言的,是课例研究能给职初教师带来的滋养与帮助,那么,我们还认为,将职初教师纳入课例研究活动,对整个承担课例研究的教研组而言,都是非常有益的尝试,因为,这将有助于教研组团队研修文化的形成与发展。一般而言,教研组的团队研修文化往往是通过常规教研活动来形成与维系,而常规教研活动由于缺少聚焦的主题,很容易流于形式,同伴之间观点的同质性、少碰撞等,也会影响研修的质量,更谈不上良好研修文化的形成。引进课例研究,尤其是让职初教师这样的源头活水加入进来,教研组里的成熟教师既可以作为示范性的课例提供者,也可以作为研究性的课例展现者,还可以充当职初教师课例课的设计导师、实施参谋,全程参与和引导职初教师通过完成的课例研究过程,体验专业成长。这个过程中,整个教研组的教师都有事可做,都有需要投入参与、思考和交流的抓手。进而,职初教师的进步、困惑,也能对同教研组的老师形成反省的刺激,最终实现共生式成长。

三、职初教师课例研究活动设计与实施案例

(一) 两类课例研究活动案例

1. 职初教师作为观察员的课例研究活动案例

【案例背景】

华东师大安桂清副教授承担2010年的浦东新区教育研究与培训项目"'基于课例研

究的教师专业发展研究'项目成果的推广与应用研究"，在总结和吸收前期研究成果的基础上，致力于已有项目成果的推广与应用。该项目采取分层推进的策略，以"543"的推广模式，拟形成五所示范型推广学校、四所参与型推广学校和三所项目互助型推广学校，在12所学校开展常态化的课例研究。其中"三所项目互助型推广学校"就是农民工子女小学，由于笔者当时是浦东新区以招收农民工同住子女为主的民办小学教师培训项目负责人，可以实现两个项目之间的合作互助，课例研究推广项目组负责提供课例研究的操作模式作为推广内容，农民工子女小学教师培训项目组负责提供实验学校作为推广平台。

经过将近一学期的酝酿，到2011年3月，共有四所浦东新区农民工子女学校报名参与了本次课例研究推广活动，每所学校均成立了6—8人的小课题组（即该学科的教研组），选择了契合本校和本学科实际的小课题。到2011年6月中旬，四校共开放公开课七节，形成四篇课例研究报告，涉及语文、数学、英语、美术四个学科。以下是四所学校课例研究的推进情况一览表：

农民工子女小学课例研究推广活动一览表（2011年春学期）

启动及开课时间	学校	课题组长	开课教师	学科	教学主题
4.1/5.9—10	康桥工友	黄正倩	黄正倩	英语	Seasons
4.26/5.10—11	大别山小学	刘国际	桂小珍、张妍妍	数学	长方形、正方形的周长计算
5.18/6.8—15	紫罗兰小学	周小健	琚亮华	美术	合家欢
5.19/6.10	英才小学	赵长林	谢辉	语文	狼与鹿

【案例呈现】

本案例发生在康桥工友小学，由英语教研组长黄正倩老师牵头并担任开课教师，全体教研组成员参与，其中绝大多数是职初教师，有的虽然年纪不是很小，但由于民工子女学校英语教学的实际情况，依然可以算是英语教学的新手教师。考虑到这个团队的实际，课例研究的主要研修任务放在锻炼全体教研组教师的观察能力上。

一、教学主题的选择

康桥工友小学是民办农民工子女学校，学生来源比较特殊。他们学习成绩不好，个体差距也比较大，尤其是英语，更是如此。原因是多方面的，其中上海的英语课从一年级起就是必修课，而这样的学校中不少孩子是中途插班进来，一点基础都没有。面对零基础的孩子，英语教师该怎么办？教研组将这次课例研究的目标定位成"让英语学习困难学生也能感受到课堂的幸福"。为了实现这个目标,黄老师选择了《3BM3U3 Seasons》这节课。一方面,本课的教学内容接近儿童的生活,每个学生都知道四个季节及其特点;另一方面,内容比较简单,新学句型只有"What season is it?"这一个,对英语学习困难学生挑战不大。

二、教学方案的规划

(一) 学情分析

黄老师选择了本校三(1)班作为教学实施对象。这个班的英语水平在学校的三年级班级中是最好的,全班有49人,在平常的单元考查中有接近30位学生能够及格。但是班级里英语水平参差不齐,大概可以分为优秀、中等、后进三个等级。班级里约1/3的优秀生是课堂上发言最积极的,而约占班级的1/3的后进生则是班级的沉默分子,很少发言。这部分沉默分子则是这次研究的对象。

在座位的编排上,老师们也考虑到了班级的特殊情况,每一位研究对象的对面都安排了一位优秀生,这样优秀生可以带动研究对象,使研究对象更容易感受到幸福。

(二) 内容分析

经过大家的讨论,决定这节课采用游戏、对话、表扬等策略来提高学生的英语课堂幸福度。设计主要分为三部分,一个对话表演和两个游戏。至于表扬性的语言设计则贯穿整个课堂。

1. 对话表演

这个环节比较简单,在学习了句型后,老师先编一个对话,再让学生模仿老师的两两配对编一个对话,并上台表演。这个环节可以练习使用"What season is it?"这个问季节的句型。复习四个季节名称的英语单词和有关季节气候特点的英语单词。这个环节中可以让学生体验用英语交流的幸福感,并能够提高英语口语能力。

2. 游戏一

黄老师写出一个季节,但不给学生看,让学生猜是哪一个季节。学生只有三次机会,三次内猜对则赢,若三次均未猜对则老师赢。通过这个游戏,可以巩固对一般疑问句的掌握,锻炼英语口语能力。学生也可以玩得很开心。

3. 游戏二

此游戏与游戏一相似。但是,这次是老师用语言描述一个季节让学生猜,学生只有一次机会。这个游戏要比游戏一难,因为在知识点上增加了许多动词短语的运用。

此教学设计的基本原则是先易后难,各部分的内容是层层递进的。

(三) 课堂观察重点和工具设计

全班有49位学生,其中15位是后进生。这节课的观察重点即是这15位学生在课堂上的表现。具体的观察内容分为参与情况、幸福次数、受鼓励次数三个方面(参见附件的观察表和座位表)。

49位学生围坐在七张桌子旁,每张桌子有七人。其中有五张桌子左侧的三个学生则为观察重点。基于以上的研究要求,老师们设计了观察表和班级座位表。除了观察者的观察,还有摄像,以便对未及时记录的内容加以补充并加以反思。

三、教学方案的实施(略)

四、分析与反思(节选)

这节课黄老师一共上了两次,每次上课时,全体观察员按观察分工在教室各个角落进行观察,课后一起讨论,将观察到的情况反馈给黄老师。在此基础上,黄老师做了如下反思。

(一) 较为成功之处

1. 在座位的编排上,每一位观察重点的对面都安排了一位优秀生。在编对话的环节,可以让优秀生帮助我们的观察重点,观察重点可以更加投入课堂。

2. 课堂流程清晰,思路清楚。课堂以研究对象为重点,给予了更多的关注,达到了预期的目标。

3. 课堂气氛活跃,学生兴趣浓厚。多数学生能积极参与课堂。尤其是班级后进生也能够积极参与课堂。

(二) 前后两次课的改进之处

1. 游戏一准备不充分。

2. 课堂难度偏大。尤其是游戏二,对于学生来说,整节课就像是在爬高坡,越是到了课堂的后面坡度越是陡了,给人的感觉是越来越累。

经过大家的讨论,最后得到的结论是,把这节课要用到的单词提前复习,这样也许学生不觉得那么难,课也可以上得顺畅一些。在第二个班级上课之前,利用早读的时间把这些单词罗列出来复习,还请学生朗读和部分地背诵来强化记忆。果然,在第二个班上的时候就轻松多了,课堂变得简单,学生可以听懂教师的描述了,并且可以基本上表达自己的想法。

至于"爬高坡"问题,在改进课上把游戏一与制作对话环节对调了。这样,学生在玩过游戏一之后,可以在制作对话环节调整一下,因为制作对话环节比较简单。这样,对学生和上课老师来说都不至于很累了。

附件：

英语课堂幸福度观察表

填表人：

游戏幸福指数表

对象	参与情况	幸福次数	受鼓励次数	备注
蓝 A1				
蓝 A2				
蓝 A3				

对象	参与情况	幸福次数	受鼓励次数	备注
蓝 A1				
蓝 A2				
蓝 A3				

其他幸福指数

对象	活动	参与情况	幸福次数	受鼓励次数	备注
蓝 A1					
蓝 A2					
蓝 A3					

注：上面的表格共有五组，分别为蓝 A、蓝 B、蓝 C、黄 A、黄 B，参见座位表。

英语课堂鼓励情况统计表

填表人：

鼓励词汇	使用次数	针对对象	备注
good			
very good			
great			
wonderful			
clever			
right			

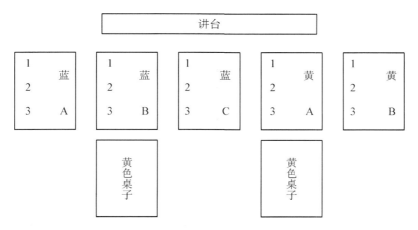

注:前面五张桌子的15位学生为观察重点。

【案例分析】

虽然前面的案例呈现,出镜率较高的是教研组长兼开课教师黄老师,事实上,两次课例研究现场活动以及之前的研究主题沙龙式讨论,得到充分展现的,是全体教研组里的职初教师们。他们一起研讨民工子女学校英语课堂最大的问题是什么,哪些是我们能解决的,哪些是暂时无法解决的。经过反复磋商,将研究主题确定为"农民工子女小学英语学习困难学生课堂幸福度研究"。定下主题后,五六个老师就开始进行分工合作:同一个年级的鞠老师负责协助黄老师选择合适的教学主题,备出教案初稿;电脑技术较为利索的王老师负责帮助黄老师制作多媒体课件(当时学校刚刚配备起一间可以使用PPT的多媒体教室);另外两位年轻的女教师则一起琢磨如何设计课堂观察表和座次表。经过合作,两次现场活动顺利进行,全体教研组老师各就各位,在教室的不同方位观察学生,记录到相应的表单中。议课环节,老师们都能根据观察表中的实际记录,来进行汇报和评析,给黄老师的改进课提出了很多中肯的建议,确保了整个课例研究的圆满成功。

活动结束后,不仅黄老师写出了完整的课例研究报告,教研组的其他年轻人也写出了生动的观课报告和课例研究随笔。请看陈霞老师的随笔。

是金子总会发光

民办康桥工友学校 陈 霞

听了黄老师的课,让我感触很多。此次活动中我担当的是一名观察员的身份,我观察的是蓝C(三名学生)。黄老师的整个课堂让我感觉很轻松、愉快。黄老师以游戏的形式组织整个课堂,排除了传统的填鸭式教学。让学生在她的课堂上尽情发挥,让学生在玩中学,学中玩。这是一种很好的教学方法。很遗憾的是我错失了第一次的活动,通过我对第二次活动的观察,黄老师的课堂组织得很流畅,大致分为以下四个步骤:

一、Finger exercise(手指操)导入课堂。

二、展示动画,四个季节的图片。同样老师也准备了一些关于四个不同季节的卡片。老师以问题的形式引出四个季节的图片,达到一个复习巩固的效果。同时,老师也引出了本课时的新单词"season"。然后以"What season is it?"这个特殊疑问句来提问学生,据了解,关于四个季节的单词学生都学过,所以学生答得很流利。

三、Hangman 游戏(一)

让两位同学表演,一位学生拿卡片问,另一位学生猜。"S1:What season is it?""S2:Is it Spring?""S1:No,it isn't. It's Summer."

四、Hangman 游戏(二)

仍然是让学生表演,但游戏的难度加强了,让另一位学生对这幅图片进行描述,这个季节你能干什么?"S1:What season is it?""S2:It's Summer.""S1:What can you do?""S2:I can swim."

整节课下来,通过我对蓝C三名学生的观察,我发现:C1在这三名学生中是表现最好的,参与活动的次数较多,C2一般,C3几乎没参与。虽然C3没有参加多少活动,但是在表演的过程之中他有几次很想很想举手,甚至有一次还把那只小小的右手举出了超过桌面的一半,我看得出来他很想参加,很想被老师喊到他的名字,很想得到老师的一句称赞。但由于小手举得实在太低了,老师最终还是没有喊到他的名字。很明显C3是名后进生,也很容易看出他在这节英语课堂上是幸福的,快乐的。作为一名老师,调动学生对学习的积极主动性及兴趣是件不易的事情。这位学生整节课的一举一动深深触动了我,所以我想以"是金子总会发光"作为本次本节课随笔的一个题目。这让我想到一个问题,当我们老师在上课的时候眼睛也要多关注那些后进生的一举一动,适当的时候多给他们以鼓励的眼神,让他们知道他们是可以的,树立后进生的自信心。想想自己在平时的课堂之中肯定也有这样被"遗漏"的现象。

通过这节课的观察,我突发奇想,假设让我来上黄老师的这节课,我又该如何去上呢?幸福指数又如何呢?对此我设想了如下几个步骤:

这一节课主要是对旧知识的一个巩固,在巩固 spring, summer, autumn, winter 四个单词后,引出"season"这个新单词。以"What season is it?"这个特殊疑问句来提问,并用"What can you do in summer?"让学生说出这个季节能干什么,锻炼学生的口语能力。

一、展示动画

利用"What can you see?""What colour are they?""What season(季节)is it? Can you guess?""What can you do in summer?"以问题的形式导入课堂,学生不懂的可以适当地用手势语或肢体语言来做提示,老师尽量用英语来组织课堂,让学生有更多的动口机会,这样反复操练。

二、Pairwork(小组活动)

给学生几分钟的时间,让他们与自己的伙伴一起编对话,老师走到学生中间,对后进生进行辅导帮助。我认为这是一个让"金子"发光的最好时机。

三、Make Convesation 让学生上台表演,老师展示动画。

对于优等生,老师要求他们掌握前面老师提出的全部问题,但对于后进生我们只要求他能说出本节课的重点句子,如:"S1:What season is it?""S2:It's spring."目的还是让学生参与,多说,多练,感知说英语的乐趣。

通过这次课例研究,我学到了很多,也感知到了很多东西。对于我们这一类农民工子女学校,我们的学生是比较特殊的,英语是他文化课中最薄弱的一门课,原因来自各个方面。我们的学生有时是想学但是又没有一个很好的学习环境,有时在回家的路途中总是会看到他们趴在板凳上,有些更小的学生干脆趴在地上写字,父母给他们学习的条件仅仅是一张晃晃悠悠的饭桌……通过我对我们学生的观察,他们并未被眼前的艰苦条件所打败,相反,他们学会了体谅,有着与城里同龄的孩子不一样的成熟、坚强与勇敢。

我相信,是金子总会发光的!

2. 职初教师作为上课教师的课例研究活动案例

【案例背景】

上海市沪新中学自 2012 年起组织青年教师开展课例研究,以通过课例研究提升青年教师专业发展水平,构建青年教师学习共同体,推进学校教学改革为目标。随着学校新教师不断增加,青年教师专业成长问题得到越来越多的关注。学校在 2006 年组建青年教师教学研究会,该研究会是教、研、训一体的组织,由五年教龄以下的青年教师组成。由校长亲自负责,分管教学、科研的副校长具体落实,教导处、教科室两处室联合推进。青年教师教学研究会的常规活动有观评课、听讲座、外出考察、读书活动等,其中教学研讨与教学比赛是最为常规和活动频次最多的活动,也最受青年教师喜爱。2012 年起沪新中学结合 2011 年立项的区级重点课题"中学生命教育资源整合与利用的实践研究",将青年教师专业发展列为"学校管理中生命资源利用与开发"子课题的研究内容之一,以课例研究为载体,开始以创建沪新中学青年教师学习共同体为目标的尝试。

【案例呈现】

职初教师在入职年限短、资历浅、经验少等因素影响下,在教研组、年级组中多处于"服从者"与"被教者"地位。而他们在新知识掌握水平和能力上优于老教师,是学校变革中的积极力量。沪新中学大胆启用职初教师承担课例研究的主要任务,先后在体育、化学、语文、数学等学科开展跨学科的课例研究探索。

以入职刚半年的见习教师袁艾雯为例,她勇敢地承担起体育课堂小组合作的课例研究任务,经过和带教导师、青年教师教学研究会、科研室等老师的互动、合作,两次执教,反复实践,完成了下面的课例研究报告,公开发表于区级期刊,这在当时的校园里,引起了不小的震动。

体育课小组合作的课例研究初探
——以《篮球运动》和《前滚翻》为例

一、教学研究主题和教学内容的选择

现在中小学生大多都是独生子女,在家从小缺乏与人交往合作的氛围,主观意识性和好胜心都较强,不易与同伴和睦相处,而合作学习就给了他们这样一个良好的机会,引导学生逐步建立和谐的人际关系,形成良好的合作精神。合作学习强调的是小组成员齐心协力,共同分担责任,共同进步和提高。在体育课中,合作显得更加重要。懂得合作,为小组在球场上赢得来之不易的一分;理解合作,为小组成员在进行活动时提供保护与帮助;享受合作,丰富学生的情感,体会在运动中生命跳动的精彩。

在体育课的教学内容中,篮球运动除了具有体育运动趣味性与竞争性的特点外,还具有较强的集体性,学生间要进行技能与战术方面的合作与交流,适合学生分组学习。前滚翻在学习的过程中涉及的不仅是个人动作的学练,还要为同伴提供学练的保护与帮助。篮球和前滚翻这两项运动所具备的特点非常适合开展小组合作学习,在小组活动中,同学间互相影响,互相交流,彼此争论,互教互学,共同提高,既充满温情和友爱,也能够提高教学质量;在同学之间互相帮助的过程中,可以满足自己影响别人的需要,促进自信的发展;同时,在相互交流的过程中,还可以满足归属的需要。不仅可以达到技能的目标,也能达到心理健康领域的目标。

二、学情分析

两次研究课都选择预备(2)班为授课对象,该班大部分学生整体的身体素质与基本的运动能力都在同一水平面上,除了个别同学两极差异巨大,大多数学生基本处于中等水平。预备年级的学生处于青春初期,朝气蓬勃、富于想象和挑战,好胜心强,爱表现自己,由于他们的神经系统兴奋占优势,并极易扩散,所以注意力集中时间不长。下面来介绍下各小组的分组情况:

第一组:集合了这个班性格最鲜明的5个男生,调皮好动,爱捣蛋。其中A和B两位男生对各种体育运动都非常有热情,平时也能带动小组其他几个同学积极参与活动。

第二组:C同学运动能力较弱而且心思很细腻,容易受到周围的影响。

第三组:该小组学生性格普遍内向,其中D同学为随班就读学生,在平时的课上都需要更多的照顾,E和F同学则不够自信。

第四组:这组有一位G同学,该生平时很容易与其他学生发生冲突,人际关系较差,

不容易合群。

第五组：H和I同学在女生里运动能力相对较强，而且具有组织能力，较为能够带动身边的学生。

第六组：J同学是典型的乖宝宝，上课很安静，但是运动能力较差而且参与度很低，时常游离于课外，需要经常关注。

三、教学内容与课堂观察点

第一次课教学内容为篮球运球单元的第一课时，内容较为基础，教学目标是学生掌握原地运球。本班学习篮球最大的难点在于学生普遍没有基础，因此在篮球的教学中更加要重视基本的练习，球性的练习。改进课因为放在一次课后的两个星期，按教学进度教学内容为前滚翻。

我们采取小组合作的学习方式，第一次课根据学生情感喜好进行自愿分组，目的是培养其学习兴趣和合作能力。课堂观察的重点是学生在学习中的状态以及参与程度，能否与小组成员共同合作，并达到预期的教学目标。

四、教学方案的实施与改进

（一）实录片段及实景描述

整节课可以分为4个环节：整队热身(慢跑、热身操)、篮球(球性、高低运球)、综合游戏、放松整理总结点评。四环节中第二、第三最能够体现小组合作在这节课中所起到的作用。通过小组间的讨论，学生之间相互提示模仿，点评纠正。教学过程中，我发现第一小组的五个男生不能遵守课堂纪律，我在课中走过去2次点名批评，课后继续进行教育；第二小组体现了合作的行为，小组长发挥了自己的能力帮助小组成员共同完成任务；第五组女生合作相当默契，很好地达到了我的预期目标。

（二）同伴的观察描述

1. 整节课在20分钟内教学内容转变了20次。主要是因为我急于想采用多样的练习手段来丰富课堂，但所起到的效果似乎过于蜻蜓点水，没有深入。

2. 第一组游离于课堂之外。这主要是与我的分组有关，让学生按照情感分组使第一小组聚集了全班相对最调皮的学生。在进行练习的过程中，这个小组从一组又分化成了两组，缺少合作。组长只承担了收发器材的作用，并没有对小组进行管理和组织；小组的位置偶尔看不到教师和学生的示范动作。个别同学的服装不利于练习。

3. 第二组组长积极地组织组员共同练习，并承担了动作展示以及纠正同伴错误的重要作用。C同学的积极性不够；小组站位同样存在问题。

4. 第三组有一位随班就读的学生，特别调皮，偶尔会骚扰到同组学生的学练，但是组员能够共同包容这样的学生，最后一起完成课的任务；一位同学练习时过于投入，注意力只在球上，没有注意到老师的口令与讲解。

5. 第四组的一位同学，教师课前十分担心他不能与同学融洽相处并无法融入课堂中,但课上该同学能很好地与其他小组成员共同合作。

6. 第五组女生的合作一直很默契,但是教师对一位运动能力相对薄弱的同学关注过多。主要是因为之前这位女生对体育课的态度比较消极,每次都不能投入到练习中,导致对各项运动技能的掌握都偏弱,因此老师在课上会经常关注到她的行为,希望能鼓励她积极投入练习。组长很有责任心,在方方面面都照顾到小组的其他成员;反而平时喜欢篮球的两名女生在做示范动作的时候没有能够主动表现自己。

7. 第六组成员中有性格鲜明的女生,没有很默契地完成练习。H同学反应很快,在做游戏中能很快地带动大家;I同学很容易被其他人影响到自己的情绪,容易去责怪别的小组成员。

（三）群体研究意见概述和教学改进的思考

应当更加积极地发挥小组长的作用,使其不仅重视从情感上带动大家和积极拿器材放器材,还应该注重指导能力的发挥,帮助同伴组织练习,以及带领大家探讨动作技能和纠正错误动作。教学节奏不应只注重表面,教学转换不宜过多。在场地的设置上存在一些问题,导致有些学生看不到示范,没有办法完全抓住学生的注意力。按情感分组,存在很明显的实力不均情况,影响学生的有效学习。

通过以上意见,我认为改进课应更加注重教学的针对性以及实效性,练习手段不过于花哨,而应真真切切地让学生掌握动作技能,因此要减少教学阶段的转换。第二是不能按情感分组,要引导小组长更好地发挥作用,这对于小组的氛围以及教学的效果都会产生重要的影响。最后场地设置、讲解的队形应该更多从学生的角度出发,主动抓住学生的注意力,来提高教学质量。

（四）第二次课堂进程简述

改进课因为放在一次课后的两个星期,按教学进度应该上前滚翻。这次与上次课最大的区别在于小组的分组原则改变了,从情感分组到学生的能力分组,基本原则是每组几个前滚翻完成能力强的学生带几个完成能力稍弱的学生。因为前滚翻已经上过一节课,因此本次课有两个教学内容,主内容是前滚翻,副内容为快速跑。天气逐渐变热,课的强度以及密度远远超过前一次课,对学生的体力也是新的挑战。下面介绍下每个小组的情况：

第一组：C同学仍然是体育课的困难生,需要小组的各个同学多加照顾;其余两名同学运动能力基本处于上等水平。

第二组：组长性格很强势;组内有一名学生的体力很差,行为习惯有些随便,缺乏吃苦耐劳的品质。

第三组：性格张扬的A同学担任组长容易调动小组的氛围,带动小组两个性格内向的同学,且自身运动能力很强。

第四组：水平差异很小,组长性格温和,经常被组内另一位强势的学生所取代。

第五组：小组一名Z同学是最近刚刚学会前滚翻的，因此在动作的掌握程度上不够熟练，需要经常被关注。

第六组：小组女生基本在平时都能够互相照顾，组里一位运动"老大难"的女生需要多多鼓励和帮助，尽快跟上大家进度。

第七组：组里有一名女生运动能力较差。

本次课解决了上次课的显著问题，首先按能力分组改变各组能力悬殊情况，上次课第一组5名调皮的男生分到了各个小组中去；其次是小组长的能力得到较好发挥，几乎每个小组都能愉快地进行合作学习，而且学习效果相当显著；上节课的器材摆放、站位等问题也都得到了解决。

与上节课相比，游戏环节没有上节课处理得好，导致在热身过程中并不是所有学生达到热身的效果。但是在这之后的小组合作学习中还是有所提高进步。另外在前滚翻的练习当中设置了跃低障碍前滚翻，针对性仍然不强，没有能够解决前滚翻屈膝的问题。

五、教学反思与后续设想

我想上好每一堂课，但我的每一堂课都有许多的遗憾。通过这两节课，也突显出我教学上的许多不足之处。整体的教学思路还没有很恰当地围绕主题来展开，"前滚翻跃低障碍"的教学内容上，存在设计的问题，原先设想是通过这个动作来纠正学生屈膝蹬地，但是在最后这个问题还是没有得到很好的解决，我觉得主要的问题不在于学生的落实上，而是这个练习的手段没有明确的针对性。小组合作学习的成功建立在教师的引导和学生的积极参与上，但是本质还是要能提高教学质量。

通过课例研究，我也获得了成长，我觉得在小组合作的学习中，小组长所起到的作用还是很重要的，因此需要引导组长发挥他们的能力，带领所有学生共同提高。小组合作不仅是提高教学质量的方法，同时也是培养学生性格品质的最好机会。在小组合作中，要让学生形成良好的与人交往的习惯，懂得配合包容、理解宽容。比起一个人的学习、一个人的体育，我想这样的方式更能让他们感受体育的魅力，感受生命的精彩。

小袁的成功背后，有一个坚强的团队在支撑着她的成长。第一次开课时，由沪新中学青年教师教学研究会的青年教师、青年教师的带教老师、学校校长、书记、教学副校长、科研室主任、体育学科教师、浦东教育发展研究院研究者、华师大硕士研究生组成了一个堪称"豪华"的观察团队，每组安排2—3位观察者，负责观察六个小组的活动。课前袁老师从学生对教学内容的喜好程度、身体素质与运动能力、群体关系等方面介绍了每组学生的基本情况；课堂上，观察者分散在操场四周，行走在学生中间，忙碌地记录学生的学习情况、与同伴关系、合作情况；交流研讨环节，每位参与者将个人的观察结果以叙事的方式再次呈现，同一小组的观察者之间先组内交流，然后是所有参与者之间的交流。不同背景的观察者组成了多维视角，立体呈现了学生的学习状态，发现诸多被忽视的细节。

如一位观察员记录与汇报道:11号是位特殊人物,据老师介绍属于随班就读,做事非常情绪化。本次课非常投入,所有的动作都认真做,连受罚都认真完成,小组对抗赛中还指挥12号"换手呀"。11号非常好动,对前后同学屡现攻击性行为,拿球打10号,用手推10号。其他同学对他的攻击行为一直容忍,没产生冲突。

另一位观察者这样发言:胖胖的小孩不动,没人去抓他,说明他人际关系不好。球在他手里的时间比较长,有点自私。大家在上下传球中发生两次错误,后来上下左右一起喊出来,传球错误明显减少了。

还有观察员汇报:这个四人小组,两个人玩一个球,没有真正的小组合作。某同学一直争抢球,捏前面的同学。听他说话,感觉他很强势。年轻的袁老师做了这样的回应:是的,有次他去借了两幅羽毛球拍,都占着。有学生和我说没球拍,我说:"你可以和某某玩。"该同学却说:"我宁可不玩也不和他玩"。

第二节 以关键事件为焦点的职初教师"临床"专业成长影响因素分析

一、"关键事件"概念界定

英国的沃克在对教师职业进行研究时最早提出了"关键事件"的概念,认为关键事件就是使从业者做出关键性决策的事件,并且这些事件的处理对专业发展起着非常重要的作用。赛克斯对"关键事件"的概念做出了界定,他认为关键事件就是"个人生活中的重要事件,教师要围绕该事件做出某种关键性的决策。它促使教师对可能导致教师特定发展方向的某种特定行为做出选择"。20世纪80年代,特里普把"关键事件"的概念引入了教育领域,提出了教学中的关键事件。而且特里普认为关键事件是"并非独立于观察者之外的'东西',也不是像金块或无人居住的荒岛那样等待人们去发现,而是像所有的数据那样,关键事件是创造出来的",并提出了创造教学关键事件的五种分析途径——思维策略、质疑问题挑战、窘境鉴别、个人理论分析以及思想批判。

近年来我国对关键事件进行了一些研究,人们普遍认为关键事件影响教师的专业发展。例如,曾宁波认为"关键事件,是指个人生活中的重要事件,教师要围绕该事件做出关键性决策。它促使教师对可能导致教师特定发展方向的某种特定行为做出选择"。魏永生从教师的实践中认识到关键事件对教师成长所起的关键作用,认为"关键事件,是教师教育生活中的重要事件,是教师认为对自己的教育观念和教育行为产生较大影响的事件。它可能是一次成功或失败的课堂教学,也可能是对一个困难顺利或不顺利的解决,还可能是一次与专家、同行的交流研讨或仅仅是看了一本好书、听了一句名言……"胡庆芳在借鉴特里普教学的关键事件的基础上结合我国研究的具体现状,提出了关键教育事件,认为"关键教育事件就是存在于教师日常的教育教学实践过程中,经由专业的判断和理性的分析,其深刻的教育教学启示意义得到昭示的普通事件"。

通过对关键事件概念的梳理,发现对关键事件概念的论述,主要存在生活中的关键事件和关键教育事件两类说法。相对于生活中的关键事件而言,关键教育事件是指"通过分析、判断、研究,从那些看似普通、一般、习以为常的事情中寻找出带有规律性的普遍性的东西,以此对改变教师的教育观念和教学行为起到关键作用"。① 而生活中的关键事件强调的是生活中的重要事件,他对教师的认识、观念等产生关键性的影响。可见,关键教育事件更为强调挖掘教育生活中的普通事件,赋予其教育意义,主要运用于教师教育。由于本文研究的是针对职初教师"临床"专业成长中的影响,故文中的"关键事件"研究侧重于教师教育教学中的重要事件。即教师根据这一关键事件做出关键性的决策,它对教师的教育观念、专业态度和专业行为产生重要影响。

二、影响职初教师成长的关键事件案例研究

不同关键教育事件对职初教师的影响也是不尽相同的,因此需要根据关键教育事件的类型来进行其对职初教师的影响分析。由于本文研究主要是针对职初教师在"临床"专业成长中遇到的关键事件,其大部分都是在"临床"培训过程中的关键教育事件。因此,笔者整理10所学校2012学年和2013学年职初教师以及相关带教导师的访谈资料,借鉴胡清方②的分类,根据对职初教师的影响情况,把关键教育事件分为:具有直接价值的关键教育事件;有间接价值的关键教育事件;解决眼前困惑的关键教育事件;作为转折点的关键教育事件。

(一) 具有直接价值的关键教育事件

这是对职初教师具有直接价值的关键教育事件,这些事件的发生,或直接触发了职初教师的理念转变,或立即帮助了职初教师某个教育教学技能的掌握。

案例1:带教导师S老师的带教故事——"从'以师为本'到'以生为本'"

在上学期带教过程中,我明显感觉到Z老师在教学时,明显存在着"只要我讲清楚就行了"的想法。果然,这学期她正式备课《上海的弄堂》时,便典型地呈现出这个问题。从教案的第一稿来看,该教师仅仅从自己对课文理解的角度出发,设计了几个问题,自问自

---

① 葛玉梅. 消极典型生活事件对小学初任教师专业发展的影响[J]. 教师发展研究,2009年第1期
② 胡清方. 创造关键事件发展教师专业判断力[J]. 民办教育研究,2007,(4):86—87.

答。当我问她这篇课文要让学生获得什么,是否需要学生预习时,她认为,只要她设计仔细些,学生应该能理解。我说:"学生自己也能看懂这篇文章,你知道学生目前认知状况怎样?你想让学生进一步获得什么?"她答:"想让学生知道人文性格的形成与历史的关系。"我问:"这么大的目标,一节课能完成吗?你的第一稿教案设计中,有弄堂来历、弄堂建筑特点、弄堂生活特点,还有细节描写的内容,哪一部分是学生通过自主学习就能完成的?哪一部分需要你上课引导的?"面对一连串的质疑,见习教师最后回答:"我没有想那么多,我也很忙的,我只是想把课上了就行。"

面对如此"真诚"的回答,我不得苦笑,只得循循善诱。作为一名好的教师,必须心中有学生。因此,教案的设计不是随意的,不仅要分析教材,更应该分析学生的背景,能让学生"一课一得",不可贪多而杂,不着边际。要了解学生,最好的途径就是让学生预习,教师通过预习检查,了解每一个学生的学习基础、学习能力和学习态度,有些预习设计还要推动学生自主学习。所以,像《上海的弄堂》这篇课文,让学生在预习时,自己扫除字词句的障碍,再让学生通过文脉梳理进行概括,最后小结阅读感想或者提出自己的疑问。教师在此基础上进行教学设计,更加有的放矢。

几天后,该教师在了解学生预习情况的基础上,对原有的教学设计进行了再修改。我根据她的修改,再在教学重点、教学方法、教学步骤等方面对她进行了一一指导。由于理念的改观,准备得充分,她的课最终进行得非常顺利,学生也很满意,她自己也有了信心。课后,我要求她将这个事例记录下来,同时告诉她,不管在哪一所学校,在哪一个岗位上,一定要"以学生为本",才能站好讲台,才能帮助学生有切实的提高。

在 S 老师眼中,其实 Z 老师出现的这种情况,不是个例。应该说,在绝大部分职初教师中,都存在类似这种"关注教材而忽略学生"的情况。由于职初教师刚刚从事教学工作,他们往往只顾着自己语言的组织、板书的设计、教具的使用、教学内容的按时完成等问题,至于学生的因素如学生原有的知识水平等往往不会考虑。在他们看来,能把 40 分钟站好已经很好了,因此完成教学任务的意识相当明显。故 S 老师通过自己的带教,让 Z 老师充分认识到以生为本的意义,让职初教师明白,只有根据学生设计的教学,才能真正激发学生学习的兴趣,才能让学习成为学生的乐事,才能使学生的潜能得以发展。而这,也才是真正的教育。与此同时,Z 老师通过与导师层层交锋到不得已承认自己的初衷"我只是想把课上了就行",可以看出职初教师在职初期以自己为主体的明显特征。正是带教老师的一席话,令 Z 老师最终明白了自己的问题所在,教学理念发生了直接转变,转而从学生本身的感性知识和他们自身的知识基础出发重新设计教学,最后的教学取得了成功。

案例 2:L 老师的故事——"我也能开公开课?"

L 老师入职时任教小学一年级的数学,那一年学校正好在开展"微课程"研究,也许正是因为L老师是信息科技专业毕业的本科生,学校在甄选教育署公开课的人选时不知怎么地想到了她。一开始,L老师有些不知所措,毕竟自己才刚刚正式入职两个月,怎么能开设如此重大层面的教学公开展示课呢?L老师怀疑、忐忑、顾虑,但由于是校领导下达的任务,L老师也只能硬着头皮,抱着赶鸭子上架的心态接受了任务。执教课确定为"物体的形状"后,同教研组的老师给予了L老师很多帮助,除留一个班外其他所有的班级都给予试教。在这一次次的试教中,L老师懂得了先把控班级再去教学的道理,学会了如何指导孩子摆放物品等教学技能,教学能力一下子得到很大提高。经过这次展示课后,L老师之后又开设了两次区级展示课,一年后,她竟然登上了区教学展示周的舞台。

公开课往往成为影响教师专业发展的重要教育事件,一般来说公开课是教师展现自己教学能力的机会,同时还体现着教师这一阶段最高的教学水平。对于职初教师而言,公开课如能顺利进行,则标志着职初教师能够很好地把握教材、顺利地开展课堂教学。特别是在公开课进行之前,一般会有试教课,试教课会有领导和其他教师乃至专家参与听课,他们的指导对职初教师改进自己的教学和提升自己的教学能力会有很大的促进作用。

案例3:M老师的故事——"英语课可不能那样上!"

M老师来自一所教学较薄弱的小学,入职时教授低学段的英语。刚入职时,M老师很认真地备课,严格按照教学大纲规定的要求教学生们读英语背英语。然而,一次带教导师在日常的听课后发现,M老师的教学方法还停留在简单地教学生读和背上,于是与M老师作了一个简短的交流。导师提醒M老师要注意教小学生学英语不能是简单地教授,最重要的是要教会小学生运用这些单词进行交流,要让学生在课堂上进行思考。带教导师的一番指导,使M老师对教学有了重新思考。于是在之后的教学设计中,M老师一直会思考,自己的设计是否让学生进行了思考,是否让学生学习运用了单词进行交流?理念的变更带来的直接益处就是,M老师不仅在见习期间的考评课获得了优秀,而且被评为优秀见习教师。

职初老师在一开始的教学中往往会严格按照课程大纲所规定的教学目的、目标、内容、方法进行教学。案例中的M老师便是如此,认认真真,但却墨守成规,呆板教学。导师的一次偶然指点,让M老师立即意识到自己的教学理念有偏差,从而导致了教学方法有误——即只是简单地教学生读和背。认真的M老师立即调整了自己教学理念,之后备课时总会问自己这些问题——"是否让学生进行了思考?是否让学生学习运用了单词进行交流?"在这样的理念引导下,M老师着力从学生去思考和运用英语的角度出发,不断改进自己的教学方法,提升自己的教学技能。尽管M老师来自一所不怎么知名的小学,但她仍然在全区1 000多位见习教师中脱颖而出,不仅见习期间的考评课获得了优秀,而且被评为优秀见习教师。

(二) 具有间接价值的关键教育事件

有些教育事件，发生时并不像有直接价值的关键事件一样，在职初老师身上会产生立竿见影的效果，例如前面的Z老师、L老师和M老师的事件。然而，这些看似不起眼的事件经过不断地思考和践行，日久天长，对职初教师所思所行也同样带来了重要影响。

案例4：Y老师的故事——"读书笔记伴我成长"

要想成为一名优秀的历史教师，最基本的条件就是拥有扎实的历史知识和清晰的脉络条理。为了丰富自己的知识面，我常常通过网络、书籍以及电视媒体获取历史信息。但苦于过目即忘，等到要用的时候只能记起其中的某些片段。初次来到W中学（基地学校），认识了我的专业课带教L老师，他的知识面以及教学经验让我非常钦佩。

当我还在为如何熟记知识点苦恼时，L老师从他的书柜里拿出了他从教多年以来的几十本笔记本。每本笔记本上都有时间及页码，上面记载着许多教学心得和历史笔记。他教导我，凡事要主动学习，留有痕迹。历史知识点很多、很杂，如何在汪洋的大海里找到灯塔，理清思路，必须得靠日积月累的积淀。在日常的生活中，每当看到一篇好文章、一本好书，或是一部精彩的历史纪录片时，都应做好读书或观影笔记，等到将来需要使用的时候，可以很好地查阅、反复记忆。

L老师为了训练我书写读书笔记的能力，特意把《中学历史教学论文集》相送与我。挑选了其中周月军所写的《初中历史课堂故事化叙述的尝试》作为我初次练笔的摹本。我按照自己的想法，写了一篇300多字的读书笔记，分别罗列了周月军老师文章中的知识脉络，以为读书笔记只要把文章中比较重要的部分摘录下来就可以了。让我既意外又感动的是：L老师是如此认真地批阅我的读书笔记，并且指出了我的很多不足之处。比如说：开头部分主要是"提出问题"，但是我没有找出关键之处；结束部分主要是用专家学者的观点来印证作者的想法，我也只字未提。L老师还特地写了一篇读书笔记的参考范文，指出了周月军的写作意图、基本做法、注意事项、探索意义和创新方法。在创新方法中，他还列举了浦东新区其他历史老师实践探索的学习规范性培养、音乐智能应用、现代公民意识的培养和他自己提出的真实教育进入历史课堂等多种方法。他的笔记既有广度，又有深度，让我豁然开朗：一篇好的读书笔记不单单只是对作者思想的罗列，更要有阅读者个人的理解和诠释，它展现了阅读者的态度和经验。

每读一书，必有一记。L老师从事教育几十年依然保持着这样的阅读习惯，更不要说我们这些初出茅庐的见习教师。好记性不如烂笔头，我决心要坚持书写读书笔记，把它培养成为自己的一种习惯。后来，L老师又陆续给了我一套《为了民族的伟大复兴：上海教育名师讲坛》的光碟、一套《大国崛起》的光碟以及一系列有助于历史教学的推荐书目。我会认真学习陆老师的阅读方法，用自己的思想来书写自己的感悟。每一次记录都是一次知识的积累，一次次的积累让我的知识面逐渐成为一个体系，像一张网一样，无论从密度还是宽度上,都有很大进步。在今后的学教中,我依然会怀着一颗热忱的心,继续"每读一书、必有一记"的学习方法,让自己在专业成长中不断发展。

Y老师作为一名历史专业毕业的大学本科生来教授历史学科,可谓专业对口,学科背景知识扎实。而且,Y老师为了丰富自己的知识面,还常常通过其他各种途径来获取相关历史信息,以备自己教学时使用。但Y老师也发现自己的一个问题,即过目即忘,等到要用的时候只能记起其中的某些片段,于是"书到用时方恨少"的遗憾油然而生。带教导师看似"强加"的个人兴趣习惯——"每读一书、必有一记",却正好解决了Y老师的这个问题。Y老师过去是只读不思,故常常过目即忘;而L老师要求她"每读一书、必有一记",并不是仅让Y老师写读书笔记,而是通过写读书笔记真正把这些所读通过反思内化为自己的所思所想。只有这样,才不会"过目即忘",才能真正有所收获,才会在教学设计时能随时把这些历史资料从自己的大脑中顺手捻来。著名教育学家波斯纳曾提出一个教师成长公式,即"经验加反思等于成长"。转换在Y老师身上,则是典型的"读书+反思=成长"。这种"读书+反思"的教学习惯,虽然当时并没有对Y老师专业发展显示出多大的影响。然而回顾一年见习期间写下的60余篇读书笔记,Y老师不得不感叹"每一次记录都是一次知识的积累,一次次的积累让我的知识面逐渐成为一个体系,像一张网一样,无论从密度还是宽度上,都有很大进步"。因此,Y老师表示在今后的教学生涯中还将继续这个良好的读书习惯,以帮助自己在专业成长中不断发展。

案例5:S老师的故事——"为什么要看其他学科老师的课?"

师范学院科学教育专业毕业的S老师,入职时任教自然学科。按常理,老师一般选择观摩与自己相同学科老师的课,对于急于模仿和借鉴成熟教师教法的职初老师而言,更是如此。然而,让S老师困惑的是,在其见习的E学校,导师却要求她听各类学科的课。对此,导师也没作太多解释,只说多听其他学科的课对教学也有帮助。M老师虽然是满头雾水,但碍于导师的任务,只得服从。但后来发生的一件事却让M老师明白了导师的良苦用心。M老师教授的自然课上会有不少实验要做,让M老师头疼的是怎么才能让低年级的小学生准确按照实验要求来做。一次又上实验课,M老师在备课时突然想起自己在听音乐课时,感觉音乐课很活泼,小朋友们都很喜欢,很快能记住歌词。于是,M老师灵光一闪,把自己自然课做实验前的实验要求,编成了儿歌,用儿歌的方式告诉学生实验的要求,学生果然把实验要求记得又快又好,一节课下来感觉效果特别好。

教自然课的老师为什么要听音乐课?乍看起来,见习基地的导师的要求好像是有些不合常理。但"条条道路通罗马",不同学科的教学内容虽然不一样,但教学理念是一样的。更重要的是,不同学科的教学往往能触发老师新的教学思考,使老师不会被囿于自身学科的狭隘思维中,从而扩大视野,触发灵感。案例中的S老师正是从音乐学科的教学中得到了启示,借助儿歌的形式让小学生们又快又好地记住了实验要求。之前看似不可理喻的导师要求,此时 S 老师也终于明白了导师的用意所在。正所谓"养兵千日,用兵一时"。S 老师一直在听其他学科的课,虽然听完并没有立即产生效果,反而自己一开始还有些不理解,直到后来的一次教学设计的借用,听其他学科老师的课的成效才在 M 老师身上显现出来。职初老师专业发展中其实有很多这样的事件,与能立竿见影带来影响的具有直接价值的事件相比,何尝不重要呢!

(三) 解决眼前困惑的关键教育事件

职初教师刚迈入职业生涯,这一阶段不仅是教师专业发展中的一个关键时期,而且是一个充满困难和考验的过渡时期,在这一时期职初教师一下子会面临很多问题。因此,对于职初教师来说,他们想尽快解决自己眼前的问题。

案例6:朱老师的故事——"第一次家长会,我准备好了"

褪去学生的身份,我第一次成了一名小学语文老师;走进一年级(6)班教室,我第一次正式站上三尺讲台;第一次家长会,当坐在教室里的学生换成了各位家长时,我满怀忐忑,怎样才能成为学生喜欢、家长满意的老师呢?激动!担心!紧张!我知道家长会是老师和家长沟通的最直接最有效的机会,是家长了解孩子在校情况的重要途径。因此,我最担心家长因为我是一位年轻的新老师从而觉得不能教好他们的孩子,最终不能相互信任。在家长会上应该说些什么才能让家长满意?真是千头万绪,无从入手!

"珈妮,家长会准备的怎么样啦?"我抬起头,看到徐老师站在我办公桌旁,"看你一头雾水的样子,来来来,我来给你讲讲一些家长会注意事项。"一句亲切的话语让我如沐春风。

"本次家长会的主题是:鼓励、引导、帮助",徐老师边说边拿出准备好的资料,"围绕主题展开这次的家长会,首先是要肯定每一位学生的进步,大声读出各个学生的优点并点名表扬,例如上课积极举手发言的,朗读优美的等等。不仅要表扬学生,同时还要表扬各位家长,千万不要吝啬表扬,表扬会起到引领方向的作用,鼓励他们多与老师沟通,为班级做贡献。"

"如果是一些学习习惯比较散漫的,学习成绩不佳的学生呢?"我边记边问。

"尽量表扬每一个孩子,切记不能点名批评。每位家长其实也是学习者,他们也都是第一次做孩子的家长,他们也会不知所措,这时就需要你的引导,给他们家庭教育的建议,你可以借专家之力,好书之力,班级优质家长之力。推荐一篇钱文忠教授的文章《教育请别再以爱的名义对孩子让步》,可以截取一段分享给家长,也可以请家长自己去阅读,让家长思考自身存在的问题。你想要家校配合更加密切就要去指导家长如何在家教育,给他们一个学习的方向,家庭教育在孩子的教育中也是占很大比例的。"我认真记录下徐老师说的话。

在徐老师的指导下,我豁然开朗了,思路被打开了,不再拘泥于一些小问题,家长会不是个别家长座谈会,讲的内容要针对所有学生,要关注到所有学生的发展。

我的第一份家长会发言稿从以下三部分来写:第一部分,学生在校情况,发现每个孩子的闪光点进行点名表扬,例如上课认真思考、积极举手发言的阳阳、昊昊和元元等,字迹端正的小陈、悦悦、欣欣和小怡等,并展示他们的优秀作业本,做到生生俱到。同时也表扬每一位积极参加学校活动、配合学校和班级工作的家长,如为学校出力的两位家委会成员萱萱爸爸和炫宇妈妈。第二部分,各类习惯的培养。好习惯并不是一朝一夕养成的,指导家长如何在家培养孩子的好习惯,尤其是学习习惯。例如阅读习惯,每天进行30分钟的读书活动,可以读各类小故事,读完之后能让孩子说一说自己看过的这个故事,既锻炼记忆力又锻炼语言表达能力。第三部分,家校合力,请一位优质家长分享他的成功经验。最后进行总结。

我带着家长会发言稿去请徐老师指点。徐老师认真看完之后笑眯眯地说:"嗯,写得还不错,表扬很到位,也有重点内容,就是……"听到这儿,我的心里一紧张:还漏了什么?"珈妮,稿子里面有些句子的措词要修改一下,要考虑到每一个家庭的情况,例如有些家长工作很忙碌,不得不把孩子交给老人管或者晚托班,他们是因为工作的原因不能亲自辅导自己的孩子,他们自己心里就会有歉意,你在会上就不能强求每一位家长做到每天亲自辅导自己的孩子,但是可以通过表扬一些模范家长的做法,让他们从中受到启发,发现陪伴孩子学习成长是非常重要的。同时你的言语要让家长感觉到你对孩子的爱不比他们少,你可以表现得更加细心,比如孩子身上有些家长没有发现的心事,你可以透露给他们。这样你跟家长的感情更贴近了,家长自然也会和你掏心窝子讲话了。"

"还有你在学习习惯中没有提到语文学习的具体要求,你可以讲一讲朗读要求,教材后面附表的用途,甚至可以讲讲一些常见题型。在讲学习习惯时不能很笼统地讲大致要求,相反要细致到学习的点滴之中。"

在徐老师的指导下,我明白了家长会更多的是与家长的相处之道。当我拿着再次修改好的家长会发言稿来请教徐老师时,徐老师笑眯眯地说:"准备很充分了吧,就把我当成你的家长来试讲一遍吧。"我有点底气不足地说:"这,这我还不是很熟练呢。""没关系,讲吧。"徐老师耐心地坐在我身旁,仔细聆听着一个人的"家长会"。我因为还不太熟悉讲稿,有时会突然词穷,不知该如何往下说了,还会时不时地拿起讲稿看看接下去该说什么了。而徐老师就这样静静地看着我讲完这篇稿子,虽然她在我实在讲不下去的时候提醒我该说什么,但是更多的时候给我投以鼓励的眼神。

听完之后,徐老师拍拍我说:"珈妮啊,你面对家长要有足够的自信,因为你是经过专业学习的,是有足够教学的知识技能的,说话的时候要有足够的底气。而一些细微的小动作要少做,比如像摸摸鼻子,挠挠头发,这些都是紧张的表现。站在讲台前你就是老师,你的言行态度要大方得体。还有你的讲稿已经没有什么大问题了,就是在讲的过程中你可以穿插一些你和学生共同学习,一起活动的鲜活事例。这样你才能言之有理,言之有物。让家长感受到你对学生的爱,放心地把孩子交到你这个充满爱的老师手中。还可以放一些孩子在学校学习、活动时的照片,小朋友的手工、绘画作品等,相信家长肯定会感兴趣并高度关注。在可听、可讲、可看的氛围下,家长会的气氛也会随之浓烈!"

通过这次试讲,我是真的受益匪浅。家长会如期而至,当我胸有成竹地站在讲台前时,我就感到我的第一次家长会肯定会非常成功,因为我已经准备好了!

学会与家长沟通,是职初教师遭遇的一个重要难题。特别是遭遇面对全体家长的第一次家长会,朱珈妮老师的不安、担心、紧张实属正常。好在有带教导师的点拨,朱老师"思路被打开了,豁然开朗了",家长会的发言"不是个别家长座谈会,讲的内容要针对所有学生,要关注到所有学生的发展"。为此,朱老师还特地拟写了家长会的发言稿。发言稿一次次被修改后,导师还让朱老师试讲了一遍,并指出了朱老师在试讲过程中的不足,让朱老师受益匪浅。于是,原本对家长会害怕得不行的朱老师,开始能够胸有成竹地站在讲台上自信地面对她的第一次家长会。

案例7:J老师的故事——"生字原来要这样教!"

刚入职时,作为语文老师的J老师教一年级,总是非常急于教孩子认字。一次,经常来学校指导的W专家看了她的课指点说,一年级的学生更应该注重学习习惯的培养,比如说要养成一年级新生的指读习惯,比如说要让学生自己学习如何认识生字,而不是老师教学生认字。得益于这个专家的指点,J老师突然明白了"一年级新生原来要这样教!"的道理,教学观念也由此改变。于是,她开始注重培养学生的指读习惯,还学会通过随时抽查学生的指读,以了解学生掌握指读技巧的程度。与此同时,J老师学会通过观察其他老师对一年级生字的优秀教法进行模仿教学。例如J老师之后通过观察自己见习基地的其他优秀老师的教法,学习到通过让学生向大家介绍如何认某个生字来识字等认字技巧。

(四)作为转折点的关键教育事件
案例8:Q老师的故事——"不再害怕实验课"

来自Y学校的Q老师,虽然是上海师范大学物理师范专业毕业,但自己一直很害怕做实验。而物理课又非常注重做实验,所以自己不知该如何上课。在这方面,本校的带教导师给予了Q老师大量指导。一开始,Q老师通过模仿其他老师来上实验课,慢慢熟悉了之后,带教导师就让Q老师尝试用自己设计的方法来上实验课。在上实验课时,带教导师会让Q老师把用于演示的模具做得特别大,以便让学生看得很清楚。一开始,Q老师并不特别明白这一目的。但一次校级公开课时,导师让Q老师把用于演示的滑轮,做得有半个人那么大,于是演示出来的效果特别好,也直接促进了学生学习的效果。尝到了甜头的Q老师,之后实验课都会注意把用于演示的模具做得很大。比如见习老师必须经历的考评课,在导师帮助下,Q老师把用于演示的弹簧测力器做得有1人高,上课时的演示效果特别好,考评课因此获得了优秀等第。

三、关键教育事件对职初教师"临床"专业成长的影响分析

(一)关键教育事件对职初教师"临床"专业成长的影响

职初期教师所处的职业阶段是其教学知识与能力形成的重要时期,对整个职业生涯产生深远的影响。故处于这一阶段的教师在教育教学方面的一个重要特征就是:关注生存,急切希望获得实用的教学技能。笔者在2012学年和2013学年职初期教师以及相关带教导师的访谈中发现,职初教师"临床"专业成长中发生的关键教育事件,对他们的教育教学理念有重要影响,对他们教育教学能力的提升有直接影响,并对他们未来的发展产生后续影响。

1. 关键教育事件对职初教师教育理念的影响

教育观念的转变是有效教学的关键。新课改的关键之处在于,教师要转变教学观念,由重教师"传授"向重学生"发展"转变,由重结果向重过程转变,由单向信息传递向综合互动转变,由居高临下向平等对话转变。尽管这些理论知识职初教师们在大学中已经学习过,但遭遇真实课堂战场时,职初教师往往呈现的是以往传统的教学思维与教学方法。案例1中的Z老师和案例7中的J老师便是如此。前者只想把教学任务完成,所以眼中完全没有学生;后者虽然充满了教育热情,但其具体行为的呈现显示出其还不懂如何在教学中真正体现以学生为主体来教学的理念。通过导师的一番指点,两位职初老师终于明白了"以生为本"的重心所在,于是调整自己的教学导向——"以生定教",教学慢慢得以改进。

2. 关键教育事件对职初教师教育教学能力的影响

职初教师刚迈入职业生涯,这一阶段不仅是教师专业发展中的一个关键时期,而且是一个充满困难和考验的过渡时期,在这一时期职初教师会面临很多问题。聚焦在教育教学方面,职初教师在现实中遭遇的问题主要表现在两个方面:一是教学上的困难,表现在教师备课、教学设计、教学方法的选择、因材施教等方面;二是班级管理上的困难,表现为管理学生行为、对课堂的调控以及与家长沟通等方面。这一时期发生的积极性的关键教育事件,往往能迅速帮助职初教师解决某个教育教学中的问题,从而提升自己的教育教学能力。案例6中的朱老师、案例3中的L老师和案例8中的Q老师,正是通过这些关键教育事件,使得朱老师能够自信地面对家长会,L老师则迅速成长为能较自如地面对公开课的开设,而Q老师则不再惧怕上实验课,他们的教育教学能力都得到了直接提升。

3. 关键教育事件对职初教师未来发展的影响

关键教育事件对职初教师的专业成长具有重大的影响,它不仅会促使职初教师在教育观念、专业行为上都发生很大的改变,而且对职初教师未来的发展也有后续影响。案例4中的Y老师"每读一书、必有一记"、案例5中S老师听其他学科教学和案例7中J老师改进自己教学方法的故事,说明这些关键教育事件对职初教师的后续发展发挥着长远成效。

(二) 关键事件与关键时期、关键人物对职初教师"临床"专业成长的交互影响分析

1. 关键时期中的关键事件

关键时期是指关键事件所发生的敏感时期,也是教师的快速成长期,教师专业发展多在这一时期发生。关键时期往往给教师发展布下许多契机,并构成教师成长的转折点。米索(Measor, L.)曾依照其形成的因素的差异,将关键时期分为三类。第一类是"外在"关键时期,是指由于重大历史事件所引发的关键时期,如世界战争爆发、教育制度或政策的调整等引发的关键时期。第二类是"内在"关键时期,指教师专业发展的自然演进过程中所出现的关键期。如教师的实习期、初任期和再评价期等。第三类是"个人"关键时,指由于家中的突发事件、结婚、离婚等诱发的关键时期。本文研究的职初教师,正好处于第二类关键时期。因此,在关键时期发生的关键教育事件,对职初教师的专业发展有着非同寻常的意义。

2. 关键事件中的关键人物

关键人物是关键事件中派生出的又一概念。关键人物是指对教师专业成长产生重要影响的人物,即重要的他人。关键人物能影响教师的专业发展。许多优秀教师都提到在其专业发展过程中有某个关键人物的影响。关键人物在教师专业发展的早期较为重要,新入职教师往往会自觉与不自觉地选择某位教师作为认同的对象和教学的参照,之后会逐渐摆脱对关键人物单纯的模仿而形成自己独特的风格。著名学者顾泠沅就曾经提到过他职业生涯中的关键人物:我的一生得益于三位名师的指点:苏步青教授严谨的治学风格,刘佛年教授民主宽容的大家风范和吕型伟教授实在、求实的科学态度。

关键人物可能引发教师产生认知冲突,实现专业知识的更新;可能转变了教师的某种观念,提升了教师的专业品质;关键人物更多的是促使教师认识教育教学规律,改变了原来的方式,掌握技巧,提高效益,获得成功。

非常巧合的是,在本文访谈的关键事件中,都离不开关键人物的指导。这些关键人物有的是带教自己的导师,有的则是来校指导的专家,还有的是学校的校长。特别是带教导师的指导,对职初教师专业成长的影响举足轻重。这些带教导师大多对职初教师倾心指导,使得那些原来并不经意的教育事件,在导师的指点和指导下,成为了影响职初教师的关键教育事件。

上述综述可以发现,本文的研究对象和研究内容——职初教师的"临床"专业成长,带

来了三个关键的重合,即在关键时期中关键人物指导下发生的关键事件。没有关键人物,也许这些事件并不会成为影响职初教师专业成长的关键事件;如果不是处于在这个关键时期,这些事件或许对教师的专业影响不会那么重要。于是,关键时期中关键人物指导下的关键教育事件,注定对职初教师的专业发展产生重要的影响。

(三) 关键事件的创生

1. 政府层面——搭设关键平台,创设成长机会

通过上述研究,之所以这些关键事件会对职初教师的专业成长产生如此重要的促进作用,最重要的一点就是在政府层面搭设了关键平台。根据上海市教委的要求,浦东新区教育局选择了100余所自身教师专业发展良好的学校作为见习教师见习的基地,职初教师每周必须有两天在基地参加培训学习。与此同时,政府层面还出台了相关政策,对基地学校、职初老师任职学校对见习教师的培养提出了相关要求。例如,要求基地学校和任职学校都必须为见习教师配备学科带教导师和班主任带教导师,因此每位职初教师至少有两位至四位带教导师。在这些关键人物式导师的指引下,职初教师遭遇的许多现实问题,能够通过导师的指点及时得到解决。因此,政府层面关键平台的创设,是本文中职初教师"临床"专业成长的关键因素。

2. 学校层面——创造关键事件,配备关键人物

对于适应期的职初教师,学校层面要着力于为他们创造关键事件,配备关键人物,促进职初教师的快速成长。例如案例2中的L老师,其能够在一年中走上区一年一度的教学展示周的舞台,和校领导在其入职前期令其承担的那节署级公开课有莫大关系。因此,学校能积极关注职初教师,除为这些老师搭设平台外,也可以刻意安排一些教学任务,给职初教师压担子,为他们创造关键事件。

此外,基地学校和聘任学校为职初教师配备的带教导师也非常重要。本文研究中关键事件的生成,与关键人物——带教导师的指点有重要关联。带教导师是否能及时发现职初教师的问题所在,能否及时解决职初教师当前面临的困惑,是关键教育事件中促进职初教师专业成长的另一个重要因素。在本文研究中,笔者发现职初教师专业成长较快的,往往他们的带教导师也相当尽心尽力。笔者还通过与参与见习教师考评课评审人员的谈话中得知,那些考评被确定为不合格的课,带教导师都不够重视,更有甚者,有的见习老师的考评课,基地带教导师居然没有看过试教,其考评课不合格也在情理之中。可见,带教导师的态度与能力,也决定着关键事件的发生。

3. 自身层面——主动加强学习,促进关键反思

职初教师自身的认知和态度不同,每个事件对教师产生的影响也存在差异。例如案例1中的Z老师和案例7中的J老师便存在较大反差。一个是带教导师层层逼进带来的被动转变,一个则是带教导师一次不经意的点拨自己主动地思考。尽管这些关键事件都能给他们带来积极的影响,促进他们的专业成长,但案例7中的J老师显然成长得更为迅

速。可见，职初教师主体的主观能动，能加深关键事件影响的程度。因此，职初教师自身应该主动加强学习。

职初教师在主动加强学习的同时，还应该注重对教育教学细节的反思。案例4中的Y老师的读书学习之所以发生变化的原因便是，以前读而不思，而后来则是且读且思。职初教师要想使关键事件成为自己专业成长的有力推动力，应该善于记录对自己影响较大的关键事件，并善于反思，利用关键事件对自己产生的影响，促进自我成长。因为关键事件对职初教师的专业成长具有重要意义，但并非每一个教师经历过关键事件都会获得专业发展，"教师要在关键时期、关键事件中获得专业发展，除了要具备对教师具有潜在教师专业发展价值的关键时期、关键事件之外，教师自身还必须有一个自我澄清过程——对自己已有专业结构的反思、未来专业结构的选择以及在目前情形下如何实施专业结构重构的决策过程"。要想使关键事件推动职初教师专业发展，就需要职初教师善于进行反思，通过反思加强关键事件对职初教师的专业成长的积极作用。

（万辉霞执笔）

第三节 以文化濡染引领职初教师成长的"临床型"教研组建设案例剖析

一、何谓"临床型"教研组

本课题的关键词之一就是"临床型"，作为一个医学名词，"临床医学"（clinical medicine）指直接面对疾病，对病人直接实施治疗的科学，如内科学、外科学、儿科学等。"临床"被借用到教育研究领域后，出现了"临床教育学"（clinical education）等概念。本课题中的"临床"指直面教育教学现场，在现实情境中实现教师专业发展；"型"指组织形态、组织类型。"临床型"的教师教育组织（如区域教育研发机构、教师专业发展学校、教研组），其形态和功能明显有别于其他与教育教学现场保持距离的组织（如师范院校、科研机构），更具临床性。

基于此，"临床型"教研组的提出并不是要生造一个新概念，区分出有临床功能和没有临床功能的教研组来，而是要突出教研组的"临床"指导功能，强化这个最为基层的教师发展组织在帮助教师获得专业成长中的临床特性。

具体地说，这种"临床性"不是教研组这一级组织所特有的，各级教师专业发展组织都有一定的临床性，但是其"度"的表征有差异（如图4）。我们认为，"临床型"组织与"非临床型"组织不能做二元对立的简单分解，只不过是在"临床性"表现的两种方向，不同的教师教育组织处在图中不同位置，但都可以选择采用临床式的指导手段对教师专业发展进行支持。

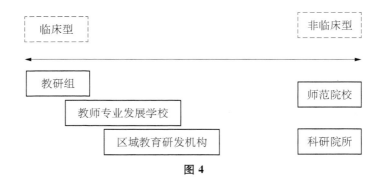

图 4

从图 4 可以看出,和师范院校、科研院所相比,教研组更为贴近教师专业成长的实践现场,其指导、扶助方式更具有临床性。但是,我们也不能不承认,同样是基层的教研组,有的非常能体现临床指导的特征,有的却由于多种原因,未必具备必须的"临床"技术,使得教研组这个职初教师最可以依靠的基层组织,反而偏离了其职能定位,失去了其临床型组织的自身优势。

以浦东新区组织的优秀教研组评选为例,两所新区优质小学呈送的评审材料,获得的评价不尽相同:

(一) 浦东新区 A 小学

A 小学的英语教研组共有 18 位英语教师,分为低、中、高三个备课组,在教研组长的带领下,各备课组能围绕研究主题开展研讨活动。评审材料显示,该教研组承办过不同层面的研究课,如"顾立宁施嘉平基地"活动,"聘请外籍教师在中小学任教"展示活动;多次承办区教研活动,通过联合体办学辐射薄弱学校等,在区和市的层面起到了辐射作用。

专家们研读材料后,对该教研组的特色做了这样的提炼:

1. 课题研究持续有深度:能从教学问题和学生学习困难中提出问题,并且加以研究,已开展过"小学英语主题式阅读资源库建设""聘请外籍教师在校任教""基于单元主题的作业设计"等主题的研究,其中"小学英语主题式阅读资源库建设"的成果已经出版。在已有研究成果的基础上,抓住新的切入点"基于单元主题的教材资源开发和运用"进行后续的深入研究。

2. 丰富的学生活动:能结合牛津教材每学期定期开展学生英语活动,已开展过 I can read! 英语儿歌表演、Happy Mother's Day 英语书签比赛、My picture dictionary 我的图文字典等活动。

随后,又观摩了教研组的现场活动,进行了个别教师的访谈,结果如下:

现场教研组活动

观察点 (①→⑤：程度由低到高)		举例/说明
主题适切	①②③④⑤	5 本次研讨的主题"基于单元主题的课程资源开发与运用"，是学校原市级课题"小学英语主题式阅读资源库建设"课题的延续和深化，符合学校实际。
参与热情	①②③④⑤	5 教研组每位教师认真准备，积极发言，发言质量高，说明每位教师的专业素养高。
组织有序	①②③④⑤	5 各备课组能围绕各自研究的重点有序地进行研讨，组长的适时调控恰到好处。
合作氛围	①②③④⑤	4 教师在本次教研活动中即兴生成的思考略少，因此，教师间的现场互动也较少。
活动实效	①②③④⑤	4 教师间实现火花碰撞略少，因此，引起教师共鸣的思考和认识还需进一步提高。
特色 有 无		有 教研组长组织、主持、调控教研活动的能力极强，又提出了下一次教研活动的主题，反映了教研组活动很深入、很扎实。

教师访谈（对以上观察点的深入了解）

访谈对象： 组长教师	1. 教师发展：通过教师梯队发展标准与要求，让每位教师清晰自己在学校的发展，通过教研组长、备课组长选拔制度来挑选优秀教师担任学科领头羊，而岗位职责明确组长和教学人员的工作基本要求。 2. 学生活动：每学期开始学生活动，活动主题主要是结合牛津教材中的教学内容。已开展过 I can read! 英语儿歌表演、Happy Mother's Day 英语书签比赛、My picture dictionary 我的图文字典等活动。 3. 课题研究：已开展过"小学英语主题式阅读资源库建设""基于单元主题的作业设计"等主题的研究，其中"阅读资源库建设"项目成果已出版，现在在原有研究的基础上开展"基于单元主题的教材资源开发和运用"。在研究的过程中承办不同层面的研究课，如"顾立宁施嘉平基地"活动，"聘请外籍教师在中小学任教"等。

（二）浦东新区 B 小学

B 小学的英语教研组共有 53 位英语教师，在教研组长的引领下，各校区体现了很好的合作精神，各项活动得到高度评价。评审材料显示："基于单元整体教学设计探究课堂学生语用表达的培养"的研究已持续两年，并在原有研究的基础上不断深入，有课堂教学实践，有学生课后测试，通过数据来分析教学行为；团队建设有培训计划，通过一对一的带教、平台搭建帮助处于不同阶段的老师提升专业水平。不仅如此，专家还这样概括该教研组的特色：

1. 以项目推进引领教师的发展,全员参与,并搭建平台把若干教师推向区市层面,形成自身教学风格。

2. 以活动培养学生语言能力,给予学生更多的语言输入和文化体验,五星擂台赛让学生展示阅读和口语能力。

3. 朗文教材与牛津教材有效整合,并有完整的实施方案和评价体系,保证教学内容的有效落实。

4. 基于网络、基于丰富的教学资源,不同校区间,不同教师个体间的共享,使每个成员在团队中成长。

现场教研活动和教师访谈的基本结论如下:

现场教研组活动

观察点 (①→⑤:程度由低到高)		举例/说明
主题适切	①②③④⑤	⑤ 基于单元整体教学设计——探索课堂语用表达的培养
参与热情	①②③④⑤	⑤ 每位教师都能积极参与本次教研活动,而且无论是听课还是参与主体研讨积极性都很高,非常投入,人人发言。
组织有序	①②③④⑤	⑤ 本次教研活动主体是该校英语组本学年教研活动的系列主题之一,各年级都围绕这个主题展开。
合作氛围	①②③④⑤	⑤ 低、中、高各年级段教师分组就研讨的主题展开充分研讨,老师们既谈听课收获,又谈对本年级的教学启示;既谈对研究主题的认识,又谈基于研究主题指导下的实践。教研组老师人人行动,既有分工又有合作。
活动实效	①②③④⑤	④ 第二部分的研讨"比较本年级段教学的相同点和不同点"没有明确地聚焦研究主题。
特色 有 无		有 以"探索课堂语用表达的培养"为主题的研讨深入、扎实、全面,而且年级段的特征清晰。

教师访谈(对以上观察点的深入了解)

访谈对象: 组长教师	要点记录: 1. 教师发展:以项目推进引领教师的发展,研究项目包括正在进行的《单元整体教学设计》以及已经完成的项目"阅读-月读-悦读",三个项目层层推进,若干教师在区、市有了一定的知名度,形成自己独特的教学风格。 2. 学生能力培养:(1) hot news;(2) 文化体验活动:每年一次的英语节;(3) 学生英语能力的展示:阅读技能(人人参与)、口语技能(自主报名)的特色活动拓展了学生的视野,为学生搭建了展示的舞台,培养了一批优秀学生。 3. 作为外国语小学,教材也与众不同,将朗文教材与牛津教材进行有效的整合,从方案到评价体系有完整的课程设置,值得一提的还有学校网络资源丰富,办学有品味,不愧为一所特色鲜明的学校。

应该说，光从这些评审材料中，我们很难准确判断两个教研组谁更优秀，但大致能看出，仅从现场教研活动效果看，B小学英语教研组的合作氛围更胜一筹，相比之下，A小学"教师在本次教研活动中即兴生成的思考略少，因此，教师间的现场互动也较少"。这样的场景，其实我们很容易想象，很多时候，教研组的活动越来越模式化，每位老师很清楚在这种常规的活动中应该如何"言谈举止"，尤其是在有检查、展示等外界因素影响时，能经受住考验的，才能算真正的"临床型"教研组。教师应该能自如地开展交流与碰撞，畅所欲言；教师团队之间应该能互相配合，合理分工；更为重要的是，"临床型"教研组的即兴生成能力应该是更为突出的，而不是每位老师按事先设定的步骤走，不敢多说一句话，不敢多走一步路。

当然，两所小学的英语教研组在活动效果上都还没能达到最佳，A小学输在"教师间实现火花碰撞略少；引起教师共鸣的思考和认识还需进一步提高"；B小学输在"第二部分的研讨'比较本年级段教学的相同点和不同点'没有明确地聚焦研究主题"。这两个欠缺，恰恰点出了"临床型"教研组的关键特征：（1）通过"临床"的教学指导，使教师之间产生深度的思想碰撞和共鸣；（2）通过细节的剖析，形成基于学科、也基于学情教情的研究主题。

"临床型"教研组在本课题中更多是作为一个理想性的概念提出，我们暂时也不能具体地描摹出其神态、气质，但当我们身处某个真实的教研活动现场，观察教师们在其中的表现、收获，一定能感受到某个具体的教研组在临床指导能力方面的功力与表现，进而判断出，它是否有资格获得"临床型"教研组的称号。

二、教研组对职初教师成长的文化濡染作用初探

前面我们探讨"临床型"教研组这个概念，目的不仅是为了进一步澄清该概念的内涵与外延，更大意义是为了突出教研组这种基层教师组织在"临床文化"上的一种品格追求。职初教师加入一所学校，首先是浸润在某个具体的教研组中。如果该教研组具有良好的研修文化，那么，对职初教师的成长显然是非常有利的。

说到教研组文化，不能不从文化的三个层面来具体剖析。我们将结合具体的案例来帮助大家理解。

（一）"器物"层面的教研组文化

所谓"器物文化"，一般认为就是看得见摸得着的器具，更具物理特性。在教研组文化中，笔者认为主要是指同一个教研组共同享用甚至共同创造的教具、课件、教学仪器、办公设备等物质文化。如果一个教研组在同一个办公室办公，那么办公室里的特色陈列、学科性装饰，也都可以纳入这个层面。即使教研组的老师不在一个办公室办公，使用同样的教材、教辅材料，一段时间接受相似的培训资源、考核模式，某种程度上也可以看作是广义的器物层面的教研组文化趋同。

一般人不大重视这个层面的文化建设，认为教研组文化主要通过活动来实现。其实，

器物作为文化的最基础层面,时时刻刻影响着生存于其间的老师们。比如,一直跟数字、公式打交道,数学老师的数字敏感度就远远高于其他学科老师;一直摆弄各种实验器材,每天跟学生强调实验程序,化学教师的安全防范意识一般而言也会高于其他学科教师;艺术教师的穿着往往更加新潮;体育教师则显得更为休闲、自在。不能不说,器物在由人使用、由人塑造的同时,也塑造着、改造着使用着它们的教师。

【案例呈现】

从物理走廊到3D打印创新实验室
——进才中学物理教研室的实验教学特色形成及其发展

▲ **上海市进才中学简介**

上海市进才中学创办于1996年,由祖籍浦东的台胞叶根林先生依照其父亲的遗愿捐资兴建,是上海第一所现代化、高标准、寄宿制公立高中。

▲ **进才中学物理教研室简介**

让我们先一起来了解进才中学物理教研组的师资概况:

王肇铭,物理特级教师、教育部特色教育优秀教师、华师大硕士研究生兼职导师;

欧阳曙光、徐海燕、张文喆,第二、六和第八届全国青年教师大奖赛一等奖得主;

顾秉旗、史长青、任浩、沙宁,资深中学高级教师、区级骨干教师;

周瑜、李海玉、杜文豪,硕士研究生;

王连昌、王连胜,物理实验员。

这样一个师资情况堪称豪华的教研组,不是一天形成的。作为一个团结和谐的集体,教研组老中青之间形成了三代相继的传帮带关系,其中以学科带头人为核心,在教研室发展中实实在在地发挥引领作用。以特级教师王肇铭老师为例,三十年来,无论在大学还是在中学,他都坚持在第一线教学,积累了丰富的教学经验,形成了自己独特的教学风格,并坚持教学研究,先后在国家级和省市级物理专业杂志和报纸上公开发表了专业论文45篇,其中7篇在国家基础教育类核心期刊上公开发表。王肇铭老师还组织教研室的老师们一起改进和创设了近70个物理新实验,建成了面向全体学生开放的"物理走廊实验"。2012年8月"DIS向心力演示仪"和"高频磁感线圈"分别获得教育部全国优秀自制教具展评一等奖和二等奖,在他的带领下进才中学物理教研组荣获2006年全国优秀自制教具一等奖。他还指导学生参加上海市自制教具比赛并获得上海市二等奖。正是在他和其他骨干教师的引领下,该教研组形成了实验教学特色,并以此带动了职初教师的专业成长。

▲ **进才中学物理实验走廊简介**

走进进才中学,典雅的建筑群之间,有一个让热爱探索的高中生们课间就喜欢流连的乐园——物理实验走廊,它的特征之一是面向"全体学生"和"全天开放",更为重要的是,这里的实验仪器95%以上是由师生自主创新、自主设计和制作的。实验仪器不局限于中学物理的范围(参见图5的部分实验仪器)。

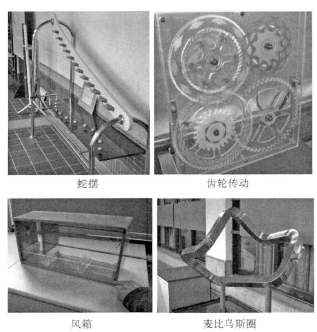

蛇摆　　　　　　　　　　齿轮传动

风箱　　　　　　　　　　麦比乌斯圈

图5　进才中学部分实验仪器

  这些自主研发的实验教具，使学生在一种轻松而又快乐的心情下感受到科学的魅力，激发起学生的动手欲望、学习物理的兴趣和对科学的热爱，也缩短了广大学生和科学之间的距离，为培养新一代优秀的工程师、技师以及与之相关的人才提供平台。多年来，学生通过动手做实验、自制教具获得了很多荣誉，如设计制作的热动力帆船、液滴控制装置，获上海市二等奖；以棒冰棍为材料制作的桥梁模型，2012年12月23日赴加拿大蒙特利尔市参加了由ETS大学主办的pontpop桥梁模型比赛，取得了中国参赛组队中最优秀的成绩。

  通过教具制作，进才中学物理组也提高了教师的动手能力和创造能力，多次斩获国家级、市级一等奖。如"闭合线圈在磁场中运动探究仪"在第六届全国优秀自制教具评选中获一等奖；徐海燕、沙宁、顾秉旗制作的《有传感器的新实验》教具获第六届上海市优秀自制教具评比一等奖；王肇铭、张文喆在第八届全国优秀自制教具展评活动中，以《DIS向心力演示仪》这个作品荣获一等奖。实验仪器制作和教学应用，成为这个教研室每个教师的教学特色和专长，在全市产生了较大影响。

  ▲　进才中学"3D设计和快速成型"创新实验室简介

  物理教研室不满足于上述的成绩，2013年在物理实验走廊被评为上海市创新实验室基础上,他们再次出发,引进3D设计和快速成型的相关技术,在上海市率先创立"3D设计和快速成型"创新实验室。该实验室以计算机三维制图软件和扫描软件为基础,以设计任务实现过程为载体,以3D打印机为技术呈现平台,学习体验设计全程,了解科学设计方法,增强创新意识和实践能力,认识工程技术对科技进步和经济社会的影响,充分发挥人的潜能。

图6 青年教师在这样的教研室里快速成长

如图6所示,学校建设了两个层次的3D实验室,其中"3D基础实验室"配置了国产3D打印机和一体计算机各25台,另有大屏幕投影设备和音响设备辅助教学;"3D高级实验室"配置了进口打印机3台和扫描仪4台,另有电子白板辅助教学。

硬件的建设只是这个实验室的基础,物理教研室在新的器物文化基础上,集体研发《3D设计和快速成型课程》,以计算机三维制图软件和扫描软件为基础,以设计任务实现过程为载体,以3D打印机为技术呈现平台,学习体验设计全过程。作为高中生科学学习领域的一门拓展型课程,一经推出,立即受到学生的追捧。物理教研室以物理特级教师王肇铭为核心、欧阳曙光等6位物理高级教师和1位计算机高级教师、3位硕士研究生组成了跨学科综合性教师团队,邀请相关大学教授、专家指导进行课程建设的总体规划,为《3D设计和快速成型》课程提供坚实的专业与技术支撑。第一轮的课程实施,学生便表现突出,完成了大量创新性的3D快速成型作品(图7)。

图7 学生制作的3D快速成型作品

进才中学物理教研室高度重视青年教师的成长,一方面对青年教师加强常规要求,指导青年教师设计试题的能力,另一方面鼓励青年教师多上公开课,多参加各种比赛。尤其是以实验教学为特色的公开课、教具制作比赛,给组内的青年教师提供了快速成长的契机,短短几年间,两位教龄在五年上下的青年教师获得全国大赛一等奖(2004年徐海燕老师、2008年张文喆老师),这在全校、全区乃至全市都是非常罕见的。

为什么这个教研室的青年教师能取得这样的成绩?当然跟教研室的精心培养与悉心点拨分不开。以前任教研室主任、特级教师王肇铭老师为例,他十分重视青年教师的带教培养,重视发挥青年教师的个性特点,全方位开放自己的每一节课,让青年教师系统听课,指导青年教师整体分析章节知识在高中物理体系中的地位,帮助青年教师仔细分析每一节知识结构特点,选择合适的教学方法,认真做好每一个实验,精心选择每一道例题,合理布置每一份作业,使每一节课都成为青年教师教学能力提升的平台。

进才中学物理教研组的青年教师都能快速成长的经验,得到了市、区两级教研室领导的充分肯定。2004年,青年教师徐海燕获"上海市青年教师大奖赛"一等奖,并代表上海市参加第六届全国中学物理青年教师教学大赛,参赛课《超重和失重》获一等奖第二名;2007年青年教师张文喆获"浦东新区中青年教师教学评优"一等奖,"上海市青年教师大奖赛"一等奖,"第四届全国中学物理改革创新大赛"上海赛区选拔赛高中组三等奖,"全国聚焦课堂新课程研讨展示"一等奖。2008年10月参加中国物理学会组织的第八届全国物理青年教师教学大赛,参赛课《磁场对电流的作用》获得一等奖第四名。徐海燕老师还获得2009年浦东新区青年教师十大标兵,新教师朱轶获"浦东新区新教师基本功大赛"一等奖。参加浦东新区十年以下教龄青年教师教学比赛,教龄才两年的青年教师周瑜获得了区二等奖的好成绩。

这种高度重视青年教师成长、以实验特色推动青年教师业务精进的传统仍在这个教研室延续着。现任教研室主任欧阳曙光老师多次代表教研室在市区级层面介绍经验,还以《教研室——教师成长的沃土》为题,利用暑假时间自费去甘肃甘南藏族自治州、青海省西宁市等边缘地区进行义务支教,现身说法,传播先进教研文化。2014年,他本人也荣获了上海市园丁奖,可谓实至名归。

(感谢欧阳曙光等老师提供大量素材)

(二)"制度"层面的教研组文化

如果说器物文化是看得见、摸得着的文化形态,那么"制度"则是看不见但每天都能感悟到的规范性。在教研组文化中,更多表现为同组教师共同遵守的一些规章、约定,以及风俗、习惯。比如,双周二是轮流参加区里组织的大教研活动时间,单周二则是教研组内的小教研活动,原则上这样的周二,同一个教研组的老师都不再被安排校内的课程,以确保大家能集中到一起进行讨论。有些教研组还有多年来养成的一些"潜规则",比如,职初教师不可能担任备课组长,更不用说教研组长;临近退休的教师一般不被安排公开课、展示课,除非他/她自己愿意;本组内有较多校长等领导干部的话,他们的课务负担自然而言会由其他教师来分解,怨言因此会多一点,但不容否认,本组内教师的其他发展机会也会或多或少地增加一二。

作为教研组的主持者、管理者,当然要高度重视制度文化建设,但是,作为参与者、被管理者,也会以各种方式来制衡这种制度文化,使得最后的教研组"制度"执行情况,一定是各种力量的综合平衡。比如,公开课的机会,尤其是高级别赛课的机会,应该给谁?往往是教研组长最为头疼的事情。选择最有可能获大奖的老师,是一种考量;选择更需要这次机会来实现评职称、冲级别的老师,又是一种考量。也有的教研组,最终选择了抽签、轮流等看似公平但未必公正的规则。可见,"制度文化",不是那么简单的一个词汇。其养成,离不开每一个教研组人的贡献。

【案例呈现】

肥城市某中学教研组管理制度

1. 每学期各教研组长应根据学校工作规划,结合本组特点在规定时间内完成组的工作计划,在学期结束完成工作总结。

2. 按时参加学校组织的教研组长例会,不迟到、不早退,不准无故旷会,要认真领会会议精神并及时传达、落实。

3. 组织好每周两次的业务学习和集体备课研究活动,每次活动都做到有计划、有目标,内容符合实际,形成系列,研究具有实效性;集体备课要做到定时间、定地点、定内容、定中心发言人,个人备课要翔实、集体修改要真实、有针对性;活动要认真考勤。

4. 要根据本学科实际认真开展小课题研究,解决学科教学中存在的具体问题。研究要形成系列,研究的过程性资料要齐全、整理要规范。

5. 抓好课堂教学研究,教研组每周至少组织一次听评课活动,上好常态课、开放课、公开课、研究课、观摩课、创新课、精品课;听课通知单要上交教研室、教导处和教科室,否则不计入考核;要认真做好听课记录,听课后要写出评课稿,组织评课活动。

6. 搞好本学科的立项课题研究,科学制定研究方案、开好研究会议,扎实开展研究工作,做好阶段性总结,搞好过程性资料的积累和分析、整理工作,课题鉴定前一个月要写出鉴定申请上交教科室并准备好相应的资料以备验收。还没有立项课题的教研组要根据学科实际确立课题并申请立项,开展研究工作。教科室具体负责课题管理,组织评审、申报、立项、监督运作过程、鉴定校本规划课题,评选优秀科研成果,并宣传推广优秀科研成果。

7. 监督好本学科组的备课、上课、作业等常规工作。

8. 组织本学科教师积极参加学校和上级教育部门的各项教科研竞赛和评比活动;每学期推出一节"精品课"参加学校的课堂教学竞赛,结果计入考核。

9. 督促学科教师积极参与教育科研活动，积极撰写论文，保证每位教师一学年至少有一篇论文获得肥城市级或以上奖励，不计入考核。

10. 认真完成教导处、教科室布置的其他任务。

11. 勇于创新，立足本学科的特点，形成特色，开拓创新。

12. 学年末学校将根据教研组工作情况进行评定，分为A、B、C三个等级，与教研组长工作量直接挂钩。

（本案例来自网络，经过匿名化处理）

【案例呈现】

某小学教研组考核方案（节选）

每学年由校长、教务处（教科室）及有关人员具体实施考核评价，由教务处（教科室）牵头，各教研组负责收集、展示一学年工作的实绩，考核组成员按教研组量化打分方案打分。考核结果作为评选优秀教研组和优秀教研组长的依据，根据得分高低按1∶1∶1的比例确定"优秀""良好""合格"教研组，发给教研组及组长一定数额的奖金（奖额由校务会议讨论确定）。具体考核办法如下：

1. 活动与记录（20分）

考核要求：至少每2周举行一次教研活动，相关内容记录详细清楚。

评分标准：每学期应有8次以上校内活动，缺一次扣2分，记录不符合要求每次扣1分。

2. 教研出勤（10分）

考核要求：积极参加教研学习和实践，出勤率高。

评分标准：积极参加学校组织和派出类教研学习和实践，每缺一次扣5分。

3. 教研教学工作（60分）

（1）积极认真完成学校下达的听课任务（5分）

考核要求：认真组织教师听课，数量达标，有评课记录。

评分标准：听课数量每人缺一次扣0.5分，无评课记录每次扣1分。

（2）积极组织教学公开交流课（比赛课、示范课等）（10分）

考核要求：本组所有老师每学年均有一节公开课，且态度好，效果好。

评分标准：缺交流课一节扣2分，态度不认真或效果不好每次扣1分。

（3）撰写论文和经验性文章（5分）

考核要求：每学年每位教师至少撰写一篇教育教学论文，有1/3教师教学论文获区级及以上奖励或交流、发表。

评分标准：论文缺少一篇扣1分。

(4) 积极开展课题研究(10分)

考核要求：每期均有校级及以上课题，且完成效果好，有详细记载。

评分标准：无课题扣10分，有课题但无详细记载或完成效果不好扣5分。

(5) 命题任务(10分)

考核要求：每位教师每学年出一份高质量的试卷，同时能很好地完成学校安排的命题任务，试卷无差错。

评分标准：每少一份试卷扣2分，出现差错一次扣1分。

(6) 集体备课(10分)

考核要求：积极组织集体备课，符合集体备课要求，且有详细记录。

评分标准：集体备课不符合学校要求扣5分，无详细记录扣2分。

(7) 学科活动(10分)

考核要求：能主办本学科活动，既有学生竞赛活动，又有老师业务竞赛、学习活动或论坛与讲座，且效果好。

评分标准：主办并有较好的影响计满分，主办但效果不好扣2分。

注：1. 加分项目：

(1) 教学比武及接待课(人次)

奖级	校	区	市	省	国
一等奖	3	5	7	10	15
二等奖	2	4	6	9	12
三等奖	1	3	5	8	10

示范课、研讨课按相应的一等奖加分。

(2) 论文课题加分

奖级	校	区	市	省	国
论文分数	1	1	2	3	5
课题分数	2	4	5	8	12

(3) 辅导学生参加学科竞赛获奖

奖级	校	区	市	省	国
分数	0	2	5	8	12

(4) 综合组在音、体、美、科技创新等比赛中,团体获区级一、二、三等奖,分别记20、10、5分。市级各等分值在区级基础上乘以2(只记一个最高等级的分值)。

2."优秀教研组"一票否决内容

(1) 组内有严重不团结现象,影响学校的正常教学秩序。
(2) 组内有严重不遵守学校制度的现象,并由此而影响学校的正常教学秩序。
(3) 组内有拒不接受学校布置的任务现象。
(4) 组内发生严重的教育事故或严重影响学校声誉的事。
(5) 期末监考、阅卷工作中有舞弊行为者。

(本案例来自网络,经过匿名化处理)

(三)"理念"层面的教研组文化

毋庸置疑,任何文化发展到一定程度,根本的差异在于这个团队内每个人的价值观。教研组文化也是如此,即使在建设过程中,"器物"上已经武装到牙齿,"制度"上已经具体到每一个细节,人的思想还是无法被强制统一的。只有在教育教学理念上取得了高度的互相认同,学科认识、定位等方面获得了基于个人特长的共性理解,一个教研组才可能形成真正和谐、统一的理念文化,而这种境界,往往是非常难以实现的。幸运的是,笔者真的遇见过这样的教研组,其实,其前身不过是一个备课组,经过分分合合,现在已经不再仅仅是一个教研组,而成长为教师阅读、思考与实践的共同体。

【案例呈现】

"青葵"是如何绽放的?
——一位职初教师眼中的"青葵园"

苏州工业园区星港学校　陈汉珍

青葵园,一个充满诗意的团队名称,追溯"青葵园"的前世今生,颇有意思。青葵园,其雏形是苏州一所九年一贯制学校的语文备课组。2006年,在备课组长吴樱花老师的引领下,营造出无恐惧的教研环境,初步建设了一个纯粹的备课组——组内成员相互坦诚,教育教学经验无私分享,彼此欣赏鼓励,实现观点碰撞和共同成长。然而,制度层面的备课组总会分散,2009年,备课组成员被安排至不同年级,备课组就此解散。

尽管分散到不同年级、不同校区,然而,志趣相投的人还总想在一起。2010年,志同道合的伙伴以课题组的名义再次聚集,并成功申报江苏省教育科学十二五规划课题"中小学生'青春期症候群'及其家教干预研究"。课题组成员共同商讨团队名称,最后确定为"青葵园",取其意象:"青",象征青涩、青春、清纯;"葵",象征向师、向日、向善。"青葵园"有成员共同认可并遵守的规则:"青葵园"成员需要按时完成读写作业,定期参加课题组研讨活动(非本校成员除外);连续两次不交作业或一个月内不能补交作业的,视作自动退出。

如今,"青葵园"正式走过五个年头,加上早期的备课组建设,核心成员已并肩行走了八年。八年的且行且思,团队成员在各个方面都取得了不同程度的进步。在"青葵园"这个精神家园里,不再年轻的成熟型教师们悄悄地蜕变着,实现教育生命的第二次成长。

对于新入职教师,"青葵园"同样张开了迎接的双臂。我,2008年从华东师范大学教育学系硕士毕业,怀揣着满腔的教育热情,进入这所九年一贯制学校的小学部工作,却遭遇到了前所未有的挑战。思想观念可以通过三年的研究生教育完成更新,而教育的现实却只能在时间里缓慢而滞后地微变。全新的脑袋面对陈旧如昨的教育场景,所遭遇的理想与现实的冲撞让我找不到教育的坐标。而在一些同事的观念和认知里,我只是个徒有虚高学历的不合格的小学教师。惯常的教研组活动总是有的,然而往往是命题发言,按照惯例写好文稿照念一遍。总是在无话可说的时候指定你发言,而在不吐不快的时候则宣布"活动结束"。没有伙伴、缺少支持、无从交流,我陷入了格格不入的困境。

就是这样一个茫然、痛苦的新手教师,偶遇青葵园,却蓦然找到了归属感。让我深深迷恋的是"青葵园"的独特气质,这里让人放松、却又让人机警。每一个"青葵"人身上,都好似一个小小的磁场,无声地吸引着心性相近、情怀相依、理念相似的同道们。在青葵园,不需伪饰,每个"青葵"人坦露和剖析真实的自我,"青葵"人常说的一句话是:"我不同意你的观点,但我坚决捍卫你说话的权利。"或许正是这样的话语环境,让我在这个群体中敢于畅所欲言,让一个小学老师,在中学老师的群体中找到了话语空间。

作为一线教师,教育教学实践是每天的必修课,而在"青葵园",阅读、反思、书写是与教育实践相辅相成的必修课。一个人读书,常常会读不下去,而在青葵园,采用了一种新方式:伙伴们共读一本书,接力写感悟。在青葵园的五年里,入职初期极为艰难的我,迅速成长起来:写下了数万文字,多次被评为学校"优秀班主任",被评为区"教学能手""教育科研能手",并通过竞聘进入学校教科室工作。比起这些看得见的收获,我感受最深的是,有幸结识一群热爱教育的人,来到一个纯洁而温暖的团队。

青葵园里,是一群凭着一颗良心和一腔热血默默耕耘的人,坦诚而质朴。这里没有喧嚣,喜欢热闹的人不太适合长呆;这里没有客套,喜欢互相吹捧的人找不到想要的感觉;这里不喜欢急功近利,喜欢一夜成名的人肯定忍受不了这种慢节奏。"青葵园"的目标是让团队成员有真正的心灵成长,自身强大的生命能量,以面对外界的种种干扰。用《教学勇气》一书的说法就是,穿越恐惧,更新勇气,用绵薄的力量去关注和提升学生的生命质量。

第五章

基于见习教师规范化培训基地学校的"临床型"教师专业发展支持组织研究

随着浦东教育的发展,连续几年来,浦东新区每年都有近1 500名新入职的教师,他们怀揣着崇高的志向、理想和激情,成为浦东教师大家庭中的新成员。刚踏上教师岗位的他们富于青春活力,易接受新理念,进取意识强烈。教学积极性较高,多媒体技术应用熟练,普通话流利,很多职初教师愿意积极热情地向老教师学习,也具备了较好的个人素养,在备课与教学方面愿意投入较多精力,但由于步入讲坛时间短,缺乏教学工作的实践经验,他们的课堂教学出现了诸多问题。例如,对教学对象的关注与分析不够;课堂节奏把握不当;教学流程缺少逻辑思考;不能及时地处理教学与生成的关系;教案制定不规范;班级管理方法欠缺等。出现这些问题的原因主要在于职初教师重教轻学、教学经验缺乏、缺乏对学生深层次的思维发展的引导、缺乏反思意识等。基于上述职初教师教学中出现的问题及其原因,这些10~15年后即将成为浦东新区教师的中坚力量的职初教师,更需要基地学校导师进行面对面的带教指导和专业诊断,以及时发现他们教学行为中的问题,完成及时性矫正。

第一节 基地学校带教导师的学科诊断策略的研究

针对职初教师课堂教学现状和出现的主要问题,基地学校充分展示学校在培训工作中的智慧、成效和亮点,很好地践行了培训的"规范性、浸润性、专业性",很多学校借助专家智囊,采取临床式"学科诊断"的办法,初步形成了一批运作有序、管理规范的基地学校,初步建立了课堂教学实践指导内容鲜明、丰富的课程体系。

一、学科带教导师队伍建设策略

(一)带教导师及团队选拔与命名

落实见习教师规范化培训关键在于带教导师这支队伍。基地学校都能做到坚持"学高为师,身正为范"原则,精选师德高尚、业务精湛、敬业爱生的优秀教师组成带教团队,从"导师任职条件、导师职责、见习教师参培要求"等方面明确职责,规范要求,鼓励市区骨干教师和学科带头人承担带教任务,明确带教见习教师是校骨干推荐至区级骨干和学科带头人的准入条件。很多基地学校改变了前几年的做法,变"学校指定"为"自愿报名+学校遴选"。学校从激发教师自身专业发展的内驱力出发,鼓励凡是符合条件的教师都可自愿报名。在教师积极报名的基础上,学校遴选优秀教师担任见习教师的学科和班主任导师。要求带教导师体现"三带"特色:带师德——敬业爱岗,无私奉献;带师能——教育教学与教育科研的基本技能;带特长——结合自己的教学特色,起好帮带作用。提倡带教导师以及备课组"捆绑式"的实践培训,开拓了视野,提升素质。带教见习教师,其实也是教学相长的过程,是促进自己专业水平提升的良机。同时在带教导师负责制实施推进过程中,把带教导师的管理、指导、督查三方面与评价进行有机的结合,使带教导师负责制的开展顺利而有效。

基地学校确定带教导师后,随即启动新学年见习教师带教仪式,学校领导均出席仪式,并为带教导师颁发聘书,极大地增强了导师带教的责任感和荣誉感,同时全校教师对见习教师规范化培训的意义和任务更加明确,提高了参与基地学校培训指导工作的积极性和浓厚氛围。

(二) 导师团队对职初教师课堂教学诊断的功能价值

课堂教学诊断是指专家团队通过望、闻、问、切等手段对教学过程进行诊断,发现见习教师教学特色及存在的问题,并提出改进策略的教育活动。如同"教是为了不教",让学生自己学会学习的道理一样,课堂教学诊断的关键在于导师团队对见习教师课堂教学的诊断力。导师团队运用望、闻、问、切的方法对见习教师的课堂教学进行细致及时的诊断,找出症结,快速与见习教师一起剖析,并结合此前自我诊断所积累的经验和智慧,找出原因,准确地调整教学行为,使得课堂教学效果最优化。这是对导师团队更深层次的要求,也是教师专业化发展的内在诉求,是发展见习教师专业判断力的重要表现。

通过近年来浦东新区见习教师规范化培训的经验,带教导师团队对课堂教学诊断无论是对教育教学质量的改善,还是对见习教师自身教学能力的提高都有很大的功能价值。主要体现在以下几个方面:

1. 发现针对性问题,促进见习教师教学水平和教学质量的提高。

课堂教学诊断,核心在于"诊断",偏重于对问题的判断和辨析,发现见习教师课堂教学中存在的问题,这些问题往往制约着见习教师的教学水平,从而影响教学质量的提高。在课堂教学诊断的初级阶段,导师团队给予见习教师清晰性诊断说明,见习教师针对问题做出自身的调整,这也是教师专业化发展的客观要求。

2. 发掘和弘扬教师教学特色,促进见习教师成长。

实施课堂教学诊断,不仅仅停留于对见习教师自身教学问题的发现、把握和纠正,同时也分外关注其他见习教师的教学特色。见习教师成长的过程，也是对他人或自己成功教学经验及特色不断发掘、汲取和积累的过程，是一个由成功走向成功的过程。所以在见习教师之间开展课堂教学诊断，有助于发掘见习教师教学优点，弘扬见习教师教学特色，这对见习教师课堂教学信心的增强，对见习教师课堂教学优势的发挥，进而对见习教师个体或群体的成长与发展，必然会起到积极的推动和促进作用。

3. 激发见习教师的问题和研究意识，促进见习教师自主性课堂教学诊断力的发展。

在与导师团队的合作与交流中，见习教师本身耳濡目染、潜移默化，进而逐步地全面深刻地去发现自己教学中存在的问题，探究问题存在的原因以及如何有效地矫正问题，激发见习教师树立一种问题意识和探究的意识。叶圣陶提出"教是为了不教"，在一定的程度上可以说"诊是为了不诊"，在导师团队指导的过程中，更为重要的是发展见习教师的自主性课堂教学诊断能力，这是实施导师团队对见习教师课堂教学诊断的重心和终极目标。

二、带教导师对课堂教学诊断的对策

（一）教学"诊断"的含义及价值取向

现实的课堂教学在什么意义上有问题？属于什么性质的问题？问题的症结在哪里？确诊问题往往比找出问题的解决方法更重要。"医学病理学"是指医生根据对病情的了解和各种医学检查的结果进行综合分析，从而判断病人所患为何病及所患疾病的原因、部位、性质和功能损坏程度等的步骤和方法。医学诊断为医生做出最终的判定及解决方法提供了十分重要的依据。同样道理，对课堂问题的诊断，也应建立在"教学病理学"的基础上。"教学病理学"由教育学专家石鸥教授提出。"教学病理学"是研究教学疾病和教学病理的教育学分支学科。"教学病理学"详尽地区分了教学疾病的类型，分析了致病的内源性、外源性病由，提出了教学疾病的诊治与预防的策略思想。

学者们将"诊断"应用到教育领域，产生了独特的教育学术语"课堂教学诊断"并且给予其独特的含义。美国学者克拉克和斯塔尔提出："教师看到学生学习中存在的困难，精确地找到这个困难是什么，并发现产生这个困难的原因，这就是诊断。诊断之后的教学必须纠正错误的东西或补足缺乏的东西。没有诊断，教学就没有方向。"我国学者王增祥认为："课堂教学诊断是诊断者依据一定的标准对实际的教学过程进行的比较和评判的活动。"张伟明确指出"课堂诊断一般是指诊断者通过对课堂教学全过程的看（师生在教学全过程中的活动、表现、情感、态度）、听（师生在教学活动中交流发言和由此反映出的思维状况）、问（了解教师的执教意图与学生的内心感受）等手段，在理性思考的基础上，探究与发现执教老师的教学经验与特色，并发现与研究教学过程中存在的问题，及时提出相关的改进意见的一种教育科研方法。"

因此，课堂教学诊断重点在于落实"望闻问切"四字。①望：观察师生在整个教学过程中的活动、表现、情感、态度。②闻：师生在活动中交流发言和由此反映的思维状况。③问：课前课后对见习教师与学生访谈，了解其执教意图与学生内心的感受。④切：在理性思考的基础上，探究发现见习教师的教学经验、特色和在教学过程中暴露出来的问题，以及提出解决问题的方法。

显然，课堂教学诊断不同于传统意义上的评课，特指依据观察角度搜集课堂信息，判断筛选有价值信息并进行整理，根据有价值信息对课堂教学"是否达标""如何达标"进行评价，提出改进建议，提炼教学经验。其中，"诊断"旨在促进教师教育教学能力的提升，而传统的"评价"更多的指向狭义的终结性评价。也可以这样说，"诊断"不仅仅有评定优劣的功能，更注重客观分析原因这一促进教师教学水平提升的作用，寻找教师自身因素和外部因素，帮助教师改进教学。根据诊断者身份的不同，课堂教学诊断可以分为：专家诊断、领导诊断、同行诊断和自我诊断等。

课堂教学诊断的价值取向有三点：①在系统考察、总结相关学科诊断实践的基础上，结合课堂教学实际，探索和生成新课程背景下课堂诊断的理论与方法，形成行之有效的课堂诊断方法与策略；②帮助见习教师掌握课堂诊断、教学监控技能与反思策略，切实提高见习教师的教学水平，促进见习教师专业成长；③通过课堂诊断的方法与策略的实施，及时发现课堂问题症结，并能根据学科性质、课程要求以及学生状况对课堂进行迅速、合理的调整，从而有效提高课堂教学的效能，实现优化课堂的目的。

（二）教学"诊断"的策略、形式与步骤

课堂教学诊断的核心在于"诊"与"断"，注重对课堂教学现象和事件的"确诊"，以及对产生这些现象和事件的原因的"判断"，不仅要发现课堂教学中存在的问题，分析产生这些问题的原因，提出纠正这些错误的方法，更要关注见习教师的教学特色与成功经验，分析形成这些特色或成功的原因，推广这些成功的经验，促进见习教师专业化的发展。

1. 课堂教学诊断策略

① 必须以先进的教育理念和教学理论为指导。
② 客观全面地收集课堂教学现象和相关信息。
③ 科学系统地分析课堂教学现象并寻找原因。
④ 重点是落实课堂教学中问题的个性化解决。

课堂教学诊断的内容主要是根据观察收集到的见习教师的教学行为以及学生对见习教师教学行为的各种反应等来诊断见习教师的教育理念、教学技能、教学方法以及监控课堂的能力等。

2. 课堂教学诊断的形式

① 体检：每位见习教师九月初开一次公开课，以便带教导师、学校达到了解、摸底、把脉的目的。

② 急诊：临时通知的随堂课——考察见习教师的教学技能技巧和应变能力。

③ 会诊：一般运用于发现"重症"和"疑难杂症"。此时，由带教导师、市区专家组成"会诊小组"，通过听课，比较全面地发现问题，分析问题。会诊不仅指向见习教师的课堂教学，对见习教师在课堂中的调控提出整改意见，而且可以通过其他途径共同作用。

④ 回访：对在诊断中出现问题较多或问题较严重者，我们一般在指出毛病，提出整改意见的一周内由带教导师组织一次回访。回访大致包括两个步骤：一是听课，二是听取见习教师汇报措施落实情况。带教导师通过观察了解整改效果，再给予新的建议。

⑤ 跟踪疗法：对存在问题较突出的见习教师采用的一种方法。时间长达一周至一年不等。通过隔天或者隔周的跟踪听课指出问题症结所在，不断督促指导见习教师对课堂教学的手段、方法、技巧加以改进，直至取得较好的效果。

3. 课堂教学诊断步骤

① 课前说课：说课实质是见习教师展示自己授课意图的一种方式，它包括说教材、说教学方法、说教（学）具及媒体的使用、说教学过程。它对提高见习教师理论和实践相结合、教学与研究相结合的能力大有裨益，亦是教学评价的重点参考依据。

② 课中发现：带教导师根据见习教师中说课要达成的教学目标，对教学内容、教学过程、教学方法进行分析，判断是否达到最优化匹配标准，同时对课上见习教师的教学细节、学生的学习过程，对照课堂评价标准加以评判，寻找尚需改进的方面。有时还辅以录音或录像记录。

③ 课后反馈：重放录音或录像，使见习教师及时、准确地获得反馈信息，见习教师本人先进行教学行为的自我反馈，带教导师再同见习教师共同讨论教学中存在的问题，群策群力，指出努力方向，提出整改意见。这种诊断方式，得到带教老师和见习教师的共鸣，例如一位带教老师总结了自己的录像课诊断方法，详见案例。

【案例呈现】课堂教学自我成长的好途径——看录像课

金桥镇中心小学　　学科导师　　杨飞艳

转眼带教见习教师江老师已一个学期，这期间可以说是痛并快乐着，日常的听课，她的诊断课以及考评课，都让忙碌的教学生活更加充实。一次次的听课与磨课，见证着她成长的足迹，也让我有了许多收获，其中记忆最深刻的是一起观看录像课的探讨。

一、认识自我，备课与上课是有差距的

在金小见习教师规范化培训基地有一份《给见习教师学科培训的建议》之《课堂经历与教学实践》培训课程，结合这本培训课程，学科导师就备课、上课、作业、辅导及评价教学五个基本环节，来切实有效地培养见习教师课堂教学能力。教学五环节是提高教学实效性的根本保障。备好课是上好课提高教育教学质量的前提和保证，要上好课必须备好课。提高教育教学质量开展精致化教学，上课是中心环节，是开展一系列教学工作的主阵地。二者对教师来说都至关重要，如何在研读文本的基础上，反思自己的落实情况，看录像课是一种不错的方式。录像课可以清晰地看到自己在教学中的形象,给了自己对教学全方位认知的机会。

一直觉得看自己的录像课是需要一些勇气的,犹记得自己第一次看时的感受:啊,原来我上课是这个样子的,我怎么会这样站着,这个地方我的问题提得不好,我忽视关注这部分孩子了……录像课犹如一面镜子,可以让教师认识自身的优势或不足。所以在带教初期,虽主要以日常听课为主,听后根据自己的理解提出需要改进的地方,有时也会用手机拍一小段她上课的视频一起观看,然后再讨论,但真正第一次完整拍录像,观看录像是她的诊断课,当时上的是《扬州茶馆》一课,课前我和江老师都做了充分的准备,认真备课,修改教案,但一上课还是发现了问题,如:在学生没有回答到江老师的预期答案时,她就显得有点不知所措,直接避过学生的回答,不予回应;在整体感知环节,在学生找出概括扬州茶馆的句子"扬州最著名的是茶馆,早上去下午去都是满满的。扬州茶馆吃的花样最多"后,江老师不知如何指导朗读,只是和学生说要把"最著名,满满的"重读,至于为什么要这么读则避而不谈,可能在如何指导在学生理解后自然读出感受的能力还较欠缺;此外还有一个较大的问题,在教学重点段"烫干丝"时,她颠倒了一个教学环节竟浑然不知,口头语"我们说"多次出现……这些在我们一起观看录像时都得到了印证,上课教师通过观看镜头下的自己,同时结合评课教师的评课更直观地发现自己的优点和不足,我想这样的经历,这样的方式,一定更能促使江老师尽力回避每一个教学中细微的缺点和不足。

二、提升自我,不断地反思

一节看似简单的录像课实际上可不简单,它能展现出一个教师的基本素质,如教师的语言组织、逻辑思维、教师的应变能力、教学内容的设计、教学方法指导、课堂任务的落实、师生互动等等。被拍摄录像课的教师最好能做到多看几遍,从多个角度反思自己的问题,并结合他人的点评,改正不足、完善自己,而完善自己较为有效的办法就是可以多次录制。这个过程也是教师不断地探索、学习的过程。录像课回头看、多次录是教师不断完善自我的过程,此时的录像课又是一剂营养药。

江老师的考评课就是这样一个不断完善的过程,第一次教学在揭题后先是用叙述的方式引出律师林肯中的主要人物,指出其身份,教学后发现这样的方式没能很好地紧扣文本,学生的学习缺少了主动性,于是将第二部分改成:轻声读课文,思考:这个故事中还有哪些人物?在案件中的身份是什么?让学生自己去发现,重点段落16小节的教学也是改了又改,几易其稿,最终采用"1.边听边思考:林肯抓住了福尔逊证词中的哪个关键漏洞?2.学生读注释,了解上弦月。3.老师边摆图,边讲解。4.学生齐读辩护词。5.借助板书和图片,学生演林肯。"这样几步走的方式,层层深入,最终实现复述证词这一核心目标的达成。

当然江老师可能由于紧张在考评课上她漏了一个重要环节:揭示课题,这是美中不足的地方。当我们再次观看考评课录像时,这一点感受非常清晰,让开头的学习显得有些突兀,但是课堂本身就是一种艺术,美与遗憾并存着。如何上好一节课,是门大学问,我们所要做的是不断地学习,再学习,提高,再提高。

教学过程是师生共同实现教学任务中的活动状态变换及其时间流程,是在见习教师的组织和指导下学生的一种特殊认识过程。因此,课堂教学诊断又可以从两个方面考虑:一是从见习教师本身进行诊断:教学设计诊断、教态诊断、教学语言诊断、教学方法诊断、教学情感诊断、师生互动诊断和板书诊断等等。二是从学生方面进行诊断:课堂提问诊断、课堂活动诊断、课堂练习诊断、课堂教学效果诊断等等。

第二节 基地学校的"临床"诊断典型案例及评析

以浦东新区为例,全区共 105 个基地学校,1 600 余名签约带教导师,对应带教了每年近 1 500 名新入职的职初教师。在带教指导过程中,每名带教导师都要进行针对性的填写《教学设计能力诊断书》、《教学实施能力诊断书》,在带教结束时,要对自己的带教行为进行总结提炼,形成可资借鉴推广的带教经验。借此选择部分予以呈现和评析。

一、教学设计能力诊断典型案例

(一)案例列举

案例1:《高中数学学科教学设计能力诊断书》

课题名称	函数的零点	教学课时	1课时
教材	沪教版　高一第一学期　数学	北蔡高级中学	见习教师:王霞
教材分析	函数与方程思想是中学数学的重要思想。 本节是在学习了前两章函数性质的基础上,利用函数的图象和性质来判断方程的根的存在性及根的个数,从而了解函数的零点与方程的根的关系以及掌握函数在某个区间上存在零点的判定方法;为下节"二分法求方程的近似解"和后续学习的算法提供基础。 因此,本节内容具有承前启后的作用,非常重要。			
学情分析	在此之前,学生对一元二次函数和一元二次方程已经比较熟悉,会判断具体的一元二次方程有没有根,有几个根,会用求根公式求根。 但是对一元二次函数与方程的联系认识不全面,也没有上升到一般的函数与方程的层次。 因此,在讲解本节内容时,让学生对函数与方程的关系及零点存在定理有较为全面的认识。			

续表

课题名称	函数的零点	教学课时	1课时
教学目标	1. 知识与技能目标： (1) 理解函数零点的定义，掌握方程的根与函数零点的关系。 (2) 理解零点存在性定理，会用零点存在性定理判断函数在某段区间上是否存在零点。 2. 过程与方法目标： (1) 渗透由特殊到一般的认识规律，提升抽象和概括能力。 (2) 自主探究函数在区间端点上的函数值的符号情况与函数零点是否存在的关系，培养辩证思考的能力。 3. 情感与价值观目标： 培养细致、耐心、严谨的数学品质，在自我解决问题的过程中体验成功的喜悦。		
重点、难点	重点：理解函数的零点与方程根的关系，初步形成用函数观点处理问题的意识。 难点：函数零点存在性定理的理解及初步应用。		

教学过程

环节	教师活动	学生活动
一、课题引入	问题1：解下列方程： (1) $3x-2=0$; (2) $x^2-2x-3=0$; (3) $2x^3-3x^2-18x+28=0$。 怎么求解一元三次方程？ 问题2：方程与函数的关系 思考：(1) 方程 $3x-2=0$ 的解与函数 $f(x)=3x-2$ 与 x 轴的交点的横坐标的关系？ (2) 方程 $x^2-2x-3=0$ 的解与函数 $f(x)=x^2-2x-3$ 与 x 轴的交点的横坐标的关系？ 结论：方程 $f(x)=0$ 有实根 $\Leftrightarrow$ 函数 $y=f(x)$ 的图像与 x 轴交点的横坐标， 因此，求方程 $2x^3-3x^2-18x+28=0$ 的解， 即求函数 $f(x)=2x^3-3x^2-18x+28$ 与 x 轴交点的横坐标。	计算方程(1)、(2)的解。 得出结论： 方程 $f(x)=0$ 有实根 $\Leftrightarrow$ 函数 $y=f(x)$ 的图像与 x 轴交点的横坐标。
二、新课教学	1. 函数的零点的定义 一般地，对于函数 $y=f(x)(x \in D)$，如果存在实数 $c(c \in D)$，当 $x=c$ 时，$f(c)=0$，那么就把 $x=c$ 叫做函数 $y=f(x)(x \in D)$ 的零点。 (零点不是点) (1) 进一步思考方程的根与函数零点的关系： 方程 $f(x)=0$ 有实根 $\Leftrightarrow$ 函数 $y=f(x)$ 的图像与 x 轴交点的横坐标 $\Leftrightarrow$ 函数 $y=f(x)$ 有零点。	理解函数零点的定义。 思考函数零点与方程的根的关系。

教学过程		
环节	教师活动	学生活动
	【设计意图】引导学生得出零点的三个重要的等价关系,体现了化归和数形结合的思想。 (2)怎样求函数的零点? 函数 $y=f(x)$ 有零点 $\Leftrightarrow$ 方程 $f(x)=0$ 有实根。 练习:求下列函数的零点 (1) $f(x)=x(x^2-3x+2)$;(2) $g(x)=x-\dfrac{4}{x}$。 【设计意图】巩固函数零点的定义,加深对函数零点的定义的理解。(强调零点不是点) 2. 零点存在性定理探究 观察下面函数 $f(x)$ 的图象: 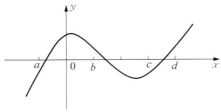 ① 区间 $[a,b]$ 上_____(有/无)零点; $f(a) \cdot f(b)$_____$0(<$ 或 $>)$。 ② 区间 $[b,c]$ 上_____(有/无)零点; $f(b) \cdot f(c)$_____$0(<$ 或 $>)$。 ③ 区间 $[c,d]$ 上_____(有/无)零点; $f(c) \cdot f(d)$_____$0(<$ 或 $>)$。 思考:函数在区间端点上的函数值的符号情况,与函数零点是否存在某种关系? (1)如果有 $f(a) \cdot f(b)<0$ 成立,那么函数 $y=f(x)$ 在区间 $[a,b]$ 上一定有零点吗? (2)在满足上面两个条件的前提下,能确定函数 $y=f(x)$ 在区间 $[a,b]$ 上的零点个数吗? 零点存在性定理:一般地,我们有:如果函数 $y=f(x)$ 在区间 $[a,b]$ 上的图象是连续不断的一条曲线并且有 $f(a) \cdot f(b)<0$,那么在区间 (a,b) 内至少存在一个实数 $c \in (a,b)$,使 $f(c)=0$。也就是说在 (a,b) 内,函数 $y=f(x)$ 至少有一个零点。 思考辨析: (1)若 $f(a) \cdot f(b)>0$,函数 $y=f(x)$ 在区间 $[a,b]$ 上一定没有零点吗?一定有零点吗? (2)如果函数 $y=f(x)$ 在区间 $[a,b]$ 上的图象是一条连续不断的曲线,并且函数在区间 (a,b) 内有零点时,一定有 $f(a) \cdot f(b)<0$?	求这两个函数的零点即求对应方程的根。 根据图像填空。 思考函数在区间端点上的函数值的符号情况,与函数零点是否存在某种关系。 互相讨论探究,得出结论。

续表

环节	教学过程	
	教师活动	学生活动
	（3）在满足定理的条件下，能否增加条件，可使函数$y=f(x)$在区间$[a,b]$上只有一个零点？ 【设计意图】零点存在性定理的判定结论，是函数在某区间上存在零点的充分不必要条件，零点的个数需结合函数的单调性等性质进行判断，结论的逆命题不成立，通过这些问题使学生准确理解零点存在性定理。	
三、例题讲解	例1. 判断函数$f(x)=2x^3-3x^2-18x+28$在区间$[1,2]$是否有零点？ 【设计意图】呼应开头，会用零点存在性定理判断函数在给定区间上是否存在零点。 例2. 一块边长为13厘米的正方形金属薄片，如果在它的四个角上都减去一个边长为x厘米的小正方形，然后做成一个容积为140立方厘米的无盖长方体铁盒（如图），那么x是多少？（图中单位：厘米，结果精确到0.1） 【设计意图】从实际问题出发，让学生明确学习函数零点的必要性。由于时间关系，这节课主要先确定函数零点的大致位置，而怎么求具体的零点留到下一堂课再讲。	用零点存在性定理判断函数在某段区间上是否有零点。 用所学的知识解决实际问题。
四、课堂小结	1. 知识内容：函数零点的相关概念。 2. 思想方法：转化与化归思想、数形结合思想、方程与函数的转化思想。	学生小结，教师补充。
五、作业布置	1. 函数$f(x)=x^3+x-2$的零点是（　　） A. 1　　B. 1或-2　　C. 1或2　　D. 1或± 2 2. 下列函数中，无零点的函数是（　　） A. $y=x^2+3x-1$　　B. $y=\sqrt{x^2-1}$ C. $y=x^3-2x$　　D. x^4+x^2+1	课后完成作业。

续 表

教学过程		
环节	教师活动	学生活动
	3. 函数 $f(x)=-x^2+8x-16$ 在区间 $[3,5]$ 上（　　） A．没有零点　　　　B．有一个零点 C．有两个零点　　　D．有无数个零点 4. 在下列哪个区间内，函数 $f(x)=x^3+3x-5$ 一定有零点（　　） A．$(-1,0)$　　B．$(0,1)$　　C．$(1,2)$　　D．$(2,3)$ 5. 已知函数 $f(x)$ 的图象是连续不断的，且有如下的 x，$f(x)$ 对应值表： | x | 1 | 2 | 3 | 4 | 5 | 6 | 7 | |---|---|---|---|---|---|---|---| | $f(x)$ | 23 | 9 | -7 | 11 | -5 | -12 | -26 | 那么该函数在区间 $[1,7]$ 上至少有_____个零点． 6. 求下列函数的零点． (1) $y=x^3-x^2+x-1$ (2) $y=\dfrac{3x-x^2}{x^2-1}+\dfrac{1}{1-x}-2$	

板书设计：

函数的零点		
1. 函数零点的定义。 2. 方程的根与函数零点的关系。 3. 零点存在性定理。	PPT 放映	探究过程

带教导师点评意见：
一、从教学目标的实现与否考虑
　　知识技能目标对于学生来说是必须要掌握的，是符合考纲和课程标准的；而过程与方法和情感态度价值观这两块的目标对有些学生来说是比较困难的，这些也都是一个慢慢渗透的过程，学生能力只能在日积月累中慢慢得到提高。
　　这节课中主要有两点教学目标没有很好地达成：
　　一是学生的抽象概括能力还有待加强。虽然前面教学中已经做了铺垫，但让学生表述方程的根与函数零点关系时，学生还是出现了问题，应该是因为在对问题 2 进行探究时学生还未充分理解，导致学生在叙述方程与函数的关系时出现了困难，教学时可以再回到前面的问题进一步进行探讨。
　　二是学生的自主探究能力还需培养。自主探究函数在区间端点上的函数值的符号情况与函数零点是否存在关系这一段教学，对大部分学生来说有一定的难度，而因为前面耽搁了一些时间，所以留给学生思考的时间较少，不少学生还没反应过来。因此只能说部分学生的辩证思考能力有所提升，但对于一些能力较差的学生，他们在这部分的学习上遇到了困难。

续 表

环节	教学过程	
	教师活动	学生活动

二、从突出重点和突破难点的教学措施考虑

本节课的难点定为"对零点存在性定理"的理解和简单应用。零点存在性定理表述抽象、不易理解,对高中生来说存在一定的困难,而这一定理又是判断函数在某段区间上是否存在零点的非常重要的定理。因此,让学生理解这一定理成了这节课的重点及难点。

为了突破这一难点,设计了"零点存在性定理探究"这一教学环节。由特殊到一般,通过五道思考辨析题,让学生明确函数在区间端点上的函数值的符号情况与函数零点的存在性之间的关系,从而更加深刻地理解零点存在性定理。

三、教学环节的设计与合理性

根据教学目标及重难点,设计了如下教学环节:先由两道简单的例题让学生知道方程 $f(x)=0$ 有实根 $\Leftrightarrow$ 函数 $y=f(x)$ 的图像与 x 轴交点的横坐标,而函数 $y=f(x)$ 的图像与 x 轴交点的横坐标 $\Leftrightarrow$ 函数 $y=f(x)$ 的零点,从而引出本节课的内容。接着,进一步阐述方程与函数的关系,让学生理解方程与函数的互化思想。然后,对零点存在性定理进行探究,挖掘这一定理的内涵。最后,设计了两道例题,为零点存在性定理的应用。

因为课堂的重点在零点存在性定理的探究,所以练习的题目设计得不多,整堂课下来,时间安排紧凑,教学设计合理。

四、教师的课堂语言

教学语言较为规范,思路清晰,表述清楚,简洁明了,但数学是一门严密的学科,非常注重语言的严密性,见习教师在这方面还有一定的欠缺。例如,说方程 $2x^3-3x^2-18x+28=0$ 不能因式分解,事实上是可以因式分解的,应该说不容易分解。因此,在教学过程中还需注意语言的严密性。

带教导师签名:傅顺林

案例2:《初中物理学科教学设计能力诊断书》

课题名称	重力	教学课时	1课时
教材	八年级第二学期	洋泾菊园实验学校	见习教师:陈凡颐
课时目标	1. 知识与技能 (1)知道重力产生的原因; (2)知道重力的方向和作用点; (3)理解物体所受重力与其质量的关系及其公式 $G=mg$,知道比例系数 g 的数值、含义和单位。 2. 过程与方法 通过实验探究,了解重力与质量的关系。 3. 情感态度价值观 激发学生对于科学探究的兴趣,养成与同学合作交流的意识。		
教学重点	重力的概念及重力与质量的关系		

续表

课题名称	重力	教学课时	1课时
教学难点	重力的方向,以及根据直角坐标中线性关系建立物理量之间的关系			
学情分析	八年级学生通过半个学期的物理学习,已经初步掌握了物理学习的一些基本方法。学生的好奇心强,观察能力也强,正是通过循序渐进培养逻辑思维能力和学习方法的最好时候。同时,学生具备了一定的生活体验,有一定的实验探究能力、逻辑思维能力。			
教具准备	弹簧秤、钩码、乒乓球、小铁球、细线、铁架台、重垂线、记号笔、装有水的水槽、三角尺			

教学过程		
环节	教师活动	学生活动
一、创设情境,引入课题	观看图画:运动员高台跳水、踢飞的足球最后落到地面、飞流直下的瀑布、树上的苹果落向地面、发射出去的炮弹等。 问题:你观察到了什么现象?这些物体的运动有什么共同特点?这是为什么? 引导学生得出重力的概念。 问题:你还想到了哪些类似的现象呢?说明了什么? 问题:施力物体和受力物体分别是什么?	听讲、仔细观察并思考 回答 归纳得出重力的概念 思考回答
二、重力的大小:探究重力与质量的关系	1. 提出问题、进行猜想 日常生活经验告诉我们,重力是有大有小的。根据你的生活经验,比较这两本书,哪本书的重力大呢?比较这两个钩码(或砝码),哪个更重呢? 实验:大家可以用手掂掂各自桌上不同质量的物体,比如厚度不同的书、铅笔盒、书包等,想一想,物体受到的重力与质量的大小是不是真的有关系呢?如果有,那么它们的定量关系是什么? 2. 进行实验 问题:我们如何研究它们的关系? 引导点拨:我们可以利用实验来找出重力与质量的关系。 分组,提供实验仪器进行实验。 教师巡视,指导学生进行实验;指导学生对实验数据进行分析、讨论,解答学生的疑难问题。	回答 动手实验并猜测 讨论交流制定的实验计划,设计表格,进行实验,收集数据,分析数据,得出初步关系。 建立直角坐标系进一步找出它们之间的关系。

续表

教学过程		
环节	教师活动	学生活动
三、重力的方向	3. 交流讨论 　　指导学生进行交流讨论，得出初步关系，通过引导建立直角坐标，以质量为横坐标，重力为纵坐标，并将数据描点，得出线性关系，得出结论。 　　得出结论：重力和质量成正比关系；或重力和质量的比值是常数。 　　问题：重力的方向是怎样的呢？大家根据日常的生活经验和我们上课时录像的现象猜想一下。 　　演示实验：从空中释放粉笔，粉笔由静止开始自由下落。	各抒己见
四、重力的作用点——重心	问题：重力的方向会发生变化吗？大家利用桌上的铁架台做个小实验，看看在铁架台抬起的过程中，重力的方向是否发生了变化。 　　点拨：各种情况下观察的方向是否一致呢？重力的方向是否与地面情况有关？是与地面垂直呢，还是与水平面垂直？ 　　总结：我们观察到的细线的方向与重力方向一致，它垂直于水平面，而不是垂直于地面，我们称这个方向为"竖直向下"。 　　介绍重垂线。	学生进行实验： ① 把带细线的小球系在水平放置的铁架台上，让学生观察细线的方向； ② 把铁架台底座的一侧轻轻抬起（模拟在不平地面上的情况），在抬起的过程中观察细线的方向。 　　思考得出结论 实验
五、小结和布置作业	直接给出重心的概念，告诉学生如果有其他物体支持着重心，物体就能保持平衡。 　　带领学生一起做个小实验：用手指支在直尺的中心，直尺能够保持平衡。 　　教师介绍重心与物体形状、质量分布是否均匀的关系，让学生知道质地均匀、形状规则的物体的重心，在它的几何中心上。并且向学生介绍重心位置在工程中的作用。	
板书设计	重力 Gravity 1. 定义：地面表面附近的物体由于地球的吸引力而受到力叫重力。 2. 大小：物体所受的重力跟它的质量成正比。 　　$g = G/m = 9.8$ N/kg	

续表

教学过程		
环节	教师活动	学生活动
	$G = mg$ 3. 方向：竖直向下。 4. 作用点：物体的重心。	

带教导师点评意见：

从教学设计的全过程来看，陈老师的设计有以下几个亮点：

1. 教学环节的设计、教学内容的开展是陈老师的强项，基本还是写得比较详尽和到位的，教学的各个环节条理清晰，层层递进，较好地落实了这节课的知识和技能、过程与方法目标。

2. 通过前面几次的课程标准的研读，陈老师还是能较好地把握新课改的理念，有两个方面体现得特别好：一是改变了以往传统的"填鸭式"教学方式，整堂课以实验探究为主线，落实了提出猜想—设计实验—实验探究—分析处理数据—得出结论等几个基本环节，体现了"以学生为主体"的课改理念；二是体现了"从生活走向物理，从物理走向社会"的课程理念，陈老师为学生创设生动有趣的生活情境，鼓励学生善于发现生活中的物理问题，让知识来自鲜活的生活生产事实、自然现象，并引导其运用所学的物理知识解决生活和社会中的实际问题。

3. 物理是一门以实验为基础的学科，陈老师的实验功底应该很扎实，在几个教学环节中的实验的选择、变化分步的操作较好地解决了设置的问题，相信通过这几个实验学生一定能加深对知识的理解和掌握。

陈老师的教学设计也有以下几处需要改进：

1. 三维教学目标中过程与方法的书写存在问题，情感、态度与价值观没能在教学过程中体现。其实三维教学目标是一个整体，我们在追求知识与技能的同时，要更加重视过程与方法、情感、态度与价值观。三维目标不是目标简单的叠加，过程与方法、情感、态度与价值观依附于知识发生、发展的过程之中，是在不断探究知识、掌握技能的过程中形成和发展的，教师的责任就是要在传授知识的过程中，使学生形成积极良好的学习能力、情感和态度，逐步养成正确的价值观。同样，也只有通过能力的培养和情感的体验来帮助学生更加有效地学习知识和技能。

我将过程与方法作了这样的改动：通过探究"重力与质量的关系"的过程，经历制定简单的实验方案、设计记录数据的表格、收集分析处理实验数据，在小组交流的基础上探求物理规律，认识确立物理规律的思维方法。

我将情感、态度与价值观作了这样的改动：(1)通过小组探究实验，懂得合作学习的重要性。(2)通过物理知识与自然、生活现象的关系，使学生乐于探索自然现象和日常生活中的物理学原理。

2. 在教学过程的设计中重视教师活动的开展，轻视学生活动的预设。陈老师在"专业发展瓶颈问题"提到：缺乏课堂驾驭能力，课堂上出现的状况与预设不同时，难以及时、合理、机智地引导学生。但是在教学设计中陈老师未能体现课前教学的预设，为了加强课堂的应变能力，在教学设计中不妨尝试分析对于老师的某个提问，预设学生可能出现的回答方向，针对不同的回答事先预设不同的解决策略，这样能提高课堂的及时反应和反馈，在日积月累中逐步提高课堂驾驭和应变能力。

3. 课前的学情分析不够全面，学情分析不仅仅包括学生年龄特点的分析，也可以包括学生已有的知识经验的分析、学生学习能力的分析，还可以包括学生学习风格的分析。学生的学情分析越充分，教学设计就越能从学生的需要出发，以学生发展为本，更能关注学生的长远发展。

4. 教学设计的结尾可以灵活地处理，除了小结，也可以进行课后延伸，比如让学生进行想象：如果地球对物体没有了重力作用，我们的生活会变成什么样呢？学生一定会打开话匣子，得出了形形色色的答案：①人会漂浮在空中；②踢飞的足球不会回到地面；③水不会往低处流，看不到美丽壮观的

续表

教学过程		
环节	教师活动	学生活动

瀑布;④炮弹打击不到地面的目标;⑤不能玩滑梯;⑥秋天的落叶不会飘落到地上等等。最后可以给学生播放一段《没有重力的世界》的视频,那一定能激起学生兴趣,将这节课推向又一个高潮。

见习教师教学设计修改要点与体会:

刚开始写教学设计参照模仿网上资源较多,借鉴了许多人的智慧,写完后只觉得挺丰富的,却抓不到自己的长处和短板,经过带教老师指导后,明确了自己还需要整改的方向,顿时豁然开朗,继续深入学习新课改理念,关注教学目标的设定,注意在教学设计中整改自己的专业发展的瓶颈问题,多实践,多积累,争取更大进步。

带教导师签名:黄敏霞

案例3:《小学语文学科教学设计能力诊断书》

课题名称	熊猫妈妈打电话	教学课时	1课时
教材	沪版一年级第二学期19课	周浦二小	见习教师:谢晓敏
课时目标	1. 能借助拼音正确认读本课九个生字:响、请、讲、束、争、再、次、完、她。在语言环境中了解"争、世界各地"等词语的意思,掌握"再"的书写笔顺。 2. 朗读课文,做到不加字、不漏字、不改字,按标点停顿。 3. 和同桌分角色演一演打电话,创设情境根据文中句式练习说话。 4. 通过阅读知道熊猫是我国的国宝,它把中国人民的友谊传到了世界各地。		
教学重点	能用不同的方法认识本课生字九个,能正确朗读课文。		
教学难点	1. 能用文中句式和同桌演一演打电话。 2. 知道熊猫是我国的国宝,它把中国人民的友情传到了世界各地。		
学情分析	"自主识字,反复朗读"是我班语文学习常用的方法。我班的学生在语文学习上,有良好的预习习惯,大家常常会以"圈圈、划划、批注、质疑"等方法自主地阅读理解课文内容,三分之二以上的学生能大胆地阐述自己的观点。然而自主识字的能力参差不齐,相当一部分学生心中有识字的方法,但不知如何表达,也有一部分学生根本不知道如何去理解个别词语的意思。然而,就本课学习来看,由于学生年龄尚小,缺乏对"世界各地"这个概念的具体理解,因此在全文学习中,通过演一演的形式知道了熊猫宝宝们在外国许多国家演出,将一些地名串联在一起就能形象地理解"世界各地"的含义;以及通过对关键词句的感悟,了解熊猫妈妈的孩子把中国人民的友情送到了世界各地自然成为本文学习的重点。另外,从一年级开始,对学生识字方法的培养也是训练的重点目标,这同时也是学生学习的难点。这一切都需要教师为他们架设平台,在教与学的互动过程中,帮助学生逐步提高科学识字的能力,逐步形成自主识字的能力。		
教具准备	演示文稿、生字卡片等		

续 表

教学过程		
环节	教师活动	学生活动
一、启发谈话，揭示课题。	1.（播放丁零零电话铃的声音）问：小朋友，什么响了？ 2. 谁有好方法记住"响"字？ 3. 谁来听电话呀？出示图片熊猫妈妈。 4. 板书课题。	1. 交流：丁零零，电话铃响了。 2. 交流识字方法。 3. 学生：熊猫妈妈。 4. 齐读课题。
二、整体感知，学习生字。	1. 听录音：边听边想： 1）熊猫妈妈听了几次电话？ 2）_____在_____给熊猫妈妈打电话？ 　　　　　　（谁）（什么地方） 2. 学习1、3、5节。 1）媒体出示：第1小节。 听，丁零零，电话铃响了。熊猫妈妈去接电话，她说了什么？ 2）引导学习生字"请、讲"。 3）比较句子的不同：（媒体出示：丁零零，电话铃响了。熊猫妈妈去接电话："喂，请讲。" 丁零零，电话铃响了。熊猫妈妈去接电话："喂，讲。"）你喜欢哪个熊猫妈妈？为什么？ 4）老师读提示语。 5）比较句子： 媒体出示第3节：丁零零，电话铃响了。熊猫妈妈又去接电话："喂，请讲。" 媒体出示第5节：丁零零，电话铃响了。熊猫妈妈再一次去听电话："喂，请讲。" 熊猫妈妈听了三次电话，这三次电话有什么不同？ 指导朗读。 6）指导识字"再、次"。	1. 学生交流：三次。 2. 学生交流： 1）熊猫妈妈说："喂，请讲。" 2）从字的读音、结构、偏旁等方面交流识字方法。 3）区分加了"请"的作用，第一个熊猫妈妈。因为她说："喂，请讲。"说话用请有礼貌。 4）学生读熊猫妈妈的话。 5）学生交流： 第一次电话铃响，熊猫妈妈是去听电话。第二次是熊猫妈妈又去听电话。第三次是熊猫妈妈再一次去听电话。 学生个别读、分男女生读。 6）从读音、笔顺等方面学，在老师的示范下。写"再"字。
三、熟读课文，学习内容。	1. 学习2、4、6小节。 读课文2、4、6小节，想一想，用"（谁）在（哪里）给熊猫妈妈打电话"的句式说一说。 2. 师随机板书。 3. 用"有的……有的……还有的……"说说熊猫妈妈的孩子在哪里。 4. 熊猫妈妈的孩子们各对她说了些什么？ 1）出示第2小节：丽丽说了几句话？先说什么？再说什么？最后说什么？	1. 学生自读2、4、6节，交流。 3. 学生学习用句式，一句话说说熊猫妈妈的孩子在哪里。 4. 1）边读边思考，交流。 2）读词语。 3）读出高兴的语气。 5. 1）交流。

续 表

教学过程		
环节	教师活动	学生活动
	2）学习生字：束。束作动词，就是捆的意思；作量词，如一束花。 3）指导朗读。 5. 出示第4、6节。 1）自己读读想想，明明和林林又说了几句话，每句话说了什么？ 2）学习生字：争。换一个词？ 3）什么东西小朋友会去争？会去抢？小朋友喜欢的东西才会去争抢。我们中国的熊猫在外国也很受外国小朋友喜爱。外国小朋友是怎么喜爱熊猫的？熊猫明明和熊猫林林心里怎么想的？ 6. 小结：孩子们在打电话时，说话句式是一样的。都告诉了妈妈他是谁，他来到了哪里，朋友们怎么样。 7. 师生合作打电话，师扮演熊猫妈妈。 8. 拓展说话。 1）熊猫妈妈的孩子还会在哪里给妈妈打电话？他们又会告诉妈妈什么？媒体出示一些图片，如埃及、南极、澳大利亚等。 9. 学习第7节。 1）熊猫妈妈听了几个孩子的话，非常高兴，她是怎么说的呢？用"～～～"划出来。 2）学习生字：完、她。 3）齐读熊猫妈妈的话，说说你为什么要这么读？ 4）小结：熊猫妈妈说得真好，因为世界上只有我们中国有熊猫，熊猫是中国的国宝，我们把熊猫送给了和中国友好的国家，带去了中国人民对世界各国人民的友情。	2）"抢"。 3）交流。 7. 生扮演孩子，同桌选择不同角色进行练习。 8. 1）学生选择不同地区的孩子，用"我是谁？""我来到了哪里？""观众对我怎么样？"的顺序想象说话。同桌互相练习，交流表演。 9. 1）学生边读，边划出相关句子。 2）理解"完"的意思，了解"她"的偏旁所代表的意义。 3）齐读妈妈的话。 4）分角色朗读课文。
四、复习巩固，强化积累。	1. 复习生字。注意读准后鼻音的字：响、请、讲、争。 2. 游戏：樱花朵朵飞。	1. 学生开小火车读生字。 2. 读词语。
板书设计	熊猫妈妈听电话 谁　　来到了哪里　　朋友们怎么样 丽丽　　日本横滨　　送我樱花 明明　　法国巴黎　　争着照相 林林　　美国纽约　　笑个不停	

教学过程		
环节	教师活动	学生活动

带教导师点评意见：

总体设计得不错，谢晓敏老师对教材也进行了认真的解读，能紧扣单元目标，识字教学扎实，且能用不同的方法，音、形、义能有机结合，能注意识字方法的指导。也能适时进行语言训练，指导朗读、比较句子、拓展说话等。看了设计觉得是一节比较扎实的语文课，但还是存在着一些不足：

1. 教学目标在表述时要明确。如在识字目标中，对生字"争"和"再"的教学方法要表述清楚，这两个生字与其他几个生字教学的重点不一样，一个重在意思，一个重在笔顺和书写。又如目标3，主要是想象说话训练，但其实是要求学生运用文中句式用打电话的形式说一说，不能只写分角色练习打电话，要把训练内容表述明确。

2. 在教学环节中，要适时进行语言文字的训练。虽说是一年级，但也要充分利用文本这个例子，要根据学生特点用好。如第二环节是整体感知，在引导学生了解课文内容时，也要注意文本的表达特点。电话铃响了，第一次是"去听电话"，第二次是"又去听电话"，第三次是"再一次去听电话"，这三次表达是不同的，如果教师让学生自己比较一下，就会使他们发现"又、再"这些词的作用，从而就会自己读懂意思，引导学生自主学习不就是我们所追求和倡导的吗？从一年级开始，就应有这样的意识。又如第三环节，拓展说话，课文内容生动有趣，也浅显易懂，打电话也是学生所熟悉的生活场景，也喜欢打，作为教师可以创设一个语境，让学生利用文中的句式拓展说话，既巩固了课文内容，又进行了表达训练，还培养了学生运用语言的能力，真所谓一举多得。

3. 作为新教师对于各环节的设计意图还并不是十分清楚，故可以在各个环节尝试写设计意图的说明，这样能坚持的话，必能提高教材的解读、教学的设计等能力。

见习教师教学设计修改要点与体会：

1. 听了康老师的指导后，我对这份教案设计进行了修改，首先改了教学目标，对第一条，增加了一些具体生字的方法，如：争、再；对第三条，增加了"利用文中句式进行说话训练"。这样一改，教学目标更具体，也让我更清楚要教什么。

2. 在教学环节中，康老师也给了我几个建议：第一，课文1、3、5小节写熊猫妈妈三次打电话的内容，我原本是自己引导让学生说说三次打电话有什么不同，听了康老师的建议后，我觉得让学生自主发现三次不同，对培养学生的阅读能力更有利。增加了拓展说话这一环节，也让我更加明确了要在教学中让学生学习运用语言。对于一年级的学生来说，语言训练的重点就是仿照课文句式说话，我以后要多运用这种能提高学生表达能力的想象说话练习。

经过康老师的指导，我对设计教学有了一些想法，首先要明确教学目标，还要具体、明确地表述。其次在各环节的设计中，要紧紧围绕目标，设计的各种语言训练要明确意图，这样才有效。

带教导师签名：康燕

案例4：《学前教育学科教学设计能力诊断书》

课题名称	古利和古拉	教学课时	1课时
教材	绘本阅读	浦南幼儿园	见习教师：顾嘉尧
课时目标	1. 尝试用较完整的语句表述自己看到的图片信息，初步理解古利和古拉搬蛋、把蛋变成蛋糕的有趣情节。 2. 能对情节的空白点进行想象，体验与古利、古拉一起动脑筋、想办法的快乐。		

续 表

课题名称	古利和古拉	教学课时	1课时
教学重点	在设计上,为了让幼儿能够自主建构经验,设置了自主观察和自主表达的环节,将古利和古拉想办法搬蛋回家的图片同时呈现,让幼儿自主观察,自主与图片进行互动。		
教学难点	关注到了绘本中所传递的小老鼠古利和古拉"遇到困难,不退缩"的精神,这种精神正是中班幼儿成长所需要的。为了让幼儿能充分体会到这一点,在设计中,通过多种途径让幼儿去感受和体验古利和古拉身上的闪光点,并激励幼儿帮助古利和古拉想办法解决难题,从而体验想办法,不放弃,最终获得成功的快乐。		
学情分析	学员曾经上过这节课,就是按照一般的阅读环节进行,用大图书进行教学,自主阅读不凸显。		
教具准备	经验准备:幼儿对蛋以及蛋制品有一定的了解。 材料准备:1. PPT;2. 三幅想办法的图片。		

教学过程

环节	教师活动	学生活动
(一)谈话导入	1. 出示PPT1、2 今天我请来了两位朋友,他们还有一对很洋气的名字,一个叫古利,一个叫古拉。有一天,他们手拉手一起出去,采了满满一篮子的蘑菇,一边走一边唱。 ——它们的歌声里唱的是什么? ——走着走着,他们发现什么了? ——这么巨大的蛋可以做什么好吃的呢? 小结:古利和古拉和你们想的一样,他们决定做一个大蛋糕。 过渡:古利和古拉决定把这个蛋搬回家,可是那么大的蛋怎么搬呢?他们想了很多办法,我们一起来看看。	根据所听到的,大声回答,唱歌的声音比较长,幼儿听了两遍,老师的细节过度精准到位。 幼儿根据老师提供图片,自由结伴进行阅读,理解图片,在老师的提问下大胆表述。
(二)自主观察	1. 出示3张图片(引导幼儿自主观察图片) ——他们想了什么办法呢?他们的办法成功了吗? ——你觉得"滚"的办法好不好?为什么? ——他们用"抬"的方法为什么也不行? ——他们还使用了什么办法?这个办法行吗?为什么不行? ——古利和古拉想了那么多办法都行不通,你们有什么好办法帮助他们吗? 小结:谢谢你们帮助古利和古拉想了那么多的办法,你们的主意都不错! 过渡:古利和古拉,并没有放弃,它们也开始想办法了。我们一起来看看他们的办法是什么?	最后的问题是幼儿的意见不统一。 激发幼儿发散思维。 最后的结果可能是孩子们觉得很好奇而且非常有趣。在大家的惊喜过程中结束。

续表

教学过程		
环节	教师活动	学生活动
（三）理解体验	1. 出示PPT4 ——古利和古拉到底想了什么办法？你怎么知道的？ 小结：原来他们决定不搬蛋了，而是把做蛋糕的材料和工具搬出来，在森林里把大蛋糕做出来。 2. 出示PPT5、6、7 ——让我们和古利和古拉一起来做蛋糕吧！ ——蛋糕做好了，香气扑鼻，把森林里其他的小动物都引来了，这可怎么办呀？ 小结：大家一起分享，真快乐。 3. 出示PPT8、9 ——全吃完了，小动物回家了，古利和古拉也要回家了，可是还有那么多的工具，他们怎么回家呢？ ——古利和古拉又想了什么办法？ 小结：瞧，聪明的古利和古拉给大大蛋壳装上车轮和方向盘，做成了一辆汽车，"滴滴叭叭"，哈哈，他们开着蛋壳汽车回家啦！我们也一起开着蛋壳车回教室吧！	
板书设计	自主观察图片，由原先的大图书改成将原图放大，以展板的形式，呈现在讲台的两侧，供幼儿结伴观察阅读。	

带教导师点评意见：

优点：

1. 教师的语态亲切自然，吸引孩子的注意力。

2. 活动选材巧妙借助一个有趣的阅读绘本。在活动教学环节上设计非常巧妙，通过活动的三个环节，尝试用较完整的语句表述自己看到的图片信息，初步理解古利和古拉搬蛋、把蛋变成蛋糕的有趣情节；能对情节的空白点进行想象，体验与古利和古拉一起动脑筋、想办法的快乐。重点调整自主阅读环节，使得整个活动环节环环相扣，师生互动好。

3. 教具的调整和呈现比较到位。

建议：

1. 每个环节的时间把控要调整。第一环节由于唱歌的声音过长，导致幼儿表达不清，必须听第二遍，建议稍作修改。在第二个环节，第二环节中的自主观察老师的介入倾听很重要，这关系到后面环节的承上启下作用。

2. 提问要精心设计。需要考虑到孩子的种种反应，老师需要有所预设并面对如何回应，这是年轻教师所具备的。

3. 第三环节的理解体验，图片上的内容可以适当放大一些便于幼儿理解和思考。

见习教师教学设计修改要点与体会：

这是我的第二次试教了，在此之前和导师一起经历了说课—调整目标和活动环节的设计—第一次实践活动—再进行分析和调整，活动的第二第三环节增加了自主观察的环节。我认为本次活动的

续表

教学过程		
环节	教师活动	学生活动

目标达成度还是不错的,但是自身最大的问题还是出在给予幼儿的回应上,在这方面没有做到给幼儿最好的提升,并且我还感觉自己没有最自主地去进行这节活动,课后想来,也有许多地方还存在"控制幼儿"的地方。

带教导师签名:方珍

二、课堂实施能力诊断典型案例

(一) 案例列举

案例 1:《高中心理学学科见习教师课堂实施能力诊断书》

见习教师姓名	卫魏	班级	5班	指导教师	王文革
课题	学会倾听	市实验学校	高二	课型	新授课

一、必选诊断点(下列条目供各学科修订时参考,一般以 5—7 个为宜)

1. 教学目标的预设与达成度

预设的目标:
　　从人际交流中倾听这一角度着手,以期学生在知识、技能和情感态度价值观方面成长,为以后的人际交往提供个体的认知和必要的技术支持。

达成的效果及理由:
　　课堂讲授和模拟练习使知识、技能达成度较高,但情感、态度、价值观方面达成度低,一方面同学间的交往比较单纯,功利性淡漠,另一方面态度、价值观的养成需要紧密结合功利性的长久自调适,不是校内或者有限学时内就能达到的。

2. 教学环节的设计与有效性

有效性较高的环节与理由:
　　倾听技术要点的讲解和课堂分组模拟的有效性较高。首先是讲解契合了学生的经验和认知水平,其次是小组模拟时彼此熟悉,容易操作和进行诊断分析,有效防御了潜在情感伤害。

有待提高的环节与理由:
　　前导热身过于牵强,注意听和倾听是两个概念,不能混淆。还有,小组模拟时间过短,虽然留了课后作业仍不能充分验证几个技术要点。

3. 本体知识的掌握水平

恰当处:
　　倾听这个概念拓展了学生生活前概念,这在心理课程中特别需要加以重视。卫老师在外延上拓展了倾听概念,说明其咨询心理方面的功底较深厚。

需修正处:
　　前导引入的"自信"和"自卑"虽然是心理学的概念,但讲授中并没有跨越前概念。在人本心理学中,自信=自我效能感,自卑=自厌。

续 表

4. 课堂互动方式与效果	
有效的是： 　　心理课更重视课堂互动，课堂上卫老师使用了教师发问、同学补充和小组任务单汇报等反馈方式，也运用了小组演练，同时课后作业加入了学生的生活现实互动手段，充分体现了学知识→初步习得技能→生活迁移的心理技能养成原理。	值得商榷的是： 　　小组模拟演练时间过短，有走形式之嫌；任务单可以拓展为视频关注点的思考，这样学生观看视频片段更有针对性。BBC纪录片中有"好先生与坏先生"一段，建议用于本节课中，这段视频强调话题追踪和非言语信息的配合。

5. 课堂生成及其处理（举例说明）	
欣赏的是： 　　学生对参禅顿悟故事的理解中，有个学生说倾听就是关注自己的嘴巴。老师给了了部分肯定，同时也强调了眼、手、耳在非言语信息中的作用，倾听的要领是"倾"——对对方表达的指向和集中，和以前课堂上讲的注意一词等效。又衍生出学生日常生活中抢话、争辩和消极对抗情境中倾听的不同作用。使学生把倾听技术同对人交流效用有效地结合起来。	遗憾的是： 　　热身导入阶段的数青蛙，有学生在解释失误原因时说头脑灵活是必备条件。老师提示到：即便头脑不灵活，只要专心听就能接上。这个应对虽然强调了听的重要，但却否定了学生说的"头脑灵活"。其实，学生所说的头脑灵活已经包括了专注听和头脑加工效率，这其实是倾听的个体认知基础，必须加以肯定和区分性解释。

6. 教师的课堂评价语言（片段分析）	
欣赏的是： 　　对提问的"非否定性反馈"是很好的。学生答对了，给予肯定的反馈，答不对也不否定，而是继续提问其他学生加以补充，直到问题解决。这样可以有效地规避学生的挫折感，提升其课堂自我效能。	遗憾的是： 　　语调低平，嗯、啊依附的口头语过频。低平的语调会导致学生响应和追踪的强度降低，不适合于活动类课程。口头语过多，容易被学生用于起哄，或者作为贬损教师的由头。

7. 练习、媒体设计（课件、板书等）与效果	
欣赏的是： 　　任务单的使用便于学生集中注意问题，有效地避免了学生听课的随意性并增强其任务指向性。PPT课件中触发器的运用很适当，使展示契合了传统的作答形式和新近出现的及时触控反馈形式，显得高大上。	可修改的是： 　　可以用实物投影仪来做小组任务单的展示，而不单一使用提问汇报的形式，这样可以有效地提高教学效率，更有利于课堂的纪律调控。字体和背景对比的处理也是必须的技术，尽量少用现成的模板，编制自己的课堂教学用ppt模版。

二、自选诊断点（根据学科和见习教师实际，选1—2个为宜）

1. "课堂提问"诊断
　　本课共设置了5个提问点，累计提问同学12人次。教师根据前导内容，把提问展示于ppt中。

续表

前导部分提问一次,是对热身活动中失误的分析。是一种比较散的提问,目的聚焦于引出的课题——倾听。教师此时着重于归纳和梳理,引导学生顺延引发课题的认识阶梯。是一种前概念归纳式的暴露。

导入主题是一个连环问,旨在让学生阐述自己所理解的倾听,包括外部表现和内部操作,便于学生穷尽倾听的内涵和外延,生成科学的概念。这里,老师使用了不同同学补充追问的形式。是一种枚举式提问。

对参禅问题的提问,是一种核实性的提问。仍然是引发各种理解,枚举式。所不同的是,教师此时给予了响应的肯定反馈并加以说解。是一种集注式的聚焦形式提问,逐渐排除分歧,指向于知识和技能本身。

练习演练的技能反馈提问,是小组交流,展示各自组内的技术分析。由于时间不足,只提问了一组,还不能涵盖常见的技术问题。还好,这些是作业的生发点。属于一种悬念式的提问,也是新问题的产生式提问。

最后是课程归纳提问,追问形式,用于数理本课的主题内容。

2. "课堂教学时间分配"诊断

时间分配较合理,热身5分钟,正课30分钟,小结和作业5分钟。在正课中,由于内容环节量大,使每个知识和技术的巩固时间少。这是建议其分拆成2—3节课的主要依据。

心理健康教育课基本上是独立的主题课,普遍存在知识量大,课时不足的问题。这就需要教师必须确定一种教学策略。要么是分拆课程,延长学时,要么是缩减内容,取其精要。通常情况下,注重活动类的教师会缩减内容,注重知识类的教师会延长学时。前者是把教材当成一种辅读工具,后者是把教材中的某个内容深入挖掘,无论哪一种都是对教材的发展和补充,所以这个教材目前仍然是自主读物。

三、导师综合点评

这节课的最大亮点,尚存在的明显问题,进一步改进的建议等。

亮点:

1. 参禅例子的引用体现了心理健康教育活动的体验和感悟的结合,也符合中学生思维抽象化价值取向的个体需求。

2. 心理课中很多要素是关于技能的养成,倾听技术的同桌演练就是其中的一种。便于操作,参与率高,投入充分。

3. 教育技术表达也是新教师的一个必备的技能,ppt触发器的运用,体现了其教学技术的功底,也为以后教学展示变式的多样化提供了技术支撑。

不足:

1. 心理课一定要保证每节课新概念不能超过一个,这样便于学生的知识理解,也便于集中注意课题。

2. 强调课程内容的独立和完整性,不能1课时讲完的,就一定要分拆,这方面不能追求蔡格尼克效应。

3. 语态的改进在很长时间内是一个大的问题,这需要逐一研磨,加强自我警示练习,慢慢达到无意识化。

4. 课堂监控水平要提高,适当使用视频和ppt。同样一个故事,如果老师绘声绘色地讲述,可能更容易吸引学生的注意力和对问题的指向。

续　表

四、见习教师自我反思

　　从整体上看，本节课的教学目标基本完成，学生对于教学重点熟练掌握，但在运用方面有所欠缺，在同桌互动演练的时候课堂稍稍显得混乱，如果能选一到两组同学到前面来演示，效果可能会好一些，也不会失控。

　　在上课的过程中，师生互动可以再多一些，教学方式及教学工具的运用也可以更丰富。此外处理课堂突发事件的能力仍需加强。

带教导师签名：王文革

案例2：《初中英语学科见习教师课堂实施能力诊断书》

见习教师姓名	崔锦华	班级	1班	指导教师	沈宏
课题	Detectives	南汇三中	九年级	课型	阅读

一、必选诊断点（下列条目供各学科修订时参考，一般以5—7个为宜）

1. 教学目标的预设与达成度

预设的目标： 让学生对整篇文章有所理解并学会逻辑推理。	达成的效果及理由： 达成。 大多数学生能用自己的语言推理出比较合理推断。

2. 教学环节的设计与有效性

有效性较高的环节与理由： 对每段大意的理解。 学生都可以从文中找到本段的大意。	有待提高的环节与理由： 对结尾的推测。 部分学生不能给出一个合理的推断。

3. 课堂互动方式与效果（如提问、合作学习、独立探究，举例说明）

有效的是： 对课堂问题的提问很有效，由浅入深。	值得商榷的是： 给学生充足的空间发挥自己的想象。

4. 教师的课堂评价语言（片段分析）

欣赏的是： 提问问题的语气非常妥当，并使学生充分理解。	遗憾的是： 应该给与学生提问题的机会。

5. 练习、媒体设计（课件、板书等）与效果

欣赏的是： 课件设计很好，具有逻辑性和条理性。	可修改的是： 部分格式需要改动。

续 表

二、自选诊断点(根据学科和见习教师实际,选1—2个为宜)

1."课堂提问"诊断

可从如下几方面来诊断:提问的数量、提问的认知层次、提问的方式、问题的指向、学生回答的方式、教师应答的方式、问题类型及其认知功能等。

给予学生向老师问问题的机会。

2."课堂教学时间分配"诊断

时间分配得比较合理。

3."教师课堂内巡视线路"观察与诊断

所有的学生都能兼顾到,没有遗忘个别学生。

4. 教师语言习惯诊断

语言表达流利通顺。

5. 教师课堂管理观察与诊断

课堂管理良好。

三、导师综合点评

这节课的最大亮点,尚存在的明显问题,进一步改进的建议等。

这节课很成功,它较好地体现了课程的三维目标,具体我将从以下四个方面进行点评:

第一大点:教学目标。这堂课的教学目标明确,教学效果好。

1. 学生在课堂上用英语表达自己的观点,培养了用英语思维的能力。

2. 课文阅读教学目标如 scanning、skimming 都能很好地完成。

第二大点:教学过程和方法。

1. 整堂课的教学设计符合中学生的实际和教学内容的需要,教学各环节过渡自然,从开头视频导入课文,再到词汇和阅读、讨论,符合学生认知水平。

2. 设计有层次、有深度,特别是反馈形式多样,可见该教师花费了不少心思,如词汇解释、提问、预测等设计有坡度,并且都是为了一个共同的教学目标。

3. 教学方法处处体现以学生为本,充分尊重学生意愿和个性差异。

第三大点:学生学习情况。

因教师的教学设计有新意,学生始终保持良好学习心态。在获得知识的同时,思维能力也得到了锻炼,我粗略统计了一下,该堂课中,学生自主活动时间达 2/3 左右,学习兴趣高涨,课堂气氛热烈,参与面广,体现出学生乐于探索、乐于参与的精神。

第四大点:教师素养方面。

1. 教师口语流利,发音标准,语言基本功扎实,可见教师对教材吃得很透彻,备课充分。

2. 教师教态自然,有时配合手势,有亲和力,善于启发学生,因人而异,因材施教。

3. 教学亮点:教师的教学机智,特别是善于抓住细节,处处体现二期课改目标,以学生为本,与学生"零"距离,老师和学生互动比较好,学生都可以很好地理解文章。不存在什么明显的问题。教师还会适时表扬学生。所有这些,都给学生以极大的鼓励和信心,这正是该教师最成功之处,非常值得广大一线教师学习。所以说教师的理念十分重要,因为它决定了教学行为。

改进建议:

1. 关于纠错问题,一直是个难题,是纠还是不纠,何时纠错,我觉得教师应该把握好时机,如有几位学生都说 He think, Although … but ……时,教师应该给予纠正。当然,纠错一定要巧妙,要尽量不伤害学生的积极性,但对于大错,反复的错误,应该纠正,本节课中,教师可以通过重复,不露声色地进行纠正。

续表

  2. 各小组讨论得不错,作为教师应该有所评价,好的要表扬,需努力的要提出努力方向,且一定要对优缺点有具体的意见,使评价落到实处。

  3. 课件中有部分内容需要充实一下,这样就更加完善。最后环节推测结局,时间有些仓促,应让学生有足够的时间发挥想象。

  4. 重点词汇和句型有些应该在黑板上写出,更加方便学生记忆,否则全部用PPT给人有蜻蜓点水之感,反而影响了学习效果。

四、见习教师自我反思

  这节课自我感觉最好的地方,最大的问题;导师和同伴提供的建议如何落实在改进教学中;第二次上课的新收获、新问题;今后努力的方向等。

  感觉最好的是,学生很配合老师的教学工作。导师提出的问题都尽最大的努力进行了修改。今后应该在教学过程中注意这些问题,避免犯重复的错误。也相信经过自己的努力,在教学过程中一定会有所突破的。

案例3:《小学数学学科见习教师课堂实施能力诊断书》

见习教师姓名	康妲妮	班级	1班	指导教师	赵俊华
课题	教学活动的有效性	浦东南路小学	二年级	课型	新授

一、必选诊断点(下列条目供各学科修订时参考,一般以5—7个为宜)

  1. 教学目标的预设与达成度

预设的目标: 1. 初步认识幻方,通过探索了解幻方的特征。 2. 运用幻方的特征,判断一个九宫格是不是幻方以及填缺数。	达成的效果及理由: 学生能根据幻方的要求进行填写

  2. 教学环节的设计与有效性

有效性较高的环节与理由: 学生在探讨幻方中的秘密。	有待提高的环节与理由: 如何引导孩子今天小组合作讨论问题设计好问题与探讨的内容。

  3. 文本解读的恰当性(举例说明)

恰当处: 为人师表,教学基本功扎实,技术运用得当。	需修正处: 并非所有环节都需要多媒体,适当的板书可以让孩子看得更清晰。

续表

4. 课堂互动方式与效果（如提问、合作学习、独立探究，举例说明）	
有效的是： 老师的课堂引入环节，以视频讲故事的形式出现，深深吸引着学生学习的兴趣。	值得商榷的是： 教师的课程中还需多关注一些学困生的特殊性。
5. 课堂生成及其处理（举例说明）	
欣赏的是： 让孩子自主合作探究幻方中的秘密的学习过程。	遗憾的是： 有一部分孩子在探究中没有积极参与。
6. 教师的课堂评价语言（片段分析）	
欣赏的是： 教师能目标明确、具体、适切，符合学科课程标准和学生学习实际。	遗憾的是： 学生虽然学习主动、积极、投入，但却不敢于质疑，发表自己的看法。
7. 练习、媒体设计（课件、板书等）与效果	
欣赏的是： 康老师的练习设计由浅入深，环环相扣，生动形象的练习学生很感兴趣。	可修改的是： 可以增加一道拓展题，提升优秀学生的兴趣。

二、自选诊断点（根据学科和见习教师实际，选1—2个为宜）

1. "课堂提问"诊断

可从如下几方面来诊断：提问的数量、提问的认知层次、提问的方式、问题的指向、学生回答的方式、教师应答的方式、问题类型及其认知功能等。

能在教学中熟练地运用现代教育媒体并会制作教学课件，在工作中进行摸索、探究。

但回答学生的评价过于单调，还需多加学习，改进。

2. "课堂教学时间分配"诊断

在课堂教学时间分配方面康老师把握得比较好。在总结环节方面还需注意时间的把控。

3. "教师课堂内巡视线路"观察与诊断

康老师由于习惯使用多媒体进行教学，所以在巡视方面比较少。巡视可以让教师及时了解学生掌握的实际情况，所以在小组讨论与合作，以及学生练习环节时可以加强巡视。

4. 教师语言习惯诊断

在学生表述的过程中，缺乏语言的表述能力，康老师没有及时发现并进行纠正，在这节课中缺乏对学生语言表达能力的培养。康老师的语言组织能力并非很强，在以后的教学设计中还需学会预先设计好问题。

5. 教师课堂管理观察与诊断

小组合作原则，即每位任课教师都必须参与，大家都既是诊断者又都是被诊断者，以保证教师共同提高。在这个合作环节中教师是个指导者，确定小组合作的的目的、内容，设计和制作合理的课堂教学观察诊断专项信息记录表。

续 表

三、导师综合点评

这节课的最大亮点,尚存在的明显问题,进一步改进的建议等。

上课开始康老师以讲故事的形式引入,引起学生上课的兴趣,马上拉近了和学生的关系,明显感到学生学习的情绪是快乐的,学习的欲望是强烈,为后继学习作了良好的开端。在认识幻方的结构时,由情景生成有价值的问题,让学生自己发现龟背上的图案表示几个不同的数,进而在教师的引导下把龟背图转变为九宫格。在认识幻方结构时,因为学生第一次认识,由老师讲授它的行、列、对角线,并借助媒体演示,交代得很清楚,学生认识清晰。在小组活动环节中康老师在各组间巡视,给予适当的点拨、帮助,更重要的是不断给孩子鼓励,树立他们学习的信心。由于康教师的适当引导,培养学生有序地思考解决问题的方法习惯,多角度、多方位思考问题,并使每个不同基础上的孩子得到不同程度的发展。建议康老师在以后的课中多让孩子自己学会归纳总结,给予他们更多表达的机会。

四、见习教师自我反思

在小班常识学科教学中要注重让学生掌握自行获得知识的方法,学习主动参与教学实践的本领,从而真正体现教育的主动性、民主性、合作性和发展性的教学特征的原则。在课堂教学中,体现了学生是学习和发展的主体,教学中体现知识传授与能力培养有机结合;采用独立自主与合作交流相结合的学习方式。我觉得在教学中有以下几个成功点:

一、学生的思维始终处于积极、兴奋状态。

从课一开始,学生就以一种轻松的心情进入情境。开始就为学生讲述故事并出示幻方龟,"它神奇在哪里?""它背上有奇特的图案"激发了学生的兴趣,善于想象的低年级孩子思维处于积极、兴奋状态,在学生感兴趣的画面中学生的思维火花开始点燃了。接着让学生翻译洛书,寻找发现幻方的特征,学生的兴趣有增无减。判断幻方以及练习中让学生为龟姐妹找回丢失的数字,学生的思维又活跃起来,想出了多种做法,有的还找到了简单的方法。灵活、积极的思维状态胜过了说理,这是我在新课程中"用数学"方面的对"说理分析"的尝试性的突破。教学从洛书出发,让学生寻找规律再运用规律使整堂课融为一体,学生的思维始终处于积极、兴奋状态。

二、学习的主动权始终掌握在学生手中。

问题的产生、提出、解决这一系列过程都是孩子们自行完成的,教师在其中始终处于组织者、引导者、合作者的地位。让学生自己把洛书翻译成幻方,特别是第三环节探究幻方的特征时,我把学习的主动权交给学生,让学生先独立思考,通过观察、计算、讨论、交流、体验等一系列有效的活动,发现一些幻方的特征,形成自己的观点。接着安排同学们在小组内交流讨论完善对幻方的特征的认识。此时,教师在各组间巡视,给予适当的点拨、帮助。在小组学习后的集体交流中,我借助多媒体演示,直观帮助学生理解,并且通过教师的语言如"谁听懂了她的回答? 谁也来说说你的理解? 谁也看出了这一特点?"等问题引起生、师生之间的互动,使每个学生真正投入到教学中,知道幻方的特征,每位学生都能得到不同程度的提高。在这一探究过程中,不仅注重知识的传授,更重视对学生的探究能力的培养,让学生学会思考、学会小组合作、学会倾听他人的意见并作出相应的判断。当主动权掌握在孩子手中时,孩子们的创新思维是会不断闪现火花的。

案例4:《学前教育见习教师课堂实施能力诊断书》

见习教师姓名	杨宏芬	班级	八班	指导教师	瞿开颜
课题	变色鸟	晨阳幼儿园	小班	课型	科学

续表

一、必选诊断点(下列条目供各学科修订时参考,一般以5—7个为宜)

1. 教学目标的预设与达成度

预设的目标:

在变色鸟变色的游戏情境中,观察、感知色彩混合发生的有趣变化,体验探索和发现的乐趣。

达成的效果及理由:

目标确定以幼儿为导向,指向学习过程。同时也涉及了幼儿的情感、认知、态度等元素,注重了幼儿的全面发展,可操作性强。活动中幼儿学习兴趣高,孩子们在故事情境中通过操作感受到了色彩变化的趣味,激发了他们的探究欲,教学目标基本达成。

2. 教学环节的设计与有效性

有效性较高的环节与理由:

活动通过环节二"初次操作——观察色彩溶于水后的变化"和环节三"第二次探索——感受两种颜色混合发生变化的奇妙"引导幼儿采用操作探索的方式探索色彩的奇妙变化。

在故事情境的支持下充分给予幼儿探索的空间,过程蕴含着一定的想象和表达,但其中又不乏科学性和思想性,具有一种重复的节奏和韵律感,对幼儿来说,有一定的价值和意义。

有待提高的环节与理由:

活动的第四环节"故事结尾——黑色的变色鸟"虽然简单,但是对于整个教学过程来说它起到了一个"尾声延续"的作用。教师在设计和实施过程中有点急促,没有给予孩子充分思考的机会。在这个环节中可以增加提问:"吃了五颜六色的果子,小鸟会有什么变化?"在引导孩子进行猜测后教师再讲述故事结尾,激发幼儿再次探索的兴趣。

3. 文本解读的恰当性(举例说明)

恰当处:

绘本故事《变色鸟》的主要情节是一只白鸟吃着各种颜色的果子,颜色不断变化,最后变成了黑鸟。黑鸟在空中唱歌,唱出彩色的音符!赤橙黄绿青蓝紫,好漂亮!……

杨老师结合自己的教学需要,根据小班幼儿的生活经验和知识水平针对绘本故事内容进行了删减,只截取了故事的前半段,便于孩子理解和操作。

需修正处:

续 表

	在教学的第一部分中,教师讲述故事的内容可以稍作调整,使整个教学情境做到前后统一。故事情节可以调整为,"一只白鸟落在树枝上,吃了一颗红果子,它的身上长出了红色的羽毛。远处又飞来一只白鸟,它口渴了,吃了几颗蓝色的果子,不一会儿它就长出了蓝色的羽毛,真好看!……" 这样的讲述与之后操作环节的方式相匹配,能帮助孩子们理解操作方法。

4. 课堂互动方式与效果(如提问、合作学习、独立探究,举例说明)

有效的是:	值得商榷的是:
 在两次操作后的分享交流中,师幼互动融洽。在此过程中杨老师以"你的小鸟有什么变化?"为中心问题鼓励孩子充分表达自己在实践过程中的感受与发现。最后,杨老师以2句"小鸟吃了X颜色的果子变成了X色的小鸟,这真是一只神奇的变色鸟!"和"变色鸟吃了两种不同颜色的果子以后变成了一种新的颜色,这真是太神奇了!"作清晰而简单的小结,起到了梳理、总结和提升的作用。	在两个分享交流的环节中,虽然杨老师能鼓励孩子充分表达,但是方式比较单一、拘谨,不开放。如,提问内容主要以"你的小鸟是什么颜色?""现在有什么变化?"为主。 如果杨老师能变换多种方式进行分享交流,可能会提高这部分环节实施的有效性。如,请幼儿说说"你的变色鸟是怎么变化的?"——这个问题比较开放。又如,当有人说:"我的小鸟本来是红色的,吃了黄果子变成了橘色的小鸟。"教师便可请同样变成橘色小鸟的孩子说说,他的操作过程一样吗? 所以在讨论中教师心中要明确"分享要点是什么",同时要关注呈现方式和互动形式,这样才能使分享更精彩。

5. 课堂生成及其处理(举例说明)

欣赏的是:	遗憾的是:
在第三环节中,教师继续讲述变色鸟的故事,当教师问:"这只黄色的小鸟吃了绿色的果子,它可能会有什么变化呢?"有的孩子说:"绿色。"有的孩子说:"红色。"老师即刻回应:"那我们一起来看看吧!"接着开始示范,给黄鸟"喂"一颗绿色的果子。问:"现在变成了什么颜色了?"孩子们兴奋地说:"蓝色!" 在这个部分的处理中,教师先引导幼儿结合经验做一些尝试性的猜测,再通过现场操作的方式鼓励他们自主发现答案,指导方式隐性、过渡自然。	第二次操作中,有一名幼儿喂给"小鸟"吃了两颗果子,这与老师预设的情况不符。在分享交流中,杨老师并未请这个孩子说说自己的操作情况,错过了一个为下一环节延伸部分过渡的好机会。

续表

6. 教师的课堂评价语言（片段分析）	
欣赏的是： 教学由一个绘本故事展开，在师幼共读的过程中加入了优美的音乐，杨老师的体态语以及抑扬顿挫的语言激发了孩子们学习的欲望，也为他们打开了充分体验色彩变幻的探索通道。	遗憾的是： 作为一个科学活动，教师的语言应做到简练、精准、清晰。而杨老师在小结、操作要求时的语言表述比较啰嗦，准确性有待提高。
7. 练习、媒体设计（课件、板书等）与效果	
欣赏的是： 幼儿探索的操作材料（小鸟）新颖、有趣，富有角色感。小鸟瓶大小、高度适中，安全瓶盖保证瓶中的水不洒落出来。 使用彩色海绵球的变色材料方便幼儿操作，能充分让孩子体验到操作的成功感。	可修改的是： 教师在科学活动中的示范操作对孩子来说有着极其重要的作用，杨老师应根据教学要求和孩子可能会在实践中出现的情况调整自己的示范内容和步骤，不断细化。如，小班孩子在玩色活动较容易出现的情况就是打翻颜料，所以教师在示范时一定要强调"小鸟小鸟站站好……"并且在操作中不能做提起、放下瓶子的动作，以免误导孩子。

二、自选诊断点（根据学科和见习教师实际，选1—2个为宜）

1. "教师课堂内巡视线路"观察与诊断

环节二片断——幼儿开始第一次操作

大部分幼儿找到"小鸟"开始操作，一名幼儿没有找到位置，杨老师及时地帮他指引了方向并说："小鸟正等着你呢！"

环节三片断——幼儿第二次操作

一名幼儿打不开瓶盖，反复几次没有成功，杨老师提示："往下压一压，小鸟的嘴巴就会张开来的。"

一个孩子打开一只红色小鸟的"嘴巴"给它喂了一颗黄色的"果子"，他轻轻摇晃"小鸟"，"小鸟"的颜色基本没有变化，他问："老师，怎么没有变？"杨老师看了看回答："它还没有咽下去呢，你再帮帮它，摇一摇，它一定会变的。"孩子重新拿起"小鸟"又摇了几下，看见"小鸟"逐渐变成了桔色，他高兴地举起了自己的"小鸟"。

诊断：

从活动现场来看，教师在幼儿两次的操作中能关注到全体孩子，在指导中总是以鼓励的方式引导幼儿投入实验。同时，可以看出在活动前杨老师做了充分的课前思考，她对教学过程中可能出现的各种现象、瞬间闪现的生成因素等都做了比较充分的预设，所以当活动中出现突发状况时，她能比较从容地应对。

梳理：

活动准备包括很多种，"问课"也是一项。它体现了一个人的心态，一种谦逊、一种勇于探索的精神，是教学前每位老师都应该做、并且要做好的事情。

2. 教师语言习惯诊断

环节二片断——教师提示操作要求

107

师：你们想不想也来变一变？等一会儿你们找到一只小鸟，你们喂一颗你喜欢的果子，不要忘记小鸟要闭紧小嘴巴，要不然肚子里的东西会吐出来的。看看你的小鸟怎么变？把小椅子搬去试一试吧！

诊断：

整段"要求"的表述过程性不够清晰，语句有些啰嗦，有些提示在之前的操作中已经讲过就不必要重复，教师只要讲清重点内容的部分即可。

环节二片断——教师与幼儿进行分享交流

师：＊＊喂给小鸟吃了红色的果子，小鸟变成了红色。有没有谁和他一样的？

诊断：

和孩子分享交流时不能为了"互动"而"互动"，教师要时刻明确提问的目的，了解问题的重点。如改成："有这么多和他一样的红色的小鸟，你们是怎样变的？"这样的问题直切教学重点，比较有意义。

环节三片断——教师示范操作方法

师：黄色的小鸟想吃蓝色的果子了。让我们来一起看一看。这只小鸟是什么颜色的？……黄色的小鸟站站好，吃颗蓝果子。咕咚！吞到肚子里。小鸟吃了什么颜色的果子？……小鸟嘴巴闭闭拢，轻轻摇一摇，看看，小鸟有什么变化？……

诊断：

这一部分的教学语言比较多，对于小班孩子来说要记住所有的内容比较困难。所以，在处理这部分语言的时候教师应该尽量缩减，尽量去除修饰性的语句，有些孩子已经明确的内容可以鼓励他们自己说。

梳理：

我们每一位教师，特别是新教师要充分认识到教师语言的重要性，关键是要不断地预设、调整、完善和思考，只有这样的锤炼才能在课堂上以鲜明、和谐的语言节奏，准确、优美的词语去感染孩子、激励他们，充分提高课堂效果。

三、导师综合点评

关于活动选材：

绘本故事《变色鸟》——一只白鸟吃了各种颜色的果子，成了变色鸟。绘本画面简单，情节清晰。故事内容主题突出：颜色和颜色混合在一起是会发生变化的。

小班幼儿正处于对色彩的敏感期，他们对身边的各种颜色充满了兴趣。《幼儿园教育指导纲要》指出："科学教育的内容应从身边取材，引导幼儿对身边常见的事物和现象的特点、变化规律产生兴趣和探究的欲望。"玩色活动是小班孩子所热衷的，但作为一个教学活动，单纯的玩色游戏内容总觉得不够丰满。于是杨老师将绘本《变色鸟》中白鸟吃三种颜色的果子与有趣的玩色游戏相结合，使孩子们通过故事和游戏感知颜色混合所发生的色彩变化过程。故事能让孩子感受奇妙的色彩变化，用欣赏的眼睛去探索这个美丽的世界。让他们在教学中既享受了玩色的乐趣，又增强了对色彩探究的欲望。

关于教法设计：

在教学活动中执教老师使用了三种教学策略贯穿整个活动。

续表

策略一：创设"故事情境"

以故事情境贯穿始终，调动幼儿的好奇心和参与意识，充分满足幼儿的探索欲望。

策略二：幼儿"自主操作和探索"

提供简单、有趣的操作材料，鼓励幼儿自主操作，发现颜色变化的秘密。充分体现以幼儿为主体，教师为主导的教育原则。

策略三：采用"互动教育"的策略

注重幼儿与多元对象的互动：幼儿与材料的互动；幼儿与同伴的互动；幼儿与老师的互动等，增强了游戏活动的趣味性，激发幼儿参与的兴趣。

值得肯定的是：

对于比较难把握的科学活动，热爱教学的杨老师愿意挑战自己，在多次实践并遇到很多困难的情况下，不断努力，在导师和同伴们的帮助下不断调整与完善教学，并且最终取得一定的成效。

建议1——细化教学

教学上的细节与大环节不同，大环节往往只是我们努力的目标，小细节才是我们真正需要的节点，教学细节有时候会成为教学的闪光点，成为孩子思维的开启点，成为教学难点的破解点。

精美的课堂来自精美的细节，所以杨老师应不断细化教学：

＊真切地关注教学准备的细节：教具的设计、摆放，教师的示范、演示……

＊切实地关注教学过程中的细节：环节与环节的自然过渡、分享交流中的师生互动……

＊注重课后信息反馈的细节：通过教学录像采集教学信息、深入研究并反复打磨教学……

建议2——到孩子中去

到孩子中去不仅可以令教师与孩子之间的距离缩短，增加对话的机会，更是观念上的更新和教师角色的一种转换。

于是在科学活动中，教师更应做到先引导幼儿操作，再充分给予孩子表达自己的机会，让老师了解他们的思考。当孩子有和老师不同想法或是出现新情况时，教师要细致分析，不要加以制止或是无视，应做到根据现场情况调整互动内容，真正做到把课堂还给学生，这样教学效果必然会得到提高。

建议3——追求教学的简约

所谓简约课堂，就是教学设计与实践过程中的高度概括性的课堂，它表现在形式上的简洁与明了，教学方法与思维训练的深入浅出、通俗易懂。通俗地说就是要以教者独特的匠心从烦琐的教学步骤中解脱出来，解放自我。本次活动中，杨老师需要"简约"的是教学语言，不仅要美化语言，同时也要简化语句，不拖沓、不繁琐，使用简单的语言表述奇妙的科学现象。

四、见习教师自我反思

设计思考：孩子的世界是丰富多彩的，小班幼儿正处于对色彩的敏感期，他们对身边的各种颜色充满了兴趣。《幼儿园教育指导纲要》指出："科学教育的内容应从身边取材，引导幼儿对身边常见的事物和现象的特点、变化规律产生兴趣和探究的欲望。"生活中五彩缤纷的色彩对幼儿具有强烈的视觉吸引力，《变色鸟》这一活动正好满足了幼儿对色彩探究的欲望，活动中通过看一看、玩一玩让幼儿在游戏中去观察，去发现两种不同的颜色混合之后的奇妙变化，让幼儿既享受了玩色的乐趣，又增强了对色彩探究的欲望。

个人收获：在本次的考核课准备过程中，我从网上搜索了很多《颜色变变变》及《变色鸟》等多种关于探索颜色的活动，因为素材太多，所以我有点迷茫，经过导师的修改与指导，最后慢慢地将绘本与科学探索结合在一起。在与导师的沟通交流中，我尝试修改并确定活动方案；在不断的试教与反思中，我的回应策略不断提高。同时，面对同伴、导师们和专家教师的观摩，锻炼了自己的胆量。从一个稚嫩的新手教师到一个有思考、有进步目标的新教师，在制定目标、设计活动、反思等方面都有了相对

续 表

提高!

在研课的初期,我觉得整个活动环节紧扣,目标突出,课堂气氛活跃,孩子们学习、探究的兴趣很高,但是在活动中产生了一些预设之外的问题,包括:1. 两次果子颜色问题在两次操作中,幼儿搞不清楚两次加的果子颜色,最后在分享交流的时候有点混乱。2. 对幼儿的回应缺乏经验,所以回应总结显得单调、重复,对于幼儿的反应缺乏预设性。3. 材料问题:为了契合故事内容,我采用的是勺子和流质的颜料,但是出现了滴漏的问题,桌子及手上都沾满了颜料,在卫生问题上幼儿产生了抵触的情绪,都吵着要洗手,导致最后环节无法正常进行。

针对这三个问题,我和导师们经过思考和研讨,最后采取了一些调整措施:1. 在添加果子方面,我提供了圆形颜色即时贴作为小标记,在幼儿添加果子的时候就提示幼儿进行标记,这样既帮助幼儿记忆,又能培养小班幼儿记录的习惯。2. 对于回应、总结方面,我结合当天试教出现的一些问题进行了回应的思考,并且增加预设,积极向有经验的导师询问一些可能出现的情况以及回应措施。3. 针对颜料问题,教师在瓶子的选择上将其换成广口瓶,这样可能对于勺颜料过程中滴漏的现象会有所改善。

随着研究的深入,我和导师又围绕一些新问题进行了调整和完善:1. 文本的书写总标题不突出重点,虽然环节已经梳理清晰,但是在重点提问以及环节目标上不是非常突出,可以参照一些优秀教案进行微调整。2. 在操作中要求过多,教师语言显得有点啰嗦,对于小班幼儿来说,没有较多耐心聆听那么多要求,所以经过讨论将其中一部分要求改变成儿歌渗透在教师的操作中,经过教师的操作演示,潜移默化中以儿歌形式深入幼儿的思维中,这样就会减少要求说教化的问题。3. 经过更换后的广口瓶依然没有解决颜料滴漏的现象,而且幼儿对于一勺的概念不清,总会出现喂很多次的现象,这个主要就是材料的问题,如何能控制量又能解决滴漏问题呢?经过商量后,导师提出利用海绵,将颜料渗进海绵中,这样既可以解决颜料滴漏的问题,又能控制幼儿的使用量。

短短的十五分钟并不代表结束,而是一个新的开始,在接下来的日子里,我将从本次活动出发,不断完善、调整,继续细化课堂教学,希望这样做不仅可以帮助幼儿更好地理解这个绘本,还会在孩子稚嫩的心田播下崇尚美好、追求美好的种子!

三、综合带教典型案例

(一) 案例列举

案例 1

是什么燃烧起她们的教育激情——通过带教做年轻教师引路人

为了整体提升浦东新区中小幼新入职教师(以下简称职初教师)的素质与能力,夯实新教师队伍的专业基础,进一步落实中小学教师资格制度改革试点精神和上海市教师专业发展工作的相关要求,浦东新区针对职初教师实施了为期一年的规范化培训,让职初教师在优秀教育教学团队的浸润和专门的指导教师的带教过程中,尽快胜任教育教学工作。进才中学是市级教师专业发展学校,暨见习教师规范化培训基地之一,职初教师通过在我校每周两次浸润式的见习与培训,正确认识与迅速适应教师角色,形成良好的教育教学行为规范,强化教育教学实践能力。作为2012年度、2013年度的两任高中艺术学科带教导师,本人带教了3位年轻教师,她们都毕业于华东师范大学音乐教育专业,但各自学历不同,专长不同,所聘任的学校性质不同,因此她们在工作中各自面对的困惑也不尽相同。如果将教师整个职业生涯视为一条探索之路,那么职初教师就处在起步阶段,无数的教育事实证明:起步阶段非常重要。因此作为带教导师,我应该成为年轻教师的引路人,让他们成功地迈出这第一步。

一、加强教学技能,促进能力培养

职初教师必须具备树立终身学习的意识。新任教师走出校门初为人师后,因为角色的转换,往往会缺乏继续学习的动力,而事实上教师成才的历程表明,不断学习是教师专业成长中不可或缺的重要因素,尤其是职初教师,他们需要把在大学里学到的知识内化为教育教学,并在教学实践中完成,这其实就是一种离开学校后的继续学习。同时在继续学习的基础上,为了提高教学的有效性,就需要靠教学能力来支撑,例如教学设计技能、课堂教学技能、教学研究技能、教学反思能力、运用先进的多媒体教学的技能、组织与指导艺术实践活动的技能等。因此我从基础抓起,并尽量给她们创造多种学习渠道。诸如教学基础型的如何进行教材分析、教材整合、教案写法、教学语言、课堂教态、多媒体设计、教学过程设计;安排校内艺术学科以及其他学科的听课;参与校内备课组的课程研讨;带她们出去听课、听讲座、参加各类各种培训;参加各类研究小组,就具体的案例与课例进行交流、研究、探讨;每学期读几本教育书籍等等。

叶老师的聘任学校是新区一所区重点高中,她进入学校后,发现由于原先的艺术学科老教师退休,所以她在学校中没有本学科的带教导师。在她走进课堂的第一天就发现诸多问题,例如缺乏对学生的了解、无法理解艺术教材、不知如何写作规范化的教案、教学语言过于日常化、缺乏课堂调控能力等。因此每周两次在见习基地浸润式的带教过程中,我会让她多听我的课,并对我的课进行点评;同时让她自己写教案—试教—修改—试教,进行反复练习与完善;我不会要求她做到与我一模一样,甚至说话的腔调、语气如出一辙,但我也不会把我的教案原封不动地交给她让她照本宣科,大包大揽与大撒把对于这类职初教师都是不合适的。

例如叶老师在整合教材时,试图从艺术门类上着手,这个想法与我校正在进行的艺术课程校本化实施不谋而合,可是纵观她的教案,发现她对于教材的把握较多体现在课堂学生活动的设计上。例如戏剧门类,在她的教学构思中对于戏剧的概念、戏剧表演的特征与方法、戏剧作品的赏析、不同戏剧类型背后的文化等并没有过多的涉及,而是让学生直接从戏剧表演开始。然而我并没有直接告诉她我的想法,而是让她按照她的思路撰写了单元设计与分课时教案,并在她自己的学校课堂上进行了教学实践,同时在教授第二课时的时候,我去了她的学校听课,在对学生的课堂学习状态与叶老师的提问方式、多媒体使用、习惯性动作、应当行为进行课堂观察后,我在课后向叶老师提出了两个问题:1.你觉得学生的课堂表现是否达到了你的教学目标？2.作为教师在教学过程中有什么需要改变或进一步提高？她的回答是1.学生的课堂表现比较松散，随意性过高，表演方式并不规范，作品的意图并没有表达清晰，甚至产生了学生掌控老师的现象，因此没有达到设定好的教学目标；2.为了能更好地完成教学目标，需要做戏剧相关知识的铺垫以及提高课堂掌控能力。随后我向叶老师提出：你现在能否对你的单元设计与教案进行重新梳理与撰写。在对课堂教学进行反思之后，我们从知识的梳理、教材的选择与整合、课堂环节的设计与时间分配、课堂提问的方式、教学目标的再次设定等方面进行了共同的研究与探讨，重新做了教案设计；并且我们尝试运用模拟课堂的方式，轮换进行老师和学生的扮演，让叶老师从不同角色中感受这个教案的课堂效果，从而再次进行教案的修改。当叶老师拿着新的教案胸有成竹地站在讲台上，开始这个单元的课堂教学后，我再次提出了那两个问题，叶老师却只说了一句话："童老师，谢谢您。"我想，她已经从这个过程中收获了很多。

二、重视情感沟通、加强学科育人

职初教师必须建立学科育人的观念。对于初次踏上教师岗位的职初教师而言，他们在角色转换、班级管理、教学活动等方面都存在着"不适应"，但是身为教师，他们心中必须要记住："无德不成师，德高才成范。"除了知识渊博、技艺精湛外，更重要的是高尚的品德。师德不仅表现为敬业爱岗，为人师表，同样也表现为关爱学生，成为良师益友。但是要指导学生树立正确的人生方向不是一件简单的事情，我对职初教师说："每个学生都是一本书，这是最现实的书，是最好的教案，你们只有读懂他，才能成为一名好的教师。"因此教育是一个用真心去了解、呵护每一个孩子的互动过程，用教师特有的个性魅力吸引学生，是教师的人文素养，是教师职业的意义和价值。

如何与学生进行情感交流？除了常规的一些做法，例如建设学习合作交流的课堂氛围；通过学生分层手段，形成互相带动进步的团体；深入到课堂、宿舍与学生交流等等。但是作为一名艺术老师，面对的是一个年级而不是一个班的学生，最有效的与学生的情感交流就是通过艺术学科，提升学生审美能力，加强学生思辨能力，培养团队合作能力，体现学科育人价值。

张老师是一名来自中职的职初教师。在和张老师初次交流的过程中，我得知中职校的学生是以学习专业技能为主的，他们普遍学习基础较差、成绩多为中等偏下水平，往往对自己的前途自信心不足，对职校生活和学习热情不高，有些学生还没有养成良好的道德修养和行为习惯，而且中职校使用的艺术类的教材也与普通高中不同。这时就出现了一个我们需要共同思考的课题——如何针对中职学生进行艺术课的教学。这个课题我从前没有思考过，毕竟我所在的学校是一所市级示范性实验性中学，虽然学生中也有调皮捣蛋，上课不认真听讲的，但是两所学校的学生终究存在着一定的差异性，教材中的内容、教学大纲与教学目标也完全不同。因此在每周两次见习基地"浸润式"的培训中，我们首先一起讨论并达成了几个共识：1.确定教学理念：根据教育部组织制定的《中等职业学校公共艺术课程教学大纲》，通过艺术作品赏析和艺术实践活动，树立艺术育人的教育理念，将艺术教育与专业教育有机结合，促进学生综合素质的全面提升。2. 确定教学内容：根据张老师所在学校的客观条件，整合中职校音乐、舞蹈教材与上海市高中《艺术》教材，确定教学内容，并根据不同专业的班级适时地对教学内容进行针对性的微调。3. 确定教学方式：用学生喜欢的能接受的方式开展教学，用扎实的专业知识，高超的教学艺术，极具感染力的个性魅力让学生喜欢上艺术课。4. 确定校园文化建设的目的：结合艺术课程，让学校的艺术活动和演出展示成为普及艺术教育的平台，关注每一个学生的需求，尽可能地让多数同学参加到活动中，让校园文化成为艺术教育的扩大与延伸。随后我们制定了详细而有实效性的培训计划，其中包括我到她的学校去听课，因为只有深入到他们的学生中，了解他们的学生，我才能更好地为张老师提供指导意见。最后，我提出希望张老师能制作一份艺术学科（音乐背景）调查问卷，通过与学生的交流，从中了解现有的中职校学生对于开设课程的诉求和艺术教育的学习期望，并在摸清学生知识与能力水平的基础上，科学合理地把艺术教育与学生发展需求结合起来，提高艺术课程的吸引力，激发学生的学习兴趣。

到她所在学校屡次听课过程中，我发现这些学生虽然不爱上艺术课、不爱听古典音乐和民族音乐、不爱说教式地把音乐和文化联系起来，但他们爱听、爱唱流行歌曲，正如莎士比亚所说："学问必须合乎自己的兴趣，才能让人得益。"因此我建议张老师在内容选材上适当地加入时尚元素，但是不要忽略学科育人的目标。

例如在中职校音乐教材第一单元《中国民歌》中提到民歌《茉莉花》，如果只是让学生一味地学唱或者欣赏，很有可能会变成一节"睡觉课"。经过研讨，我们决定这节课从赏析不同地区流传、风格迥异的民歌《茉莉花》开始，介绍西洋歌剧《图兰朵》中的《茉莉花》，欣赏萨克斯演奏的《茉莉花》，播放雅典奥运会闭幕式上表演的歌舞《茉莉花》以及北京奥运会颁奖仪式上的背景音乐《茉莉花》的视频，最后还有一段蛇年春晚上，由宋祖英和塞林迪昂演唱的极具时尚感的《茉莉花》，整个教学过程中，允许学生随时跟唱。最终教师向学生提出问题：是什么让这首歌打动了全世界人民的心，让他们只要一想到中国就想到了《茉莉花》？学生们立即就想到了很多不同的答案，例如优美的旋律代表着朴实无华的美；茉莉花的精神就是中国人民善良友好的精神；《茉莉花》是一个文化使者，向全世界传递着中国文化等等。在这节课上，不仅运用了多种多媒体手段提高了课堂教学效果，还陶冶了学生的情操，渗透着思想道德教育，将学科育人发挥到了最大化。

又例如，他们的学生喜爱唱流行歌曲，我们就开设了班级卡拉OK比赛，在演唱流行歌曲的同时要求介绍这首歌的创作背景以及喜欢它的理由，并由教师制定评分标准，由教师与学生共同打分。通过这个活动，学生不仅可以利用舞台培养自己良好的个人形象，同样也能促进同学之间的合作与交流，并借此延伸到企业对员工的考核评价的不同要求，对学生进行职业教育。

教育家第斯多惠说过:"教学艺术不在于传授本领,而在于激励、唤醒和鼓励。"恰当地把音乐教育中的美落实到职业教育中,让音乐更好地为职业教育服务,可以说这是张老师在见习教师生涯中获得的第一个体会。

三、挖掘社团功能,发展多元思路

职初教师必须具备多元发展的思路。职初教师在初步掌握课堂教学手段后,需要建立多元教学发展思路,尝试构建多元课程体系,既能促进学生多维度的全面发展,同时也能促进自身的成长和发展需求。艺术学科的职初教师可以从自己熟悉的领域进入艺术教育,随着实施的深入,调动与组织更多的艺术门类与要素,在多种融合中,获得整体驾驭综合艺术教育的能力。

艺术学科在重视课堂教学时,还可以把开展课外活动作为课堂教学的延伸与艺术实践活动。通过建立多样的活动形式,增加学生个体体验的机会,也是真正体现生动性、丰富性、创造性特征的必要手段,丰富多彩的艺术实践活动能不同层面地带动学生的学习感受、审美情趣、情感体验、文化价值、人格塑造和师生的情感沟通。通过各种艺术实践活动,学生最大限度地发挥了各自的潜能,展示自己的才华,同时带动了校园文化建设,利用校园文化的平台以及环境、氛围的创设,通过隐性课程对学生起到熏陶、感染、渗透和转化作用,达到促进学生素养提高这一预期目的。

案例2

倪老师的学校是一所新区较偏远的市重点高中。她所在的学校为她安排了一位非常优秀的区艺术骨干教师作为她的带教导师,因此当她第一次来到我校,在与我交流沟通中,我就发现这位职初教师与其他教师的与众不同:具有较扎实的音乐功底;对新课程的改革具有一定的审视与思考;具有一定的学科意识;口头表达能力较强;对人恭敬谦虚。作为一名职初教师,倪老师已经基本形成良好的教育教学行为规范,初步适应了教师的角色。因此对于这类年轻教师来说,除了掌握基本的教学能力与德育能力外,还可以思考自身教学能力与客观教学要求之间的关系,加强多元化的发展理念,让自己更快地成长为一名既有先进的教育理念、深厚的教学基本功又有独特的教学个性与风格的教育教学能手。因此当我在了解到她所在的学校有一支规模较小的民乐社团,同时她本人在大学中的特长是中国民族乐器二胡时,我觉得我找到了一个可以让倪老师进一步提升的方法。

倪老师在介绍她的社团时说到:"学校里会乐器的人不少,但参加的人很少。"我问她有没有运用什么方法吸引学生来民乐社团呢?她说没有。我对她说了四个字"感情留人"。社团训练是培养团队精神的,如果艺术教师是这个团体的组织者,并且是一个行家,那就已经吸引了部分爱好民乐的学生,同时老师需要努力营造一种团体的意识,让来自各个班级、不同年级的学生成为一个团结向上的集体,通过美妙的乐声使彼此成为好朋友。

音乐是情感的艺术,民乐团的组织更是一种注重情感的工作,也只有在此基础上才能激活学生的有效参与。这种师生之间情感上的交流,不仅需要通过日常的训练,还需要通过教师与学生在平时不断的交往建立起来,有了这样的情感交流,才能让音乐真正起到陶冶情操的作用。我希望倪老师在完成日常教学工作之余,能在民乐社团的建设上多思考、多研究。例如:1. 多研究一些中国民族音乐与民族乐器的相关书籍。2. 钻研乐队指挥法,寻找一切学习的机会。3. 研究学校民乐教育的规律。4. 带领社团参与校内外民乐活动,在活动中提高民乐综合能力,培养合作能力,增强自信心。我希望倪老师不仅能在艺术学科上有所建树,也希望她能在民乐研究中同时获得专业发展。倪老师确实不负众望,不仅在学科教学上,在新区教习教师教学评比中获得三等奖,同时在今年的浦东新区特色乐队展演上,她也带领着她的民乐社团站上了舞台,虽然她的指挥略显稚嫩,乐团整体水准尚浅,但我看到台上台下她的学生与她的互动,以及学生们的脸上流露出的自豪感与幸福感,我相信年轻的倪老师与这支年轻的乐团会逐渐成长为新区乃至上海市的优秀民乐团队。

带教的思考

1. 多读书

教书者,首先应该是一个读书者,陶行知先生曾经说过:"人生应该读几本垫底的书"。阅读经典,与杰出人物对话,是职初教师成长的基本条件。虽然见习教师规范化培训要求教师多读书,并撰写读书心得,但由于一年的带教时间的限制,我对三位教师在读书方面并没有特别的强调,所以希望她们在今后的工作中能自主阅读专业书籍,撰写读书心得,以此进一步加深对教师职业的感悟,提升师德修养,养成自主发展的良好习惯。

2. 多钻研

"没有教师的成长,就没有真正意义上的教育改革。"课改不仅对老教师,同样对职初教师也提出了新的要求,我们必定将面临主动的困难与难题。职初教师需要投身课程改革,与课程一起发展,从一个"合格型教师"转向"研究型教师",他们必须具备教育科研意识和能力。由于他们现在正处于工作的第一年,正处在教育科研的萌发期,所以这一年中,她们是在实践中研究解决问题的方法,努力积累自身经验。希望她们在今后的教师专业发展中,能将经验、理论、实践三者结合,以教育、教学中的专题研究为主,选题、实施、整理资料,进行系统的课题研究,为自己终身的专业发展奠定基础。

曾听到过这样一句话,特别给我启发:"通过我的手指,你可以看到月亮,但你最终看到的不是手指而是月亮"。我尽我的绵薄之力,成为职初教师迈出职业生涯第一步的领路人,在带教中,我努力让自己拥有可以指向月亮的手指,也期望她们能看到梦寐以求的月亮,为我们的教育事业燃烧起熊熊的教育激情。

案例3

多元促进、朴实推进、促进新教师全面发展

浦东教育的持续发展，需要有一个支撑体系，而这个体系的建立与运行，须借助于各个点的合力作用，而见习教师培训工作的实施，正是一个强有力的支撑点，借助这一个点，再由点到面，带动面上的整体工作。见习教师规范化培训是个一项带有前瞻性的工作，它关注和促进着教师的专业发展，让其尽可能早日成为合格教师，因此其意义十分深远。本人承担了顾梅蓉老师的带教工作。说来巧遇，她既是我初中任教时班中的学生，现又成为我带教的徒弟。在工作中，我们共同探讨，收获颇多。

一、制订带教工作方案

教师所从事的是一项实践性很强的工作，仅靠师范学校的传授，是无法真正体察其真谛的，关键是长期的教育实践，在实践中通过一个个具体的个案，再经过自己的体验、感悟、思考、总结、提炼兼收并蓄，最终形成自己的教育专业性知识，这就是所谓的"学以致用"。我按照《浦东新区见习教师规范化培训实施意见》《浦东新区见习教师规范化培训内容与要求》及本校培训方案，以课堂教学为抓手，以听课评课为纽带，以提高见习教师教育教学水平、尽快适应学校教育教学场景为宗旨，与见习教师顾梅蓉一起商讨，制定了切实可行的《基地学校带教导师规范化培训工作方案》，并组织实施。

二、明目标、定内容

任何一项工作，必须要有明确的目标，通过具体目标的设定，才能使工作获得最终的成就。因此，带教培训伊始，就确定了总体目标。即通过带教培训，使见习教师对自己所从事的工作有清晰的认识，让见习教师树立正确的教育观念，掌握教学设计和课堂教学的基本技能，提高教学设计和课堂教学水平，提升课程实施能力，提高教科研能力，夯实教学基本功。

根据带教培训目标，制定了六个方面的具体带教培训内容。①师德教育。学习《教师的智慧》、李镇西《做最好的老师》。②教学理念培训。主要内容为学科《课程标准》。③教材培训。具体内容为教材解读和教材处理。④课堂教学技能训练。主要内容为导入、提问、教法使用、学法指导、评价、结课等教学基本技能训练。⑤教科研能力培训。主要以课例研究和专题研究为载体，鼓励见习教师积极参与，从而提高其教科研能力，进而提高其专业素养。⑥教师基本功培训。教案设计与编写、备课、上课、说课、评课训练；课件寻找演示能力训练等，促使见习教师练就扎实的基本功。由于目标定位准确，内容科学合理，并有相应的带教培训措施，使这项工作有序、有质地展开。

三、提高见习教师的师德素养

对于刚从教的新教师来说，由学生一下变为人师，角色的转换，需要接受师德的教育，

这对她今后的工作会产生深远的影响。因此，我与见习教师谈心，使其认识到：教师是学生每天读的一本书，虽然对其专业品质很难定义，但它作为教师专业发展的原动力，表现为对教育、对学生、对自身发展的基本态度是清晰的。每一个学生都希望有一个融洽的学习环境和良好的学习心态，而这种环境与心态的创设，对学生来讲，教师的作用太重要了，从某种意义上来看，学生的生活和人生的命运掌握在教师手中。因此，一位教育有方、真正关爱学生的教师，对学生的成长太重要了，作为教师，要施行充满人性的教育，让每一个学生理解做人的价值意义重大。我们既然选择了教师这一工作，就必须热爱教育事业，具有高度的事业心和强烈的责任感，注意以身立德，以德立教，为人师表，关注学生的发展。让自己所从事的工作，从职业成为事业、从事业成为一种生活方式。我推荐见习教师学习《教师的智慧》《做最好的老师》，使见习教师懂得爱是永恒的教育理念，做一个有思想的教师，懂得育人之道。见习教师顾梅蓉读后是这样体会的："教师要用爱去播种孩子的未来"，"关爱学生是人类复杂情感中最高尚情感的结晶，是教育工作的起点，并且是教师终身全心全意植入内心的情感，也是需要终身学习的情感"。她任六年级语文教学并兼任班主任，上课时，有位学生总是开小差，她采取鼓励中批评，批评中鼓励的方法，成功地矫正了学生的不良习惯，作为一名刚参加教育工作的见习教师，是非常难能可贵的。

四、以身示范，专业引领

本人作为区语文学科带头人，又有经历过十年教研员、从事学校教育科研的工作经验，这为带教工作提供了一定的保证。本人所带的见习教师，在聘任学校从事二个班级的语文教学，再加班主任，工作十分繁忙，压力也很大。但为了自己的长远发展，她毫无怨言。作为导师，我一方面以身示范，即以辛勤耕耘的敬业精神，钻研教材、用心上课的责任心感染与影响见习教师，用专业的素养引领见习教师，另一方面告诉她，必须克服困难，并带领她积极参与基地学校的各项教育教学活动。同时，我让学员认识到，教师培训是一项具有积极意义的工作，是提高教师专业素养的重要途径。我们为了适应现代化教育的发展要求，顺应教育改革的需要，必须尽心尽职，夯实教学基本功，以积极的心态投入见习教师培训。我带领她参加教研组、备课组的教学活动，引导她学习语文学科课程标准，在实践中指导她如何观课评课、如何备课、如何进行课后反思、作业批改、编制试卷、质量分析等。

教师的工作具有个体性、自主体验性，实践很重要。因此，我指导她进行试教和上公开课。学校是教师教学活动的主阵地，课堂是教师成长与发展的主要载体，尽管见习教师在大学四年的职前培养已积累了一定的专业知识和从教素养。但大学对师范生侧重教育教学理论的传授，更多的是一种脱离了教学实际情景的培养。作为见习教师，她能主动邀请导师共同参与活动，共同制订带教计划，在整个带教培训过程中，既有听课、评课等常规活动，又有共同阅读、案头反思等主题活动；既有导师的一日教学活动，又有学员的汇报展示。把握好"教案"和"讲课"的关系，并有针对性地组织见习教师参与导师的备课与上课。

教师的专业发展好比登山，其目的不仅仅是为了登上山顶，而更重要的在于领略、感受沿途的风光，因此，要让教师直接参与体验，力求在教学实践中优化自我，发展自我。为此，在将近一年的时间里，我组织见习教师观摩了50多节课，通过每周两次的随堂听课，提高见习教师课堂教学的临场经验。同时，通过见习教师上汇报课，提高见习教师的实践操作能力，也展示他成长的过程，同时，通过导师的点评，帮助见习教师把握教材。针对见习教师实际、课堂教学实际，我充分发挥自己的资源优势，让见习教师跨年级到其他教育教学经验丰富的教师课堂中去，使她能吸收更多的知识。

通过导师上示范课，展示导师的引领、表率作用。我在上示范课时，积极准备，精心设计，学生课堂学习积极性、参与性、思考性得到调动，为见习教师提供了最为直接的观摩学习机会，有效地帮助见习教师掌握课堂教学流程，达成教学目标，为她的专业化成长搭建了平台。作为导师，我听取并点评了见习教师6节课，既鼓励肯定，又提出具体建议，使见习教师在实践的锤炼中成长。

五、研究与学习

作为教师，其所从事的工作本身就是不断研究、不断反思、不断提升的过程。对教师发展而言，重在唤醒教师自身专业自觉意识与内在情感的投入，因为它实现的是专业生活方式，是"滴水穿石"的守望。因此，我推荐见习教师认真学习与研究《如何备课》（赵才欣等编著），从备课的基本要求，到备课的主要方法；从备课的基本格式，到备课应注意解决的问题等，这对见习教师课堂教学具有十分重要的指导作用。见习教师也写出了心得体会，这使她的成长更加有保障。同时，经常在听课后，与见习教师顾梅蓉一起进行交流，尤其是让她谈体会，说反思，叙观点，使她感悟到，教师专业发展不是一个轻而易举的过程，而是一个长期的、充满困难和艰辛的过程。所以，教师的专业发展和成长，需要有研究与学习的精神，因为教育也不是简单的知识传授与训练，而是一种引导，一种帮扶，一种影响，一种感悟。在研究与学习的基础上，才能有发现、有感悟、有行动。

六、认真规范填写带教导师资料袋

按照基地学校带教导师工作职责，认真详细地填写好了"学科带教导师资料袋"。这既是资料的积累，更是带教工作的行动指南，所以本人能按要求规范操作。

七、督促见习教师参与完成各项工作

整个带教培训工作比较繁忙，尤其是见习教师，由于客观原因，既有培训任务，又有学校教学工作，再加上经验不足，二校之间来回奔波，相当辛苦。作为带教导师，我帮助见习教师制定切实可行的培训目标和计划，使她明确工作的方向。定期与见习教师互动交流，增强彼此的信任，同时，了解见习教师的思想与教学情况，及时研究和制定对策，帮助他们尽快成长为一名合格教师。按照区培训部的要求及基地学校的具体安排，作为导师，协助做好平时的管理与考核工作。及时查阅、督促见习教师填写《浦东新区中小学（幼儿园）见习教师规范化培训手册》。对见习教师的专业发展状况，能及时做出细致的诊断。指导见习教师参加学校组织的各种初赛。动员她参加培训部组织的志愿者服务。

八、承担专题讲座

教师的专业发展，受着各种因素的制约，各方面的正面教育，影响着教师的成长，学校发展了，教师才能发展。为此，我为见习教师作了《新优质学校创建项目推进》专题讲座。

九、沟通与交流

由于见习教师承担着两个班级的教学工作，再加上任职一个班的班主任，工作忙，压力大，为此主动与聘任学校导师取得沟通与联系，做好见习教师的思想工作和生活指导。

带教培训是一项有意义的工作，因为教师的成长，不但牵引着学生的进步，而且促进着学校的发展。作为见习教师，要真正胜任自己的职业角色，体现自身的价值，就需要有专业的支撑，并不断地进步和发展。同时，这种进步与发展应该是积极的、渐进的、持续的。只有这样，才能使之适应现代教育的要求。作为带教培训的导师，培训的过程，也是学习与提高的过程，"打铁还需自身硬"，因此，导师要不断研究，不断学习，改进行为，提炼经验。

案例 4

悉心示范、无声引领

我所带教的张晓玲老师对于教材的把握不够深入，虽能按部就班地完成教学任务，但是教学设计略显单调。由于缺乏经验，所以在对课堂教学的调控上，对学生的引导上，稍显无措。针对张老师在教学中呈现出的不足，我采取了理论学习与反复实践并进的方法对她进行培训。首先，我推荐张老师学习崔峦主编的《小学语文教学论》和《小学语文教材教法》，不断加强听课与评课，时时交流各名师的课堂实录，反思自己的教学。其次，我经常实施同课异构的形式，达到培养张老师善思、勤练的目的。张老师的教学有时面面俱到，有时浅尝辄止，有时索性完全依赖教案集——依葫芦画瓢。比如《叙利亚的卖水人》一课，张老师在教学时参照教案集进行教学，虽能完成教学任务，但却没有自己的思考，长此以往的话，自己的业务水平必将停滞不前。因此，作为导师的我必须严肃地指出其存在的问题，并帮助她摆脱依赖，激发内在动力，勤思考，善钻研！我让她将教材反复看了好几遍，结合单元目标和教学目标，针对自己班级学生实际情况微调课时目标，并说明目标制定的理由。然后，引导张老师思考针对不同的教学目标可以采用哪些教学策略，同时也可以分析他人的教案中的设计环节。这样，张老师开始意识到钻研教材与教法的重要性，尝试着培养善思、勤练的好习惯。

经过深入的分析与研究，张老师重新对《叙利亚的卖水人》一课的教学进行了设计：肯定了对于"能根据文章的记叙顺序、结构特点给课文分段"这一知识点的落实，采用以过渡句为抓手的设计教法。同时,在指导学生自主阅读重点部分时,决定改变原来单一的圈画、朗读的教学设计,采用不同的教学策略,让学生通过读写结合、朗读体会和想象说话的方法感受到卖水人聪明、可爱以及人情味浓的特点。在总结全文时,依然抓住过渡句,让学生进行概括文章的主旨。

我告诉张老师,我们教师要充分利用课堂这一实施素质教育的主战场培养学生的自学能力和创造精神,从鼓励学生自主学习,激发学生学习的内驱力入手,把课堂还给学生。提倡在学生读书思考的基础上,通过教师的指点,围绕重点展开讨论和交流,鼓励学生发表独立见解。加强学生自主的语文实践活动,引导他们在实践中主动获取知识,形成能力,改变过去"教师讲,学生听"、"教师问,学生答"及大量演练习题的模式。因此,我们必须认真研究有助于促进学生自主探索学习的新方法。比如,学习课文第5节"卖水人出尽奇招"时,引导学生抓住"奇"字展开讨论,了解"奇"在何处?并联系上下文体会为什么要"出尽奇招"。学生们饶有兴趣地通过图文并茂的方法感受到卖水人的聪明。又如,学习课文第6节"卖水人的可爱"时,引导学生反复朗读感受吹笛子的卖水人一言一行中流露出的淳朴与可爱。再如,学习课文第7节"卖水人人情味浓"时,设计想象说话,引导学生联系上下文感受卖水人宁愿自己吃亏,也要为别人着想的品质。在我的引导下,张老师明白了课堂中要把自己定位为一个学习的组织者,设计不同的教学策略,教会学生各种阅读的方法,将课堂完全放给了学生,让学生成为学习的主人,才能在有限的课堂教学时间里,最大限度地发挥出学生学习的自主性。另外,我也明确地告诉张老师,语文教学不仅在于教会学生知识,更重要的是发展学生的思维,积累丰富的语言文字,提高学生的语言表达能力。所以,有效的阅读教学应该精心设计语言实践活动,让学生在具体的语言实践活动中逐步提高自己的语文素养。需要指出的是课堂中的语言实践活动不能游离于文本内容,应依据教材提供的内容引导学生立足文本,创设恰当的情境,引导学生把习得的语言巧妙地加以运用,促使学生在迁移中把课文语言内化为自己的言语。比如,在学习了卖水人的"奇招"之后,必须设计读写练习,让学生们合作设计更多的奇招,可以仿照文中两种不同的句式进行练习。张老师在教学实践中看到学生们不仅兴趣盎然,思维的火花不断迸发,同时,他们的语言表达也得到了训练,受到了很大的触动,课后还让学生结合生活中小菜场、商场、超市等地观察销售人员是怎样招揽生意,推销自己产品的,模仿课文5—8小节的写作手法进行了练笔。从中可以看出,张老师已经认识到在语文教学中,我们教师就应该具备一双慧眼,做到既善于挖掘教材中的这些学习资源,将实践的机会提供给学生,更应做到在学生中发现那些善于积累,善于运用的孩子,积极鼓励,树立榜样,帮助孩子们在学中用,在用中学,将阅读教学与写作教学有机地结合,做到事半功倍。

同样,在教学《图书馆里的小镜头》一课时,张老师知道此文是指导学生写作的极佳的范文,其中第5小节所描写的镜头既是文章的重点,又是极佳的仿写练习范文。但是在设计如何循序渐进地指导学生学会写作时,张老师却感到束手无措。于是,我指导张老师针对小学生特有的感性认知、易模仿性、想象力丰富及表现欲强的特点,遵循循序渐进的原则,巧妙地引导学生读中悟,仿中写。恰当运用想象法、观察法、比较法、模拟法、游戏法和迁移法有效落实在阅读教学中启发指导学生通过模仿实现由读到写的迁移。在讲授一个戴眼镜的小伙子看书的镜头时,教师采用"读、听、想、看"的四步法让学生初步认识了细节描写的写作形式。当教师"扶着"教会了学生从"小伙子"看书的镜头中感悟到爱读书的精神,初步认识了什么是细节描写后,便放手让学生自由学习其余三个人物的看书镜头。同样引导学生按"读、圈、做、品"的四步法进行自学,学生在实践中得到感悟,加深了对细节描写的写作方法和特点的认识。为了让学生在学习文本的基础上体会到细节描写的作用,还可以设计一个表格,将概括句和细节描写的语句对比,并通过师生配合朗读感悟到细节描写的细腻与生动。最后以填空的形式帮助学生梳理细节描写的要点。这种对比法的运用,表格式的罗列比一般的讲授更为清晰,更为直观,学生更容易掌握与体会到细节描写的作用。教师在教学中适时帮助学生回顾到学过的课文中体现细节描写的精彩片段,并加以朗读欣赏,不仅引领学生再次体会到细节描写的特点与作用,更激起了学生对语言文字魅力的浓厚兴趣,完全起到了"以读促写"的效果。

  经过教学设计与实践,张老师深刻地认识到教师在钻研文本、构思教学时,要重点思考:阅读教学中如何既让学生把握文本内容、感悟文本主旨、体会表达情感,又让学生关注领悟文本在表达方式上的特点、作用和效果。看到张老师能在教学中养成善思、勤练的好习惯,我由衷地感到高兴,相信张老师一定会成长得更快!

  张晓玲老师对待工作认认真真,为人谦逊、礼貌,对待学生充满热情。由于缺乏一定的经验,所以在班级的掌控、突发事件的应对以及家校沟通方面的能力还是比较欠缺。因此,在一年的带教工作中,我始终关注着张老师对于学生的个别教育以及突发事件的应对能力。除了在理论上的学习外,我还时刻倾听张老师的教育困惑,以示范和分析的形式,帮助她解决难题,不断走向成熟,努力成长为一名智慧型的班主任!

  张老师班上有位小葛同学是一个极有个性的男孩,由于家庭环境的影响,他从小能说会道,擅长察言观色,自尊心强,有很强的表现欲,因此,在潜移默化中养成了较为浮躁、易怒、任性的性格,从而直接造成了他在行为习惯方面存在的问题。刚开学没多久,他就接二连三地闯祸:不是一不小心将抹布甩到了电扇上,就是和同学发生激烈争执,甚至还想靠武力解决争执。每次在处理问题的时候,他都表现得十分激动,总是要为自己"据理力争"。因此,张老师很是头疼,她告诉我为了教育小葛,自己的嘴皮子都要说破了,可以说是"软硬兼施"了,而且她还无数次找过孩子的家长了,可结果毫无改变,小葛依旧像颗定时炸弹,时刻会发生意外,弄得张老师天天提心吊胆。听了张老师的困惑,针对小葛的种种行为,我意识到问题的关键在于孩子还没有真正认识到自己在集体中的价值与意义。于是,我告诉张老师,其实,孩子的种种行为源于他的思想,所谓的思想实际上就是价值观与道德观。学校生活不仅从物质条件到精神活动,从集体规范到人际关系,都给生活于其中的成员自觉或不自觉地从中接受那些人们所认可的或学校所倡导的价值观与道德观。同时，学校生活丰富多彩，难免会有意外的事情发生，关键在于我们该如何正确应对。首先，安全意识尤为重要，防患于未然才是确保校园安全的前提。其次，注重解决问题的方式与目的是关键，任何一件意外的发生都可能成为一个很好的教育点，只要我们能以加强孩子们的安全意识以及培养集体荣誉感为主，那么，久而久之，孩子们的主人翁精神必将得到充分体现，责任感和使命感必将会与日俱增，同时，他们的认知能力、协作能力、创新能力等都将得到锻炼。正所谓"教育来源于生活"，学生们在实践中受到了良好的教育，在体验中健康地成长！无论是积极向上的校风、班风，还是丰富多彩的文化活动，都是陶冶学生情感、净化学生心灵、培养学生情操的重要环境因素。我们应把学生看作社会的个体，注重培养学生的社会公德、自己认识问题和解决问题的能力，了解学生的特点，体现真实生活中的价值选择和冲突，引导学生正确地面对生活中出现的所有问题，加强责任意识，切实发挥主人翁精神。因此，我们一定要让学生对集体、对学校产生归属感、认同感，使他们感到自己是学校的主人，从而激发他们爱学校、爱生活的情感，最终达到切实提高德育实效性的目的。总而言之，儿童品德和良好的行为习惯要从小培养。好的习惯一旦形成，必将对塑造高尚的人格产生重要的影响。张老师听了我的分析，看到我在处理自己班级里的种种突发事件后，慢慢也掌握了教育的策略及方向。于是，在日常生活中，张老师开始注意捕捉教育契机。终于有一天早锻炼时，张老师亲眼看到了小葛和另一个同学之间发生的推搡事件。眼看着他俩就要展开一场搏斗，张老师马上走上前询问缘由。没想到那个故意推小葛的同学竟然反咬一口，谎称是小葛先动手推人的！由于小葛平时的一贯作风，那位同学认为老师一定会想当然地认定是小葛的错，所以就倒打一耙。小葛一听气得刚要发作，张老师及时严肃地指出了对方的错误行为，为小葛辨清了事由，并让那位同学当面认错，请求小葛的原谅。当时，小葛一下子愣住了，直到同学向他道歉时才缓过神来，继而眼里闪着泪花，不仅原谅了同学，还诚恳地认识到自己的态度也不好，并表示以后一定会与同学友好相处。看到小葛如此感动，张老师也深受触动：原来生活中的每一件事都可能成为一个转机，关键在于我们处理事情时的目的与方式。这件意外的事情不仅让这么一个强硬的孩子打开了心扉，还拉近了他俩之间的距离。当我知道这件事后，让张老师立刻抓住这个机会，与小葛进行一次深刻的谈话——真诚地告诉他，在老师眼里他是个活泼、开朗、乐观、爱憎分明、心直口快，特别乐于助人的阳光男孩，不过，在行为方面确实也存在着一定的问题。但老师心里明白他很想要求上进，只是有些时候无法控制自己而已，只要他愿意，老师一定会帮助他慢慢改变自己，努力成为一名优秀的学生。张老师说，当时听完这些话后，小葛是热泪盈眶，直嚷嚷"理解万岁！"并表示以后自己一定会听老师的话，努力改正缺点，争取做人人夸奖的好孩子！

从此，小葛将张老师看作了知心朋友，无话不说，无事不谈，而我也要求张老师对小葛的教育与引导也要时刻做到动之以情，晓之以理，时而严厉，时而温和，如同"及时雨"一般,在他干渴时给予充足的水分,在他急躁时帮助他降温,真正做到"润物细无声"。要不断告诉小葛,他是个有能力的孩子,只要真心爱班级、爱同学,本着"一切为集体,一切为他人"的原则,发挥出自己的主人翁精神,就一定能干出成绩来的!也一定会得到老师和同学们的认可!张老师说,现在的小葛果真变了,他时时刻刻努力做到最好:上课专心听讲,积极发言;下课主动为班级打扫环境;平日里总是乐于助人,踊跃报名参加学校组织的各项活动;"我要为班级争光!"成了他的口头禅。特别让张老师感动的是小葛还反省了自己曾经犯的错,为了提醒同学们不再发生类似的意外事件,他还特地开展了一次"校园安全"的队会活动,组织全班同学制定了一份校园内的"安全公约"!看着现在自信、热情而又能干的小葛已然成了班级的主人,找到了自己在集体中的价值与意义,张老师感到无比的欣慰。看到张老师在教育学生方面取得的成功,在应对意外时表现出的机智和成熟,作为导师的我也感到万分欣慰。

案例 5

手把手、共成长

转眼间,一学年新教师基地带教结束了,通过这整整一年"手把手"的带教,蒲公英带教基地的岳莲老师说与其说是带教不如说是共同学习共同成长的过程。

一、彼此观察,互相了解

职初期的二位老师面临着从学生到教师的角色转换,从听课者到授课者的转变。工作中不仅要面对几十个个性不同的孩子,还要与形形色色的家长打交道,加之新教育理念的不断更新,会使新教师不知所措,甚至面对繁杂的工作有些茫然,毫无头绪。工作中,有太多的问题要问,有太多的技能要学。此时,"看"且"带着问题看"是最好的方式。

学期初,以观摩岳老师的半日活动为主,让二位老师专心地看她怎样实施半日活动中的各个环节,岳老师在每次带教前都做好充分的准备,看她在带半日活动中的各种教育行为,看她怎样与家长沟通,凡是和她有关的,都必须看,并且仔细交代。随后,每天利用半小时进行反馈、交流。在二位老师的反馈中,岳老师发现她们的关注点也在悄悄地变化着。从一开始关注时间的把控,严格按照作息制度执行;到关注每个环节的有序开展;最后到关注集体性教学活动中的师幼互动。就这样,连续两周后,二位老师对每天带班中应有的环节有了较深的印象,对幼儿的行为有了新的意识,以便自己去实践。

然而,看是双向的,在二位老师看岳老师的同时,她也每天在观察、了解二位老师。刚从学校毕业的她们充满青春活力,如同未经雕琢的美玉,其自身价值有待开发。而在开发之前,需要进行仔细的观察,以便了解二位老师本人的性格特征、教育教学理论和实践的现状、技能技巧把握的程度等等,只有在深入了解以后,才能有的放矢地对其进行带教。

每天的下午班相对上午班来说活动少,时间短,但由于生活环节较多,其中有午睡、点心和离园整理活动,更能看出教师的耐心和责任心。于是,在班级里,看她们与孩子之间的交流,看她们的耐心程度,看她们的随机应变等等。通过看,发现二位老师是聪明的老师,她们能将岳老师上午班中的一些教育行为复制运用到她们的带班中。比如,每天来园后的游戏分享交流环节岳老师总会三言两语地把孩子们早上来园的表现表扬一下,尤其对特殊幼儿进行鼓励。那么她们呢,在每天的离园前,都会把当天一天的活动和孩子们进行简单的回忆,尤其是与有哭闹情绪的幼儿进行个别交流,鼓励孩子明天要有进步。这与岳老师浸润式的带教是分不开的。

二、言传身教,用心指导

在二位老师和岳老师彼此有了初步的了解之后,就过渡到了"以带为主"的阶段。初出茅庐的二位老师,迫切需要有实践经验的岳老师在前面带着走,才可以找到成长的捷径。此时,她将带的重心放在"教师的观察与指导方面",特别是在集体性教学活动中。

按照带教计划中的观摩半日活动,岳老师思考,对于二位老师来说能否在看的时候看懂她的设计思路、意图?所以,她会在执教的前一天,把自己为什么要这么设计,理论依据是什么告诉她们,把活动中的重难点与她们进行分析,让她们好在看的时候引起重视,联想到教育行为背后的教育理念。另外,对于需要两教时完成的学习活动,岳老师会采用第一教时她执教,二位老师听课,第二教时反之的方式,渐渐地,两人的配合默契度也提升不少。同时,她们还采用"现学现教"的带教模式。这对同一阶段的带教是很有效的,一切从模仿开始。比如,今天看了师傅的教学活动,发现有好的效果,明天就自己"小试牛刀",虽然是现学现教,但也慢慢摸索出了课堂组织的一般规律。

在带教之余,岳老师还要求她们积极参与园级活动、项目组活动。学习中,她严格要求她们除了认真记录,还要踊跃发言。教研内容来源于平时又高于平时,岳老师要求她们不懂就问,不会就学。就这样她们一次次地进行实践,每当遇到教学难题时二位老师会主动邀请她多看两次她们的活动,并及时反思活动中的亮点与不足。在反思行为中、在交流沟通中,她们之间一次次地产生"分歧",又一次次地化解了难点。由于岳老师的严格,学员们的好学、好问、勇于实践,学员们取得了较大的进步。

三、大胆放手,搭建平台

正所谓"初生牛犊不怕虎",要保留和发扬新教师身上的这种敢想敢做,勇于创新的精神,就必须在扶持了一段时间后,尽可能地放手让她们去实践自己的教学理想,岳老师为新教师创造空间,搭建舞台,鼓励她们尽情展示自我风采。

二位老师当中,有的是擅长美术的,在教学中,能充分利用自己的特长为幼儿创设优美的教学环境、精致的教学教具。但在美观之外,如何使环境为教育服务,创设有价值的环境?首先,通过观看其他班级的环境,从中分析设计思路;其次,共同探讨我班环境创设的不足与改进之处;最后,每当有机会外出观摩活动,岳老师都会采集其他园所的环境,一同分析。每次环境布置时,她不是告诉她们应该怎么做,而是问她们想怎么做,充分发挥了她们的主观能动性。通过这一学年的学习,岳老师觉得在环境创设方面,二位老师已经能将自己的想法与教育结合起来,而非起初的只求漂亮了。

家长工作是每一个新教师都会觉得比较困难的内容,她们在与家长交流中常常会不知道如何沟通、不知道说些什么。于是岳老师把自己的经验一一传授给她们,有成功的案例,当然也有失败的,帮助她们建立信心。一开始时,要求她们坚持按阶段向家长反映孩子在园的情况(哪怕是点滴进步),渐渐地与家长熟悉后,她们会变被动为主动地与家长们交谈。她们班幼儿的父母大部分都是双职工,平时接送孩子的都是祖辈,那么怎样与孩子的父母经常沟通,做到家园一致呢?于是岳老师给她们提出了新问题,让她们思考一下有什么好的办法?没过两天她们通过调查发现这些父母们几乎都能上网,由此可见利用班级网页正是向家长宣传幼儿园保教任务和科学育儿知识、让家长多方面地了解幼儿在园的学习和生活、配合幼儿园一起做好幼儿的教育工作的另一途径。学员们凭借着90后的敏锐度,站在家长的角度,及时地把他们想知道的事件传送到网上,最终获得了家长们的一致好评。

总之,这一年中,岳老师严格执行着带教计划。虽然非常忙碌,但看到了新教师的成长,岳老师觉得特别欣慰,深深感觉到要给人一杯水自己要有一桶水的意义。尤其高兴的是她带教的小朱老师这次获得了浦东新区2013学年见习教师教学设计比赛一等奖,岳老师在带教即将结束时也送给二位见习老师深深的祝福:希望她们在今后的工作中,继续努力,不断充实自己,彼此之间多沟通,共同发展,共同进步。

第六章 基于区域教育研发机构的"临床型"教师专业发展支持系统研究

第一节 协同研修系统在职初教师专业培训中的应用研究

一、协同研修含义

协同主要指互相配合,协同办理。就是指在一个系统中,协调两个或者两个以上的不同要素或者个体,协同一致地完成某一目标的过程或能力。

协同研修主要指三个方面:一是常规研修形式和网络研修形式的协同,二是区域研修形式和校本研修形式的协同,三是"正规研修"形式和"非正规研修"形式的协同。所谓常规研修形式就是教师之间面对面的研修活动,网络研修就是基于网络平台开展的远程在线研修活动;所谓区域研修形式主要指区级层面组织的研修活动,校本研修指学校层面开展的研修活动;所谓"正规研修"形式主要指有明确的研修主题,并在规定的时间段和场所组织的研修活动,"非正规研修"形式是指没有明确主题,在任何时间和场所所发生的研修活动。

二、协同研修的运行机制

协同研修的基本运行机制概言之就是课程化运行管理模式。(1)研修内容课程化,即研训一体的教研理念。为了避免目前的学科教研存在着理论与实践脱节、教研活动的随机性、教研内容的不连续、缺乏足够的高度来统摄和提升教研活动层次等问题,最有效的手段就是使协同研修内容课程化、活动过程规范化。研修内容课程化就是研修要有主题,有研修目标,事先要编制课程方案,具体包括课程目标、课程内容、课程安排、课程评价及说明等,使研修内容能够系统深入,具有计划性和针对性,确保研修活动的实效。(2)研修实施规范化。研修活动主持人要根据课程方案的要求、实际的教研条件和教师的情况,确定实施方案,制定实施策略,然后展开具体的研修过程。要根据研修内容及特点,综合运用不同的研修形式,力求使研修效果最大化。并具体规定了协同研修课程内容分为8个半天,原则上6次为现场研修方式,2次为网络研修方式。每一次研修活动,无论采用何种研修方式,研修活动主持人都必须开通网络研修平台,设置相关活动内容,上传课程资源,拓展研修活动的空间和时间,体现协同研修的功能。要求常规研修活动进行纸质签到,网络研修活动根据教师发帖情况进行认定和签到。研修课程结束,对教师进行问卷调查,对研修课程本身和研修活动进行满意度调查,为改进研修课程和研修活动提供依据。(3)研修结果学分化。方案中规定实施时间为2013年下半年至2015年上。每半年(一个学期)教师研修学分最高为1学分,五个学期总计为4个学分,方案中并规定了具体的学分赋予标准和管理办法。

(一)"研训一体"的内涵

区域学科教研的"研训一体"就是把以往分开的教研和教师培训水乳交融为"一张皮",将"研"和"训"合二为一。"研"的重点是教育教学中存在的实际问题以及基于问题的理性思考,"训"的重点是指导教师把握新课程和提升专业化发展水平的理论、策略与方法等。这种模式从根本上改变了自上而下、单向传授、漠视教师的既有经验和主体地位的传统师训方式,广泛采用"参与式"、"沙龙式"、"菜单式"等多元、互动的研训方式,强化"情景创设"、"协作与对话"、"意义建构"等环节,激活教师个体的自主意识和反思意识,优化教师的主体认识和行为。

(二)"研训一体"的教研操作范式

由于研是没有课程的,训是有课程的,基于上述对区域层面"研训一体"的认识,提出了"课堂教学教研化,教研活动课程化,课程实施培训化"的区域"研训一体"的操作原则。

"课堂教学教研化"是指教研员和基层教师要以研究的目光来审视日常的课堂教学,具体地说,教研的主题来自于真实的课堂,要求教研员和基层教师关注课堂教学中的"真问题",将具有代表性、共性的课堂教学问题,提炼为教研活动重点关注的教研主题。"教研活动课程化",就是将课堂教学的"真问题"上升为基于问题的理性思考,并形成系统化、基于问题研究和解决的教研课程;"课程实施培训化"就是利用所形成的课程对全区教师开展课程化、主题式的教研活动,激发教师在课程的系统引领下,在主题式的系列教研活动中,对课堂教学问题进行思考、研究和实践,从而将"研"的过程变成了"训"的过程,教师在这一过程中逐步内化,教师也由此得到全方位的提升,而且教师的研究结果反过来对课程进行补充和完善。

在研训一体的操作上也形成了一定的具体范式。基于问题—形成案例—研发课程—教研实施—反馈改进。具体就是通过选择课堂教学中的真问题,进行研究,形成研究案例,在此基础上研发课程,进行主题式系列化的区教研活动,引导全体教师进行共同研究、共同讨论、共同实践,形成进一步解决问题的方法等,反过来对原有课程进行改进、完善和补充。

(三)网络教研的运行模式

在大浦东的背景下,网络教研优势凸显。首先它解决了浦东区域大,教师参加教研来回奔忙的状态,解决了浦东学校和教师体量大,教研员人数少,教研力量相对不足的问题,在这两方面,网络教研发挥了无可比拟的作用。除此之外,网络教研还具有满足教师个性化的需求,改变研教分离的状态,实现真正意义上的教研民主,让更多的教师参与教研,为实现深度研讨提供可能,有效地缓解教研力量不足的矛盾。

开展网络教研和现场教研的目的都是为了更好地、更有效地提高教学研究的质量和效益,网络教研虽然有许多优势,但网络毕竟只是一个虚拟的空间,存在着自身的不足。如缺乏情境性、不利于情感交流等。而现场教研中的教学沙龙、实地课堂教学观摩等面对面的教研活动可以促进教师之间的相互了解,增强凝聚力。现场教研工作非但不能削弱,而且要发挥其在"点"教研方面的优势,发挥其面对面交流的长处,提升现场教研的水平,弥补网络教研的不足。因此,网络教研是对现场教研形式的传承和创新,两者之间一定不是取代的关系,而是各自有优势,也各有局限性,所以应该相互配合,互为补充,虚实结合,两者不能替代,不能偏废,避免加重教研员和教师的负担的同时,最终提高教研活动的实效性。

(四)"双层立体互动"的教研机制

双层立体互动的教研模式的方式,特点在于"互动"。教研环节要突出互动,具体做法是:教研员示范—教师实践—共同点评—教师改进—教师反思。首先是教研员针对具体的阅读文体,在课堂教学中进行示范教学,之后,教师再进行同类阅读的课堂教学实践,之后,教研员和学校教研组老师共同参与评课。这种方式的指导效果远远大于以往教研活动中,教研员老师做报告式的指导。这样的环节安排,使教研活动的质量得到保障。教研员的示范作用得到充分发挥,教师的研究行为得以落实,教研质量也切实得到提高。如教研员聂剑平老师对小说教学设计的研究及课堂教学课例《一碗阳春面》《林教头风雪山神庙》,又如史传类文言文的《鸿门宴》课例,他的阅读指导方法给老师们很多启示。文建中学的鲍润霞老师上的《守财奴》,古有萍上的《走出沙漠》,侯莲静上的《鸿门宴》,李晓娜上的《阿Q正传》,在教研员的示范指导后,她们把教案都进行了多次修改,在课堂上都呈现出了精彩的镜头。

(五)分层分片的教研策略

鉴于浦东地大、教师分布广和教育发展水平不均衡的情况,采取统一活动和分层活动相结合的方式,分片与全区教研相结合,既满足教师不同需求,又能将教师从繁重教研活动中解放出来。

作为教研对象的教师，无论是专业素养，还是个体特征，都存在着较大的差异，这一点在地广校多的浦东来说尤为突出，而另一方面传统教研工作中还存在着"齐步走""一刀切"现象，因此，要实施分层教研，差异式地发展。

根据不同层面的教师，开展不同层次和不同形式的教研活动，做到因材施"研"。分层可以是按教师教学水平层次、学校类型层次进行分享，因为相同层次的教师存在共性教研需求。同时，还可以根据教研内容、教师年龄层次进行分层教研。

分层教研应以教师个体为本，从教师的生命发展需要出发，并始终围绕教师的终生发展需要而展开工作。

分层教研还要有意识地为普通学校、农村学校和薄弱学校教师提供更多的平台，创造更多的机会和更好的环境，促使其与优质学校教师差异性发展。

分层教研可以采取同时分层和错时分层。同时分层是指教研活动同时，但分层开展。由于学校和学生差异的存在，教学要求也存在一定的差异性。因此，对不同层次的学校制定不同要求，成了我们必须选择的选择项之一。比如：在第十四周高三英语教研活动中，市重点学校教师参与进才中学的教研活动，而新评区重点及普通中学参与交中实验学校的教研活动。错时分层是指在不同时间，分层开展教研活动。考虑到教研成本，我们有时候把一个研讨主题错时地进行阶段式的研讨。比如英语写作教学，第一学期被放在市重点建平中学举行，而区重点以下学校则被计划在第二学期进行研讨，究其原因是区重点及以下学校有比市重点多得多的亟需解决的问题。先行教研的学校能为后续教研的其他学校起到一定的示范和引领作用。

第二节 教师专业发展学校与见习教师规范化培训基地学校的比较研究

教师专业发展学校与见习教师规范化培训基地学校都是以立足学校，服务教师为宗旨。其中，也表现出一定的差异性特征。

一、目的与任务不同

见习教师是学校教师队伍不可缺少的组成部分，作为教师专业发展学校，要责无旁贷地承担起见习教师的培训任务。在教师专业发展学校里，针对教育教学中存在的不足，通过合作研究共同寻求解决问题的方法，促使不同发展阶段的教师都能以行动研究的方式来解决实践中的问题，改善自己的实践，形成教、科、研合一的教师专业生活方式。

见习教师规范化培训基地学校，其目的和任务较为专一，也更有针对性，是为见习期教师提供专业成长的支持与帮助,设计针对性更强的培训方案,见习教师在这里会更多得到有丰富带教经验的老教师的指导和帮助。

二、建设背景的不同

(一)教师专业发展学校:以区域教育内涵发展和难题破解的需求为出发点

"十一五"以来,浦东新区基础教育基本完成以数量扩充、硬件建设为特征的第一阶段发展,开始向以发展内涵、提升质量为特征的第二阶段跨越。教师队伍的质量是决定教育质量的核心,要实现浦东教育新一轮跨越式发展,必须构筑浦东新区教育人才高地,打造一支高素质的教师队伍。浦东新区从"十一五"起就将目光聚焦到师资队伍建设上,对区域教师发展中存在的问题进行系统梳理,在此基础上确定教师教育创新实践的方向:

第一,教师专业精神引领和专业幸福体验的缺失,需要进一步激发专业发展动机,提供更多以校为本的专业展示平台。众所周知,教师专业精神的品质对其专业发展具有不可替代的重要性,是最为重要的内因。而每个教师在不同的发展阶段会有不同的专业体验,如新手时期的紧张无助、"蜜月"时期的得心应手、"高原"时期的倦怠和再次突破时期的"自我实现",相比之下,最后一种专业幸福体验层次最高,也最难实现。浦东新区从政策设计出发,提出"教师专业发展学校"的概念,正是为区域教师打造以校为本的优质教师专业发展平台,让这些学校的教师在基于本校、本专业的实践中就能得到专业精神引领,获得专业幸福体验。同时,"教师专业发展学校"还强调区域分享、示范辐射的功能,可以为更多区域教师提供专业精神的引领,激发专业发展动机,使他们从"要我学"走向"我要学"。

第二,教师多维专业支持和专业团队砥砺的缺失,需要对区域范围内的学习型组织加强机制设计,打造教师身边的专业发展共同体。

浦东教育发展研究院系国内首家区域性教育研发机构,一直尽己所能给教师专业发展提供一定的专业支持,如教研系统的教研支持、科研系统的科研支持、培训系统的培训支持。但这些支持是单一维度的,不易走进教师的生活世界。浦东的中小学都有教研组、备课组等教师团队,但真正意义的教师专业发展共同体并不多见,萝卜炖萝卜的现象普遍存在。浦东新区打造"教师专业发展学校",正是从学习型组织的机制设计上寻找创新的可能,将区域层面、教研组层面的各类教师专业支持组织打通,实现多维、立体的架构,努力打造教师身边的专业发展共同体。

第三,教师专业成长路径揭示和实践指导的缺失,需要研发教师专业成长的临床诊断技术,加强针对不同专业发展阶段教师的个性化指导。

传统意义上,教师专业成长主要靠公开课(含赛课)、考试排名等路径来获得体制内的成长机会。这些未必就是教师专业成长必然的路径,教师在实践经验与智慧的积累过程中,需要更精准的临床诊断技术来帮助其认知专业发展的瓶颈,得到更符合其特定发展阶段需求的个性化指导。"教师专业发展学校"正是这样一种具有"临床教学研究"功能的机构,其设立大大激发了浦东新区优质学校开展"临床型"教师专业发展支持研究的积极性,为教师教育的内涵发展提供了新的增长点。

上述问题在全国范围内都是需要破解的教师教育难题,是"十一五"乃至"十二五"期间各地教师教育改革的热点与难点。为了解决这些问题,浦东新区于2006年初启动浦东新区教师专业发展学校建设项目,引用"教师专业发展学校"这个20世纪80年代中期美国人首先提出的概念,并对"教师专业发展学校"的功能进行拓展,探索更为有效的区域教师专业发展途径和平台,一方面提升教师综合素质,另一方面促进学校发展,形成鲜明的办学特色,提高学校持续发展的竞争力,从而努力打造"浦东教育品牌"。

(二)见习教师规范化培训基地学校:以见习教师专业成长为落脚点

第一,见习教师专业成长实践指导的缺失,需要对见习教师提供更多的实践帮助。教师职前教育普遍存在重学科轻师范、重理论轻实践、重学识轻师德等问题。教师教育专业没有凸显师范特色,盲目追求学术性;强调专业知识和教学理论的传授,忽视教学实践能力的培养,教学技能缺失已成为师范生的通病;教育理论知识缺乏针对性,不能有效指导教育实践。在教学设计、教学方法选用、教学评价、语言表达等教学技能水平上存在较大的缺陷,往往造成很多刚刚入职的教师发出"在学校学的东西都没用"的感慨。见习教师规范化培训基地学校,正是解决见习教师培养的困境,使见习教师在教育教学的一线,在带教导师的帮助下,认识、熟悉、规范教育教学实践、从而更好地驾驭教育教学。

第二,教师职前教育与职后教育的断层,需要跨越鸿沟、打通断层,实现教师教育一体化。为了适应学习化社会的需要,以终身教育思想为指导,根据教师专业发展的理论,对教师职前、入职和在职教育进行全程的规划设计,把基础教育师资的培养和在职教师的培训渠道打通、融合,建立起教师教育各个阶段相互衔接、各有侧重的教师教育一体化体系。见习教师规范化培训基地学校承担见习教师的培养工作,使见习教师有获得实践知识的平台,是教师教育的重要组成部分,是教师职前教育与在职教育之间的重要环节,是教师管理的制度创新。

三、内涵机制的不同

(一)教师专业发展学校拓展学校内涵,实现双中心、三发展

浦东新区教师专业发展学校是在原有学校建制内,通过对学校功能的拓展,帮助教师形成教育、教学、研究、学习合一的专业生活方式,养成专业发展的自觉意识,形成教师专业发展的良好文化氛围,并积极发挥其示范辐射作用,引领区域其他学校的教师专业发

展,最终实现"双中心"、"三发展",即学校发展要以学生和教师的发展为中心,实现学生、教师、学校三方的共同发展。

这一内涵的界定,与国内有关探索同中有异,更符合区域教育的实际需求。2001年,首都师范大学曾借鉴美国教师专业发展学校建设的理论与实践,提出并实践了建设"教师发展学校",主要做了四个方面的探索:一是建立师范院校与中小学之间的合作关系;二是激发中小学教师的研究意识、主体意识;三是探索一条实践取向、意义取向的教师专业发展途径;四是形成一种实现中小学教师职前与职后教育一体化的基础。浦东新区的教师专业发展学校建设,吸取了其中的核心要义,但不拘泥于这四个方面,而是针对浦东新区教师专业发展的现状和实际需求,做了如下的内涵拓展:

(1)两大宗旨:以促进教师专业成长、提升学校办学水平为宗旨。新区明确了教师专业发展学校中教师、学校这两大发展主体,强调学校发展要以学生和教师的发展为中心,实现学生、教师、学校三方的共同发展。

(2)四大原则:教师专业发展学校的创建应本着"以教师的实际需求为导向,在课题中促研究,在研究中促反思,在反思中求提高"的工作原则,使教师专业发展学校真正成为本校教师专业成长的摇篮,同时也是他们体验专业幸福的精神家园。

(3)五大机制:浦东新区教师专业发展学校在建设过程中,以教师准入机制、聘任机制、培训机制、评价机制、示范辐射机制五大机制建设为抓手,明确教师专业发展学校享有的权利和应该完成的职责。五大机制的构建与完善,有力地保障了教师专业发展学校的自主建设。

(二)见习教师规范化培训基地学校为见习教师提供广阔平台

见习教师规范化培训基地学校最大的特点在于临床性,它是一所见习教师的临床教学学校,是见习教师职业生涯的摇篮,在见习教师规范化培训基地学校里见习教师一定是作为教学工作的参与者,以一个教师的身份参与到中小学正常教学活动中去,在带教导师的指导下,在参与备课、观摩教学、参加各种研讨会等的过程中,认识了学校教学活动的基本情况,发展了必备的教学技能和处理日常教育问题的能力,为未来正式进入教师岗位做好准备。

(1)一个宗旨:以促进见习教师成长为宗旨。在进入教师队伍的最初阶段,规范其教育教学行为,逐步形成其教学特长,为日后发展打下坚实的基础。

(2)两大保障:有利于见习教师的职业认同与专业成长的学校整体氛围、丰富带教经验的带教导师,这两点为见习教师成长提供了强有力的保障。学校在带教见习教师与师范生实习方面已经形成成熟的做法与经验,带教效果良好。见习教师规范化培训基地学校有相当数量的学科教师团队能指导见习教师规范化培训。有一批能带教见习教师实习的指导教师,热心于带教见习教师实习工作。

第三节 区域教师展示平台建设的实践探索

一、不同阶段教师的特点分析

1. 职初教师或称为新手型教师,一般是教龄在 1—3 年的青年教师。这一阶段的教师,其专业发展的主要要求,是熟悉教学的基本环节(如备课、上课、作业批改、辅导、考试测验),教师还处在练就基本功阶段。这样的老师,要在带教导师的指导下,学习如何理解课程标准、如何分析教材、如何进行教学设计、如何做课件、如何上好一堂课、如何批改作业、如何根据学生情况进行辅导、如何在考试测验后进行质量分析,等等。此外,还要学会管理学生、管理班级。在导师的指导下,通过一段时间的学习和实践,做到能够独立的处理好五个教学基本环节,能够胜任学校的教学工作,那么教师已经从新手型教师向成熟型教师转变了。

2. 成熟型教师,主要指教龄在 3—10 年的青年教师。处在这一阶段的教师,他们已经积累了一定的教学经验,有了较扎实的教学基本功,对课程标准有自己的理解和看法,能够独立处理教材,能够根据不同的教学内容、课型进行教学设计,逐步进入游刃有余的驾驭课堂教学的状态,能够根据不同教学内容和需求,选择合适的教学手段、教学方法,教学效果良好。对于处在这一阶段的教师而言,需要在原有基础上进一步的提升教师的专业水平和学科教学知识。

3. 骨干型教师,一般指教龄在 10 年或以上的教学经验比较丰富、教学效果比较好的教师。这一群体的教师,占教师队伍的大多数。这一群体的教师,对自己所教的学科知识已经驾轻就熟,已经形成了具有自己特点的学科教学内容体系、教学方法体系、教学资源体系。对于学科的课堂教学,不仅知道怎样教,而且能够用学科教学论、教育学心理学等知识,解释为什么要这样教的道理,因此基本已经处在教学的自由王国中。这样的教师,已经具备了指导青年教师的能力,具备了在区域发挥作用的能力和辐射教学经验的能力。

4. 专家型教师,是指在骨干型教师的基础上,通过提炼、总结和升华,有了自己的学科教学论,有了自己的一套教学思想和理念,而且能够根据自己的教学思想实施教学,在同行中取得公认的成果和成效。能够根据自己的教学理念和教学实践经验,指导青年教师和骨干教师的教学,能够在区域层面发挥指导性的作用,对区域的学科教学做出一定的贡献。

二、区域教师展示平台的架构

浦东教发院根据区域内不同类型教师的特点和发展的需要,按照研发机构为区域教师和学校提供专业支持的要求,搭建了供不同类型教师需求的教学展示平台。

1. 区域教师协同研修活动平台,这是供所有类型教师参加的平台。
2. 见习教师教学设计比赛、见习教师课堂教学评优活动,这是主要供处在见习期教师参加的区域教学展示平台。
3. 浦东新区新苗杯教学评优活动,这是主要供处在1—3年教龄的职初(新手)教师参加的区域教学展示平台。
4. 中青年教师参加的各类课堂教学评比活动(如中青年教师教学评优活动,信息技术在教学中应用的评比活动等),这是主要供教龄在3年以上35周岁以下的成熟型教师、骨干教师参加的区域教学展示平台。
5. 教师教学论文评选活动,这是供区域各类型教师参加的展示教师教学实践和教学研究成果的平台。
6. 区级教学展示周平台,这是供特级教师、学科带头人、骨干教师等展示教学研究成果实践应用的平台,每年举行一次。
7. 区学科带头人、骨干教师教学实践与研究团队,这是供区学科带头人、骨干教师参加的区域教学研究、实践、辐射、展示的平台。
8. 区级名师培训工作室(基地),这是以区级专家型教师为主体组成的高端教师培训组织,目的是为我区培养一支高素质的教师队伍。

这八个层面的教师展示、发展平台,体现了基础性和层次性。其中区域教师协同研修活动平台,是属于基础性的,这个平台是每位教师都应该参加的平台,是每位教师从新手型教师走向成熟型、骨干型甚至专家型教师不可或缺的平台,是提高教师专业化水平的基础和保证。其余的平台,都体现了层次性的特点,这实际上就是体现了教师成长的规律。

第七章

"临床型"支持组织建设中各主体的成长个案研究

"临床型"支持组织建设的目标是促进各相关主体的不断成长,这里的主体指职初教师(见习教师)、带教导师和学校。本章的任务是把相关案例进行完善与提炼,并重在分析与评价,以对各主体成长的整体脉络进行梳理。

第一节 职初教师专业成长的案例分析

职初教师专业成长是本课题最主要的研究目的和研究内容,需要作专门讨论。在本课题中,职初教师专业成长由三大"临床型"支持组织共同作用、联合发力:一是"临床型"教研组;二是"临床型"教师专业发展学校;三是"临床型"区域教育研发机构。因此,对职初教师专业成长的案例分析也围绕这三大支持组织而分别展开。

一、"临床型"教研组支持下的职初教师专业成长案例

教研组是促进职初教师专业成长的一个重要的、基础性的"临床型"支持组织。在此,主要对"临床型"教研组的功能发挥和相关案例进行总结与分析,包括对课例研究活动的支持、对关键事件的支持等几个方面。

(一)教研组对职初教师课例研究活动的支持作用

浦东新区的课例研究一般以教研组为基本单位,教研组因为承担课例研究活动而更加具备了"临床型"的特质。在此基础上,本课题研究又更进一步,把教研组的课例研究引入专门针对职初教师的培养上来。这样,与常规教研活动相比,教研组的研修主体更加明确、研修主题更加聚焦、研修内容更加丰富、研修效果更加明显。一方面,教研组中的老教师既要为职初教师课例研究的设计、实施、素材等提供全程指导,又要与职初教师共同开展主题鲜明的课例交流与研讨,教研组中老教师的积极性得到了充分调动;另一方面,职

初教师在专业成长中遇到的问题也得到了很有效的解决。同时,作为新鲜血液,职初教师的成长也为整个教研组的反思与进步起到了激发作用,促进了教研组的共同成长。教研组对职初教师课例研究活动的组织支持具体表现在:

1. 支持职初教师担任课例研究活动的观察员

以华东师范大学安桂清副教授"基于课例研究的教师专业发展研究"为契机,浦东新区在康桥工友小学、大别山小学、紫罗兰小学、英才小学4所新区农民工子女学校开展了课例研究推广活动,每所学校均成立了6—8人的教研组,共涉及语文、数学、英语、美术4个学科。以康桥工友小学为例,在其英语教研组的组织支持下,为该学科职初教师提供了担任课例研究活动观察员的机会。由教研组组长黄正倩老师担任开课教师,其主要任务是锻炼教研组全体成员尤其是职初教师的课例观察能力。

根据黄正倩组长提供的案例材料,此次课例研究活动的主要内容与环节包括:(1)选择了"让英语学习困难学生也能感受到课堂的幸福感"教学主题,上课内容为《3BM3U3 Seasons》;(2)规划了教学方案,包括对三(1)班49名学生的学情分析;经讨论把课程分为一个对话表演、两个游戏三部分内容,并采用先易后难、层层递进的设计原则;重点观察15位后进生的课堂表现,如参与情况、幸福次数、受鼓励次数等;(3)教学方案的实施情况;(4)对黄正倩老师的两次课进行分析与反思,对两次课的优缺点和改进之处进行了评价。

经过对这个案例的分析与提炼,可以发现教研组为职初教师提供的组织支持主要有:(1)形成组织。即形成6—8人的教研组,由教研组组长牵头,组织职初教师开展学习;(2)目标导向。明确观察课例研究活动的目标、主题和任务;(3)参与设计。职初教师全程参与课例研究活动的设计方案,如黄正倩老师的课,在上课之前,职初教师就已参与其中,对方案细节进行讨论;(4)分工协作。每位职初教师都有具体任务和分工,如撰写方案、设计表格、课堂记录、评课议课等,以确保全员参与;(5)总结反馈。职初教师在课堂观察后要撰写研究报告和观察体会,便于总结提升。贯穿整个教研组活动的主线是平等的参与和充分的讨论,以达到共同成长的效果。

经过此次课例研究活动,作为观察员的职初教师在教研组的支持下获得了专业成长,而且成效明显。如青年教师陈霞的随笔《是金子总会发光》,就折射出了职初教师通过担任观察员,在课例研究中获得了属于自己的专业成长,她最后总结道:"通过这次课例研究,我学到了很多,也感知到了很多东西"。像这样的案例,在系列课例研究活动中是有代表性的。每所参与学校的职初教师都表现出了很高的参与热情,较早启动的农民工子女小学开展活动时,其他兄弟学校也参与了观课,踊跃担任观察员,并将课题研讨中获得的经验迁移到自己学校的研究中;总项目组的几位老师,在参加了两类学校(公办与民办)的课例研究活动后,也被农民工子女小学老师们的研究热情深深感动,他们对课堂教学研究的投入,以及观课议课过程中的平等、开放,都充分证明:农民工子女小学也需要课例研究,在教研组的引领下,能为这些最需要关注的教师提供实实在在的专业成长支持。

2. 支持职初教师担任课例研究活动的实施者

浦东新区沪新中学以 2011 年区级重点课题《中学生命教育资源整合与利用的实践研究》为契机,以课例研究为载体,在本校开展创建中学青年教师学习共同体的实践探索,以职初教师为本校课例研究的主体,在体育、化学、语文、数学等学科中开展相关探索。

以沪新中学见习教师袁艾雯为例,她在体育教研组的支持下,担当体育课的课例研究任务,经多次实践与总结,形成课例研究报告《体育课小组合作的课例研究初探》。报告共分五个部分:(1)选择了篮球和前滚翻两项运动为研究主题与教学内容;(2)对预备(2)班的六个小组学生进行有针对性的学情分析;(3)以小组合作的方式设计篮球课教学内容,并以学生的学习状态、参与与合作程度等为课堂观察的重点;(4)在教学方案的实施与改进中,从现场实录、同伴观察入手,对第一次篮球课的学生学习情况进行意见搜集与反思。针对第一次课的问题,调整并开展第二课前滚翻课程,取得了良好的教学效果;(5)进行教学反思,她总结道:"通过课例研究,对于我来说也是一种成长";"在小组合作中,要让学生形成良好的与人交往的习惯,懂得配合包容、理解宽容。比起一个人的学习,一个人的体育,我想这样的方式更能让他们感受体育的魅力,感受生命的精彩"。

经过对这个案例的分析与提炼,可以发现教研组为职初教师提供的组织支持主要有:(1)形成组织。袁艾雯老师的观察团队包括沪新中学青年教师教学研究会成员、带教老师、学校校长、书记、教学副校长、科研室主任、体育学科教师、浦东教育发展研究院研究者、华师大硕士研究生;(2)目标导向。通过课例研究与观察,不仅达到技能学习的目标,还要达到学生心理健康的目标;(3)参与设计。在观察团的支持下,经过多次讨论,袁艾雯老师主导设计完成了教学方案及细节;(4)分工协作。该团队所有成员都有明确的任务和分工,如在教学实施过程中,观察团分组进行教学观察等;(5)总结反馈。袁艾雯老师在两次体育课后,经过与观察团交流讨论,经过认真思考,撰写了研究报告和授课体会。其中,贯穿整个教研组活动的主线仍是平等的参与和充分的讨论,促进了学生—教师—观察团成员的共同成长。

通过这样的课例研究活动,职初教师获得了极大的自信,让到场的不少资深教师都感到震撼。年轻教师面对课例研究中关注学生甚于关注老师的理念显得非常适应,如袁艾雯老师当时虽然才工作半年多,但已能对班上大多数同学的情况了如指掌,能从容应对观察员们的各种汇报,坦然接受基于观察证据的合理建议,这种优秀的品质让在场的校领导深感欣慰。正因为职初教师们在课例研究中的不俗表现,学校才坚定了将课例研究在青年教师教学研究会中轮流展开的决心,经过三年的循环后,还逐步开始往骨干、中层教师中发展,进而成为该校校本研修的知名品牌。

(二)教研组对职初教师关键教育事件的激发作用

课题组把影响职初教师成长的关键事件分为:具有直接价值的关键教育事件;有间

接价值的关键教育事件;解决眼前困惑的关键教育事件;作为转折点的关键教育事件。其中,与教研组的支持直接相关的典型案例为:

第一,在具有直接价值的关键教育事件中,某小学一年级数学学科的L老师,刚入职不久就被选为教育署"微课程"研究公开课的人选。L老师的微课选题定为"物体的形状",学校的教研组给予了充分的支持和帮助,几乎把所有同年级的班级都借给了L老师来试教。也正是在这一次次的试教中,L老师的教学一次次地得到了改进,其教学技能得到了很大提高。随后,L老师还开设了更高级别的区级展示课,乃至于区最高级别的展示课——一年一度区级教学展示周中的公开课,获得了较快的专业成长。此外,从相对广义的角度看,青年教师成长案例也都有教研组支持的存在,这种支持主要体现在教研组关键人物的关键点拨之中,如带教导师S对职初教师Z老师的指点,使之真正转变了教育理念,从"以师为本"转为"以生为本";某小学英语课职初教师M老师,导师提醒他"要注意教小学生学英语不能是简单地教授,最重要的是要教会小学生运用这些单词进行交流,要让学生在课堂上进行思考",触发了M的思考,M迅速成长为优秀见习教师。

第二,在具有间接价值的关键教育事件中,如中学历史学科的职初教师Y老师,在见习期中,L老师专门训练他读书做笔记的能力,要求他每读一书,必有一记。60余篇读书笔记,帮助Y老师养成了良好的读书习惯,间接促进了其专业的不断成长。自然学科的职初教师S老师,带教导师要求她除了听本学科的课之外,还要多听其他各类学科的课程,坚持一段时间下来,达到了触类旁通、博采众长的效果,也大大促进了S老师在本学科的专业成长。

第三,在解决眼前困惑的关键教育事件中,小学语文课职初教师朱老师,在带教导师徐老师的认真、反复指导下,逐渐建立了主持召开家长会的信心、思路与技能,这个案例里,第一次家长会让朱老师感到手足无措,能力的不足和较高的期望之间形成障碍,朱老师迫切需要解决这个问题。好在有带教导师的指点,使其面对家长沟通的能力得到了快速提升,因此,这位初出茅庐的职初教师也不再惧怕与家长打交道,面向家长们召开家长会的问题迎刃而解。再如小学语文老师J老师,碰到了怎样让一年级新生快速认字的问题。直到一次来校的W专家点拨后,J老师才恍然大悟,原来一年级并不是要急于认字,而更重要的是培养良好的阅读习惯,在阅读习惯中提升认字能力。"专家一席话,胜读十年书"。正是得益于专家指点,J老师的教育教学理念得以转变,不仅解决了自己的目前困惑,还理解了一年级新生语文的教学核心。

第四,在作为转折点的关键教育事件中,Q老师从害怕上实验课到擅长上实验课,其转变在于一次校级公开课的展示。正是通过这件关键教育事件,Q老师理解了实验课上演示模具的重要性,意识到学会演示模具制作对实验课具有"四两拨千斤"的功效。

总之,职初教师的成长离不开关键事件的不断刺激,这里的关键事件并不是偶然的或自然发生的,而是人为设计的结果,这仅靠职初教师个人是无法完成的,要依靠学校和教研组的平台搭建和全力支持,比如组成教研组、安排带教导师、邀请专家、组织公开课和见习教师培训等,这些要素不仅是教研组的主要构成,也是教研组促进职初教师专业成长的关键功能所在。

(三)教研组对职初教师的文化濡染功能

1. 教研组"器物"文化对职初教师影响的案例分析

进才中学 3D 物理教研室建设,重在突出实验教学特色,旨在提示身在教研组里的每位教师,器物有形,文化无痕。进才中学物理教研组十余年如一日,教师自己动手做实验器材,自制教具,开发适合新一代学子的拓展课程,不仅积累了看得见、摸得着的器物文化,更创造和传承了爱动手、爱思考、爱合作的教研组文化,老教师指导青年教师一起研发这些创新性的产品,青年教师则在这样的平台上快速成长,成为这种动手型、创新型教研文化的传承人、扩展者。

不少青年教师在访谈中提到,如果没有老一辈的提携、手把手指导,他们不可能这样迅速地成长、成熟;老教师也客观地反馈,年轻人在做实验时,思想更解放,作风更细心,因此更容易获得教具制作等方面的新突破。尤其是引进 3D 设计与快速成型技术以后,组里的教师们之间更能体验到这种互帮互学、共同进步的气氛。"器物"文化上的积累与升级换代,见证了这个教研组优良文化的开创与延续。

2. 教研组"制度"文化对职初教师影响的案例分析

在肥城市某中学教研组的管理制度案例中,非常清晰地呈现了一个基层教研组在制度建设方面的努力,可谓全面而到位。课题组在制度、规范尤其是定量评定的内容下方都添加了下划线,提示读者注意,估计也是教研组长和老师们看到这个制度时会重点留心之处。因为这些内容都要纳入考核,需要迎接各种检查和验收。老师们自然会因此更加关注,也会做相应的准备,在每一步相关工作完成时,留下必要的证据,以应对考核。当制度只是用来约束教师(尤其是教研组长)时,越多的要求就越容易引起反弹,或者是应付。比如作为教研组长,在面对这样的制度要求时,很可能会应付性地完成每学期计划和总结;每周两次的业务学习和集体备课,也可能走过场;每个教研组的教师面对"常态课、开放课、公开课、研究课、观摩课、创新课、精品课"等名目繁多的课型时,也可能会不再全力以赴,而是"兵来将挡、水来土掩",所有的公开课统统理解成一种,那就是——远离常态,精心包装。这样的教研活动,其实已经失去了"临床研修"的意义,对青年教师而言,或许负面作用更大。在制度化的道路上,有的学校走得更远,已经配套起非常细致的考核方案,将教研组的一举一动量化,最后转换成教师的待遇差异。

另一个案例是某小学教研组考核方案的节选,客观地讲,有这样的考核方案做制度化保证,教研组以及其内的青年教师会因此受到鞭策,在学校规定的七个方面都得到保底式的发展。尤其是不少教研组在自然发展过程中,可能会相对忽视命题任务、学科活动的"临床"指导,青年教师便普遍容易出现命题能力弱、专题发言能力弱等现象。有了这样的制度,尤其是考核细则,教研组长有了发力点,青年教师也有了努力方向。

当然,这两个案例也有相似之处,即过于制度化、定量化的教研组文化建设,较容易带来僵硬、教条的另一面。青年教师也好,组内的其他教师也好,经过较短的时间适应,就能找到应对这类考核的办法。比如,"每学年每位教师至少撰写一篇教育教学论文",很可能会造成教师的"拼凑体""抄袭体"论文现象。一旦这种现象出现,且没有有效的制止措施,那么青年教师会很快效仿,形成"潜规则"并不断扩散。可见,"制度化"在教研组的制度文化建设中是一把双刃剑,如果只停留在"制度"的管理层面而始终不能形成教研组内部教师之间的理念认同、文化认同,那么,会弊大于利,甚至会人为造成一些教研组的内部不团结,进而影响学校的正常教学秩序。

3. 教研组"理念"文化对职初教师影响的案例分析

在苏州工业园区星港学校关于团队文化建设的案例中,团队文化对职初教师的影响是巨大的,案例中的小陈老师,在其制度规定的备课组、教研组内均未能找到归属感,幸而在困境中与"青葵园"相遇,得到青葵园的温暖接纳和有力支持,进而获得较快的成长。真正的团队不是制度规定的,而是心灵吸引的,青葵园的这一群人,正是心性相近、情怀相依、理念相似,尽管几经周折,但仍因"伟大事物"而紧密相聚。这样的激励,对青年教师而言,是至关重要的,他们会因此更有纯正的发展动力,也因此更能克服制度文化带来的桎梏,在职业发展的关键时期,寻找到足以引领自己的关键人物,进而获得更具有持续性的专业成长。

说到"理念"层面的教研组文化,它并不是与前面的器物、制度相互矛盾、相互脱节的第三种文化,而是自外而内、相互贯通、彼此牵连又交互辉映的文化层面。一个好的教研组,必然是有着自身独特的器物文化、合理合情的制度文化,进而又形成了理念层面的相互认同、自我接纳。用这三层来考量身边的教研组,课题组发现:有的教研组更为突出制度文化的建设,有的教研组更突显器物文化的层面,但骨子里的理念都是存在的,可以说,有怎样的理念,就会逐层透视出什么样的制度特征、什么样的器物形态。

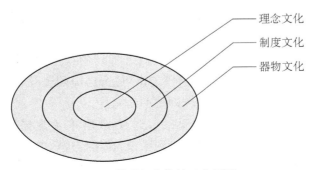

图8 教研组文化的三个层面

还是以青葵园为例，由于以"守护初中生的青春"为共同理念，她们组成的这个共同体就制定出了不那么僵硬但照样严格执行的共读、共写制度，也形成了"青葵园"这样更具诗意、更富隐喻色彩的团队命名。相比之下，那些只讲究"硬件武装到牙齿""制度细化到分数"的教研组，其核心理念大概可以概括成：教研组是学校的一级行政组织；教研组长是具有相应权力的资深教师；组内的青年教师主要义务是遵守制度、听从教导；有了好的机会（包括优良的器物装备、参加高一级比赛、评选高一级奖励），则要论资排辈，逐层递进……笔者不是要完全否定这样的教研组文化，在当前的教育生态下，完全消除这样的文化，短期内是不可能实现的。但笔者坚持认为，应该看到正确、优质的理念在教研组文化建设中的灵魂地位，应该鼓励有理想、有实践的教研组向着这个方向迈进。这样，在优秀教研文化中涵泳的青年教师，会更容易走上专业发展的正途，获得更有建设性、更具生长力的专业进步。

二、"临床型"基地学校支持下的职初教师专业成长案例

在促进职初教师专业成长的支持组织中，见习教师规范化培训基地学校是重要的中坚力量。浦东共有 105 个基地学校，每年要为 1 500 名新入职教师提供 1 600 余名签约带教导师。基地学校的带教导师主要采取临床式"学科诊断法"，为新教师进行课堂教学的专业诊断，一是发现职初教师教学行为中的问题，及时予以矫正；二是挖掘并维持职初教师的教学特色；三是激发职初教师的问题意识和研究意识，促进其自主教学诊断能力的发展。带教导师的教学诊断主要分为教学设计能力诊断和教学实施能力诊断，并且要为自己带教的职初教师填写《教学设计能力诊断书》和《教学实施能力诊断书》，从而使教学诊断真正达到可视化、可量化、可操作、可评价的效果，促进了职初教师的专业成长。

（一）教学设计能力诊断的案例分析

经过研究提炼，带教导师的《教学设计能力诊断书》（见下表）的主要项目可汇总为：(1)基本信息，包括课题名称、教学课时、使用教材、学校名称、见习教师姓名；(2)教学内容设计，包括课时目标、教学重点、教学难点、学情分析、教具准备等要素；(3)教学过程设计，包括教学引入、新课教学、课堂小结、作业布置等主要环节，以及各个环节对教师活动和学生活动的具体设计；(4)板书设计；(5)带教导师点评意见；(6)见习教师教学设计修改要点与体会。

《教学设计能力诊断书》样表

课题名称		教学课时	
使用教材		学校：	见习教师：
课时目标			

续　表

教学重点	
教学难点	
学情分析	
教具准备	

教学过程		
环节	教师活动	学生活动
（1）教学引入 （2）新课教学 （3）课堂小结 （4）作业布置		
板书设计		

带教导师点评意见：

见习教师教学设计修改要点与体会：

带教导师签名：

在4个《教学设计能力诊断书》案例中，涉及各个学段和若干主要学科，包括：高中数学、初中物理、小学语文、学前教育。由于学段和学科的不同，4个案例的基本信息、教学内容设计、教学过程设计、板书设计会有一定差异，但《诊断书》的重点均体现在"带教导师点评意见"和"见习教师教学设计修改要点与体会"，二者可分别作为诊断书的诊断意见与疗效。

1. 教学设计能力的诊断意见分析

4个案例、4位职初教师、4位带教导师、4份诊断书、4个诊断指导意见，从上述诊断书可以看出，浦东新区的带教导师是一支业务能力强、经验丰富、极富智慧的导师团队，工作不仅认真仔细而且十分专业，都能从优点和需要改进两个方面对见习教师的教学设计能力进行诊断。例如北蔡中学的带教导师傅顺林在诊断见习教师王霞的教学设计时，从4个"考虑"作为诊断的切入点：第一，从教学目标的实现与否考虑；第二，从突出重点和突破难点的教学措施考虑;第三,从教学环节的设计与合理性考虑;第四,从教师的课堂语言考虑。点中要害,分析透彻,整改措施明确。洋泾菊园实验学校的带教导师黄敏霞在诊断见习教师陈凡頔的教学设计时,不仅点评了亮点,重点就需要改进的四个方面一一诊断,甚至具体到物理实验操作的一个步骤,提出了具体的"药方",可谓做到极致。周浦二小的带教导师康燕在诊断见习教师谢晓敏的教学设计时,在充分肯定谢老师语文功底较好的同时,也指出三点需要改进的地方:第一,教学目标在表述时要明确;第二,在教学环节中,要适时进行语言文字的训练;第三,作为新教师对于各环节的设计意图还并不是十分清楚,日后须加强。诊断的目标一目了然,具有极强的针对性。浦南幼儿园的带教导师方珍在诊断见习教师顾嘉尧的教学设计时,提出了具体的诊断建议:一、每个环节的时间把控要调整。第一环节由于唱歌的时间过长,导致幼儿表达不清,必须听第二遍,建议稍作修改。在第二个环节,自主观察老师的介入倾听很重要,这关系到后面环节的承上启下作用;二、提问要精心设计。需要考虑到孩子的反应种种,老师需要有所预设并面对如何回应,这是年轻教师所具备的。三、第三环节的理解体验,图片上的内容可以适当放大一些便于幼儿理解和思考。

经过概括提炼,可以梳理出其中的基本结构,导师们的指导意见可分解为:(1)从诊断意见的性质来看,既肯定职初教师教学设计的优点或亮点,又指出其中的缺点、不足或有待改进之处。肯定优点是对职初教师的鼓励,也是诊断的重要内容,但诊断意见的重点仍是后者,以促进职初教师获得更快更好的进步;(2)从诊断意见的内容来看,涉及教学设计的所有内容与环节,包括教学目标的问题、教学重点难点的问题、教学过程的设计问题、教学提问的设计问题、教学时间把控的问题,以及教师课堂语言、文字功底的问题等。

2. 教学设计能力的诊断疗效分析

经过带教导师的诊断与指导,职初教师填写了"见习教师教学设计修改要点与体会",以体现带教导师的诊断疗效。本章节经整理把这些文字放到一起,我们从中可以集中体会到职初教师在教学设计能力方面的进步与成长。

初中物理教师陈凡頔写道:刚开始写教学设计参照模仿网上资源较多,借鉴了许多人的智慧,写完后只觉得挺丰富的,自己抓不到自己的长处和短处,经过带教老师指导后,明确了自己还需要整改的方向,顿时豁然开朗,继续深入学习新课改理念,关注教学目标的设定,注意在教学设计中整改自己的专业发展的瓶颈问题,多实践,多积累,争取更大进步。

小学语文教师谢晓敏写道:(1)听了康老师的指导后,我对这份教案设计进行了修改,首先改了教学目标,对第一条,增加了一些具体生字的方法,如:争、再;对第三条,增加了"利用文中句式进行说话训练"。这样一改,教学目标更具体,也让我更清楚要教什么;(2)在教学环节中,康老师也给了我几个建议:第一,课文1、3、5小节写熊猫妈妈三次打电话的内容,我原本是自己引导让学生说说三次打电话有什么不同,听了康老师的建议后,我觉得让学生自主发现三次不同,对培养学生的阅读能力更有利。增加了拓展说话这一环节,也让我更加明确了要在教学中让学生学习运用语言。对于一年级的学生来说,语言训练的重点就是仿照课文句式说话,我以后要多运用这种能提高学生表达能力的想象说话练习。经过康老师的指导,我对设计教学有了一些想法,首先要明确教学目标,还要具体、明确地表述。其次在各环节的设计中,要紧紧围绕目标,设计的各种语言训练要意图明确,这样才有效。

学前教育教师顾嘉尧写道:这是我第二次的试教了,在此之前和导师一起经历了说课—调整目标和活动环节的设计—第一次实践活动—再进行分析和调整,活动的第二第三环节增加了自主观察的环节。我认为本次活动的目标达成度还是不错的,但是自身最大的问题还是出在给予幼儿的回应上,在这方面没有做到给幼儿最好的提升,并且我还感觉自己没有最自主地去进行这节活动,课后想来,也有许多地方还存在"控制幼儿"的地方。

3. 总结分析

从上述诊断书可以看出,浦东新区的带教导师是一支业务能力强、经验丰富、极富智慧的导师团队,工作不仅认真仔细而且十分专业,都能从优点和需要改进两个方面对见习教师的教学设计能力进行诊断。

综合以上案例分析,可以发现:应该继续引导见习教师理解教学设计的思想,帮助他们掌握教学设计的具体环节的知识技能,提高教学设计能力水平。否则,见习教师会停留在低水平的起点上不断重复,起不到教学设计促进教学质量提升的效果。其实,提高教学质量不需要采用花样不断翻新的教学方式,只需要在教学设计和环节的细节上加以落实和不断优化。当然,在见习教师入职初期,带教导师的诊断与指导功不可没。

(二)教学实施能力诊断的案例分析

经过研究提炼,带教导师的《教学实施能力诊断书》(见下表)的主要项目可汇总为:(1)基本信息,包括课题、课型、学校、年级、班级、见习教师和指导教师姓名;(2)必选诊断点,包括教学目标的预设与达成度、教学环节的设计与有效性、本体知识的掌握水平、课堂互动方式与效果、课堂生成及其处理、教师的课堂评价语言,以及练习、媒体设计与效果等要素。其中,各项要素之下基本都分为优点评价和不足评价,并要求带教导师在诊断时进行举例说明,以明确职初教师的优点或不足到底在哪里;(3)自选诊断点,包括课堂提问的诊断、课堂教学时间分配的诊断、教师课堂内巡视线路的观察与诊断、教师语言习惯的诊断、教师课堂管理的观察与诊断5项,导师要根据学科和见习教师实际,选1—2项进行诊断;(4)导师综合点评;(5)见习教师自我反思。

《教学实施能力诊断书》样表

见习教师姓名		班级		指导教师	
课题		学校：	年级：	课型	

一、必选诊断点（下列条目供各学科修订时参考，一般以 5—7 个为宜）

1. 教学目标的预设与达成度

预设的目标：	达成的效果及理由：

2. 教学环节的设计与有效性

有效性较高的环节与理由：	有待提高的环节与理由：

3. 本体知识的掌握水平（举例说明）

恰当处：	需修正处：

4. 课堂互动方式与效果（如提问、合作学习、独立探究，举例说明）

有效的是：	值得商榷的是：

5. 课堂生成及其处理（举例说明）

欣赏的是：	遗憾的是：

6. 教师的课堂评价语言（片段分析）

欣赏的是：	遗憾的是：

7. 练习、媒体设计（课件、板书等）与效果

欣赏的是：	可修改的是：

续表

二、自选诊断点(根据学科和见习教师实际,选1—2个为宜)

三、导师综合点评
这节课的最大亮点,尚存在的明显问题,进一步改进的建议等。

四、见习教师自我反思

带教导师签名:

在4个《教学实施能力诊断书》案例中,涉及各个学段和若干主要学科,包括:高中心理学、初中英语、小学数学、学前教育。与《教学设计能力诊断书》不同,《教学实施能力诊断书》直接指向实践性的诊断,难度更高,对带教导师的要求也更高。在此,主要对4个案例《诊断书》的两项主要内容进行分析。

1. 教学实施能力的诊断意见分析

在《教学实施能力诊断书》中,导师诊断意见分为两个部分:

一是具体的诊断点,要涉及职初教师上课的各个环节,在给出诊断意见时,还要举例说明,其中又包括必选诊断点和自选诊断点两部分。通过实际案例来看,带教导师的诊断质量也参差不齐,有的导师的语言较为泛泛而谈或者较为抽象,无法把职初教师的问题与其实例进行充分结合,有种点穴点不到位的感觉。但也有的导师图文并茂,内容详实,问题例证明确,具有很好的诊断效果。

二是导师综合诊断意见,也就是导师综合点评。与具体诊断相比,综合诊断的难度更大,既要避免与具体诊断意见相重复,又要对职初教师的整体优缺点进行概括和提炼,这对导师的观察能力、概括能力、文字能力是一个不小的挑战。从实际案例来看,导师们的综合诊断基本能从职初教师上课的实际情况出发,把握好关键节点,提出较为中肯的、有针对性的改进意见。作为导师诊断意见的结果或效果,则可以从见习教师自我反思中有所体现。

2. 教学实施能力的诊断疗效分析

经过带教导师的诊断与指导,职初教师要填写"见习教师自我反思"一栏,以体现带教导师的诊断疗效。本章节仍然把这些文字整合到一起,以从中集中体会职初教师在教学实施能力方面的进步与成长。

高中心理学教师卫巍:从整体上看,本节课的教学目标基本完成,学生对于教学重点熟练掌握,但在运用方面有所欠缺,在同桌互动演练的时候课堂稍稍显得混乱,如果能选一到两组同学到前面来演示,效果可能会好一些,也不会失控。在上课的过程中,师生互动可以再多一些,教学方式及教学工具的运用也可以更丰富。此外处理课堂突发事件的能力仍需加强。

初中英语教师崔锦华:这节课自我感觉最好的地方是,学生很配合老师的教学工作。对导师提出的问题都尽最大的努力进行了修改。今后应该在教学过程中注意这些问题,避免犯重复的错误。也相信经过自己的努力,在教学过程中一定会有所突破的。

小学数学教师康妲妮:在小班常识学科教学中要注重让学生掌握自行获得知识的方法,学习主动参与教学实践的本领,从而真正体现教育的主动性、民主性、合作性和发展性的原则。在课堂教学中,体现了学生是学习和发展的主体,教学中体现知识传授与能力培养有机结合;采用独立自主与合作交流相结合的学习方式。我觉得在教学中有以下几个成功点:(1)学生的思维始终处于积极、兴奋状态。从课一开始,学生就以一种轻松的心情进入情境。开始就为学生讲述故事并出示幻方龟,"它神奇在哪里?""它背上有奇特的图案"激发了学生的兴趣,善于想象的低年级孩子思维处于积极、兴奋状态,在学生感兴趣的画面中学生的思维火花开始点燃了。接着让学生翻译洛书,寻找发现幻方的特征,学生的兴趣有增无减。判断幻方以及练习中让学生为龟姐妹找回丢失的数字,学生的思维又活跃起来,想出了多种做法,有的还找到了简单的方法。灵活、积极的思维状态胜过了说理,这是我在新课程中对"说理分析"的尝试性的突破。教学从洛书出发,让学生寻找规律再运用规律使整堂课融为一体,学生的思维始终处于积极、兴奋状态。(2)学习的主动权始终掌握在学生手中。问题的产生、提出、解决这一系列过程都是孩子们自行完成的,教师在其中始终处于组织者、引导者、合作者的地位。让学生自己把洛书翻译成幻方,特别是第三环节探究幻方的特征时,我把学习的主动权交给学生,让学生先独立思考通过观察、计算、讨论、交流、体验等一系列有效的活动,发现一些幻方的特征,形成自己的观点。接着安排同学们在小组内交流讨论完善对幻方的特征的认识。此时,教师在各组间巡视,给予适当的点拨、帮助。在小组学习后的集体交流中,我借助多媒体演示,直观帮助学生理解,并且通过教师的语言如:"谁听懂了她的回答?谁也来说说你的理解?谁也看出了这一特点?"等问题引起生生、师生之间的互动,使每个学生真正投入到教学中,知道幻方的特征,每个学生都能得到不同程度的提高。在这一探究过程中,不仅注重知识的传授,更重视对学生的探究能力的培养,让学生学会思考、学会小组合作、学会倾听他人的意见并作出相应的判断。当主动权掌握在孩子手中时,孩子们的创新思维是会不断闪现火花的。

学前教育教师杨宏芬：（1）设计思考：孩子的世界是丰富多彩的，小班幼儿正处于对色彩的敏感期，他们对身边的各种颜色充满了兴趣。《幼儿园教育指导纲要》指出："科学教育的内容应从身边取材，引导幼儿对身边常见的事物和现象的特点、变化规律产生兴趣和探究的欲望。"生活中五彩缤纷的色彩对幼儿具有强烈的视觉吸引力，《变色鸟》这一活动正好满足了幼儿对色彩探究的欲望，活动中通过看一看，玩一玩让幼儿在游戏中去观察，去发现两种不同的颜色混合之后的奇妙变化，让幼儿既享受了玩色的乐趣，又增强了对色彩探究的欲望。（2）个人收获：在本次的考核课准备过程中，我从网上搜索了很多《颜色变变变》及《变色鸟》等多种关于探索颜色的活动，因为素材太多，所以我有点迷茫，经过导师的修改与指导，最后慢慢地将绘本与科学探索结合在一起。在与导师的沟通交流中，我尝试修改并确定活动方案；在不断的试教与反思中，我的回应策略不断有所提高。同时，面对同伴、导师们和专家教师的观摩，自己的胆量得到了锻炼。从一个稚嫩的新手教师到一个有思考、有进步目标的新教师，在制定目标、设计活动、反思等方面都有了相对提高！在研课的初期，我觉得整个活动环节紧扣，目标突出，课堂气氛活跃，孩子们学习、探究的兴趣很高，但是在活动中产生了一些预设之外的问题，包括：一是两次果子颜色问题。在两次操作中，幼儿搞不清楚两次加的果子颜色，最后在分享交流的时候有点混乱。二是对幼儿的回应缺乏经验，所以回应总结显得单调、重复，对于幼儿的反应缺乏预设性。三是材料问题：为了契合故事内容，我采用的是勺子和流质的颜料，但是出现了滴漏的问题，桌子及手上都沾满了颜料，在卫生问题上幼儿产生了抵触的情绪，都吵着要洗手，导致最后环节无法正常进行。（3）针对这三个问题，我和导师们经过思考和研讨，最后采取了以下调整措施：一是在添加果子方面，我提供了圆形颜色即时贴作为小标记，在幼儿添加果子的时候就提示幼儿进行标记，这样既帮助幼儿记忆，又能培养小班幼儿记录的习惯。二是对于回应、总结方面，我结合当天试教出现的一些问题进行了回应的思考，并且增加预设，积极向有经验的导师询问一些可能出现的情况以及回应措施。三是针对颜料问题，教师在瓶子的选择上将其换成广口瓶，这样可能对于喂颜料过程中滴漏的现象会有所改善。（4）随着研究的深入，我和导师又围绕一些新问题进行了调整和完善：一是文本的书写总标题不突出重点，虽然环节已经梳理清晰，但是在重点提问以及环节目标上不是非常突出，可以参照一些优秀教案进行微调整。二是在操作中要求过多，教师语言显得有点啰嗦，对于小班幼儿来说，没有较多耐心聆听那么多要求，所以经过讨论将其中一部分要求改变成儿歌渗透在教师的操作中，经过教师的操作演示，潜移默化中以儿歌形式深入幼儿的思维中，这样就会减少要求说教化的问题。三是经过更换后的广口瓶依然没有解决颜料滴漏的现象，而且幼儿对于一勺的概念不清，总会出现喂很多次的现象，这个主要就是材料的问题，如何能控制量又能解决滴漏问题呢？经过商量后，导师提出利用海绵，将颜料渗进海绵中，这样既可以解决颜料滴漏的问题，又能控制幼儿的使用量。短短的十五分钟并不代表结束，而是一个新的开始，在接下来的日子里，我将从本次活动出发，不断完善、调整,继续细化课堂教学,希望这样做不仅可以帮助幼儿更好地理解这个绘本,还会在孩子稚嫩的心田播下崇尚美好、追求美好的种子!

3. 总结分析

带教导师在见习教师的课堂教学执教过程中,通过"望闻问切"等各种手段,对学员的整个课堂教学活动进行了观察与记录、分析与诊断。例如在课堂教学环节中执教教师的教学目标是什么?实施措施如何?重难点又在哪里?如何智慧性地处理好课堂预设与生成的关系?等等。在基于诊断的基础上发现见习教师课堂教学中存在的问题,并且针对见习教师个人的特点进行清晰性诊断汇总和说明,意在找到真正制约见习教师的教学水平、影响教学质量的提高的困惑和根本原因,并要求见习教师就课堂教学存在的问题和原因做出相应的反思、改进,最终达到提高课堂教学水平的目的。

在课堂实施能力诊断方面做得比较好的案例有很多,例如市实验学校的带教导师王文革在诊断见习教师卫魏的课堂教学时,指出具体存在的问题:"一、心理课一定要保证每节课新概念不能超过一个,这样便于学生的知识理解,也便于集注课题。二、强调课程内容的独立和完整性,不能1课时讲完的,就一定要分拆,这方面不能追求蔡格尼克效应。三、语态的改进在很长时间内是一个大的问题,这需要逐一研磨,加强自我警示练习,慢慢达到无意识化。四、课堂监控水平要提高,适当使用视频和ppt。同样一个故事,如果老师绘声绘色地讲述,可能更容易吸引学生的注意力和对问题的指向。"南汇三中的带教导师沈宏在诊断见习教师崔锦华的课堂教学时,先从教学目标、教学过程和方法、学生学习情况、教师素养等四个大方面初步肯定了崔老师课堂教学的亮点。再指出课堂改进的建议:"一、关于纠错问题,一直是个难题,是纠还是不纠,何时纠错,我觉得教师应该把握好时机,如有几位学生都说 He think, Although … but … 时,教师应该给予纠正。当然,纠错一定要巧妙,要尽量不伤害学生的积极性,但对于大错,反复的错误,应该纠正,本节课中,教师可以通过重复,不露声色地进行纠正。二、各小组讨论得不错,作为教师应该有所评价,好的要表扬,需努力的要提出努力方向,且一定要对优缺点有具体的意见,使评价落到实处。三、课件中有部分内容需要充实一下,这样就更加完善。最后环节推测结局,时间有些仓促,应让学生有足够的时间发挥想象。四、重点词汇和句型有些应该在黑板上写出,更加方便学生记忆,否则全部用PPT给人有蜻蜓点水之感,反而影响了学习效果。"浦东南路小学的带教导师赵俊华在诊断见习教师康妲妮的课堂教学时,从课堂引入、课堂的生成、小组活动等环节进行了点评,最后建议康老师在以后的课中多让孩子自己学会归纳总结,给予他们更多表达的机会。晨阳幼儿园的带教导师瞿开颜在诊断见习教师杨宏芬的课堂教学时,先就"教法设计"的三个策略"创设'故事情景'""幼儿'自主操作和探索'""采用'互动教育'"与见习杨教师一一进行了及时有效的沟通。再就具体的课堂教学存在的问题提出三条诊断性建议,建议"细化教学、到孩子中去、追求教学的简约"。

两点建议:

各基地学校要对带教导师针对见习教师日常的《学科教学设计能力诊断书》和《课堂实施能力诊断书》提出具体要求,学校要把好审核关,监督《学科教学设计能力诊断书》和《课堂实施能力诊断书》落到实处,使之规范化和常态化。从上交《学科教学设计能力诊断书》和《课堂实施能力诊断书》的内容来看,多数是按照要求完整、详细地填写,而且是有效的。但是不可否认的是,《学科教学设计能力诊断书》和《课堂实施能力诊断书》也存在很多问题,如见习教师写得很认真,而带教导师的综合评价无建设性诊断建议,只有寥寥几句套话,不痛不痒的,说和没说一样;也存在极少数见习教师态度不端正,仅仅是敷衍了事。为此建议:

第一,各基地学校要将见习教师的《学科教学设计能力诊断书》和《课堂实施能力诊断书》收入带教导师和见习教师的业务档案并作为业务考核的内容之一。学校教学管理部门要加强平时的督促与检查。

第二,区教师发展中心要协同区教育协会加强调研与过程指导,对各校《学科教学设计能力诊断书》和《课堂实施能力诊断书》的撰写、实施与管理情况进行随机督查,并形成书面材料在一定范围予以通报。

(三) 综合带教的典型案例分析

关于这部分内容,在4位带教导师的综合带教案例中,有进才中学童岚老师的《是什么燃烧起她们的教育激情——通过带教做年轻教师引路人》、上海市实验学校附属光明学校的朱金琯老师的《多元促进、朴实推进、促进新教师全面发展》、浦东南路小学崔立坚老师的《悉心示范、无声引领》、蒲公英幼儿园的岳莲老师的《手把手、共成长》。

通过对4个案例的分析,可以总结得出:浦东新区针对职初教师实施了为期一年的规范化培训,让职初教师在优秀教育教学团队的浸润和专门的指导教师的带教过程中,尽快胜任教育教学工作。采用带教导师负责制,发挥团队带教优势,是浦东新区职初规范化培训方式之一。一是学校建立了导师团队带教,教师全员参与,职能部门协作培训三位一体的团队带教方式,为学员搭建更丰富的平台。二是由相同学科导师集体讨论、研究、组织学员开展培训的带教方式。导师集体备课的方式整合了导师不同的优势,提高了效益。三是全体带教导师向学员开放课堂,要求带教导师结合两天培训时间合理安排,用好学校的听评课资源。四是各职能部门在组织各类教育教学培训展示活动中要把见习教师的培训纳入其中。形式多样,内容精彩纷呈。

1. 有关教育理论知识

上述案例涉及的现代教育理论,即教师应具有的教育素养有:

(1) 林崇德教授把教师应具备的知识结构分为三个方面:一是本体性知识,主要指学科专业知识(即学科基础知识和基本技能);二是文化知识,指的是与教育有关联的综合性知识(新的课程结构尤其强调教师应打破原有的学科壁垒,具备跨学科知识);三是条件性知识,即教育科学知识,也就是怎样教书育人方面的知识。

(2) 教师必须具备的职业能力:

① 信息能力。教师只有具有信息能力,才能培养学生的信息能力,指导学生去独立地获取知识(指搜集、处理和运用信息的能力,这是教师职业的一种新的能力,将广泛应用于课程整合和学生研究性学习的开展)。

② 教学能力。驾驭教学的能力,运用各种教学方法的能力,培养学生非智力因素的能力,现代教育技术的能力等。

③ 表达能力。口头表达和文字表达是教师职业能力一个重要的方面(还有肢体语言,音像讯息等)。

④ 组织能力(组织和管理能力是教师职业的重要能力,许多案例都会涉及这方面内容)。

⑤ 教育科研能力(同时也包含一种扩展的专业知识能力)。对于职初教师来说,这五条可能更重要一些,其实还有课程开发能力,课程设计能力,课程整合能力,与原有的过分依赖教科书和教学参考书相比,现代教师将更富有创造性,不仅会教书而且会编书,现代教育给教师提供了一个创造性发挥教育智慧的空间。

2. 围绕问题展开分析

进才中学的童岚老师在案例《是什么燃烧起她们的教育激情——通过带教做年轻教师引路人》中,强调每周两次在见习基地浸润式的带教过程中,童老师"会让她多听我的课,并对我的课进行点评;同时让她自己写教案—试教—修改—试教,进行反复练习与完善;我不会要求她做到与我一模一样,甚至说话的腔调、语气如出一辙,但我也不会把我的教案原封不动地交给她让她照本宣科,大包大揽与大撒把对于这类职初教师是不合适的"。童老师带教从不回避问题,重点是引导,真正做年轻教师的引路人。

上海市实验学校附属光明学校的朱金琯老师则在《多元促进、朴实推进、促进新教师全面发展》中从九个方面总结了带教的经验:一、制订带教工作方案。二、明目标、定内容。三、提高见习教师的师德素养。四、以身示范,专业引领。五、研究与学习。六、认真规范填写带教导师资料袋。七、督促见习教师参与完成各项工作。八、承担专题讲座。九、沟通与交流。值得借鉴和推广。

浦东南路小学的崔立坚老师在案例《悉心示范、无声引领》中娓娓道来的则不仅仅是带教经验,更多是带教情结。针对张老师(职初教师)在教学中呈现出的不足,崔老师采取了理论学习与反复实践并进的方法进行培训,引导张老师重新对《叙利亚的卖水人》一课的教学进行了设计和上课。张老师班上有一位极富个性又很任性的男同学小葛,几乎每天都和同学发生激烈争执,总想靠武力解决问题。崔老师要求张老师对小葛同学的教育与引导要时刻做到动之以情,晓之以理,时而严厉,时而温和,如同"及时雨"一般,在他干渴时给予充足的水分,在他急躁时帮助他降温,真正做到"润物细无声"。

小葛同学最终将张老师看作了知心朋友,无话不说,无事不谈,而这些都是崔老师带教智慧的结果。

蒲公英幼儿园的岳莲老师在案例《手把手、共成长》中说,通过这整整一年"手把手"的带教,在带教的过程中不仅作为徒弟的袁佳怡、朱文晔这二位老师取得了不小的进步,作为带教老师,也是共同学习共同成长的过程。她的具体做法有:一、彼此观察,互相了解。二、言传身教,用心指导。三、大胆放手,搭建平台。尤其值得高兴的是她带教的小朱老师这次获得了浦东新区2013学年见习教师教学设计比赛一等奖。希望他们在今后的工作中,继续努力,不断充实自己,彼此之间多沟通,共同发展,共同进步。

3. 建议

(1) 不同的学校和带教导师带教的方法是不尽相同的,那么能否总结出一些培训的共性方法来?这点非常值得我们不断地去实践和总结。

(2) 要以解决课堂教学的实际问题为立足点。

教育研究务求解决教育中的实际问题。这既是一线教师开展教育科研的根本动力,也是职初教师培训科研的根本目的。新一轮课程改革给教师教育理念、内容、方式方法等方面带来了很大的变化,给职初教师的创新性工作提供了更广阔的空间和时间。职初教师要以解决课堂教学的实际问题为立足点,从身边的问题入手,研究如何把课备好、上好,指导学生进行探究性学习,研究怎样提高小组讨论的有效性,怎样教好综合课程,以及在新课改中职初教师的角色有哪些变化等等。这些问题没有现成的答案,需要职初教师不断地去探索、去研究。

三、"临床型"区域教育研发机构支持下的职初教师专业成长案例

(一) 区域协同研修支持下的职初教师专业成长案例分析

"临床型"区域教育研发机构在本课题是指浦东教育发展研究院。浦东教发院主要以协同研修的方式开展"临床型"组织建设,支持职初教师专业成长。其中,一是常规研修和网络研修的协同,二是区域研修和校本研修的协同,三是"正规研修"和"非正规研修"的协同。协同研修在浦东新区职初教师的专业培训中发挥了重要作用,具体可体现在如下几则案例之中。

案例一: 高中生物学科胡向武老师在高一年级设置的协同研修课程是《基于单元教学设计的高中生命科学校本化实施研究》,活动内容关注学科教学中教师教学过程中的薄弱环节,既有专家引领,又有实践意义。突出了过程方法目标的设计及相关教学内容安排,有利于教师解决教学中的难点问题。活动形式的设计充分体现出"协同研修课程"的三个特征。

课程实施中三级提纲清晰,分模块循序推进,既有集中研修学习和专家讲座,又有利

用网络平台的深入案例研讨,同时,用好相关资源(有区学科带头人和骨干教师的学习为基地学校),结合有关研究项目区"国家课程体系校本化实施"的子项目"基础型课程单元教学设计",在原有研究的基础上,进一步深入研究,为后续进行全区推广奠定基础。课程实施材料保存详实,能与预设相一致。

案例二:高中政治学科刘作忠老师在全区教师和学生学科大调研的基础上,贯彻学科课程标准的基本要求,每学期选择一个主题(第一学期《思想政治课问题探究式教学策略的理论和实践》、第二学期《基于合作学习理论的政治课堂教学实践》),每学期主题之间互相衔接,围绕着提高学生的思维水平,从学生学习和教师发展两方面连续开展研究,有较强的针对性和实效性。

该"协同研修"方案和实施,计划认真,操作流程清晰,考勤严格,活动资料详实,体现出主持人良好的课题研究和教研管理水平。该"协同研修"主要针对不同层次学校的青年教师的培养,活动中理论学习和实践探索紧密结合,有利于促进青年教师的专业成长,实施效果较为理想。

案例三:小学体育学科季丽群老师不仅关注了当前课程与教学的导向,如基于课程标准的教学与评价,而且注重了具有学科特点和教师急需解决的课堂教学问题,如教学组织和时间管理。

课程方案设计合理、内容丰富、操作性强。如,"基于问题解决的实证性主题研修——教学组织与时间管理"研修课程方案,能够根据2013年市教研室课程与教学调研所提出的建议,结合"教学组织"和"时间管理"的相关教育理论以及"课堂教学观察与分析"工具等进行精心设计,充分体现了研修方案的合理性、科学性和实证性。

课程实施计划性强,与课程方案保持良好的一致性。如,"基于课程标准的小学体育与健身教学与评价"研修课程,能够依据课程方案安排八次现场教研和两次网络教研,每次研修活动都提供了详实的文本资料(讲稿、教案、课件、评价表、活动记录、出勤统计等),具有形式多样(专题讲座、课例分析、集体研讨等)和注重实效的特点。

案例四:幼教张卫萍老师针对目前区域大多数幼儿园开展幼儿科学教育的意识与能力相对薄弱的现状设计培训体系。研修课程目标清晰,以帮助保教主任提高对幼儿科学教育认识、提升其指导能力为主旨,通过设置丰富的研修内容及形式(专家报告与区域成果相结合,现场教研与网络教研相结合,集中教研与分点教研相结合)拓宽教研时空,为互动研讨创造条件。同时,研修课程能依托区域幼儿园多年来积累的科学教育优秀成果,以点带面,为幼儿园实践提供操作蓝本。

案例五:小学语文学科章健文老师制定了较为翔实而具有可操作性的课程方案,主题明确,架构完整,内容契合教师的实际需求,实施过程清晰,重点突出。课程实施计划性强,围绕四年级的主要教学目标,开展了多个小专题的研究,有说明文专题、作文专题等。讲座的内容详实,与培训的主题联系紧密,努力做到了理论与实践相结合。课程设计者对网络互动的指导性比较强。相关的信息发布要求明确,话题集中;教师的发帖内容能紧紧围绕主题进行。

(二) 区域教师展示平台支持下的职初教师专业成长案例分析

浦东教发院还根据实际情况搭建了供不同类型教师需求的教学展示平台,这些平台也有效支持了职初教师的专业成长。

1. 区域教师协同研修活动平台

开展区域性的教研活动,是保证我国基础教学质量提升的有效举措,也是提高区域教师教学专业水平的主要途径。因此组织教研活动已经成为教研机构的主要工作,教师参加教研活动是提高教学实践能力的主要途径。为了进一步提高区域的教研活动质量,切实解决学科教学中的问题和困难,我区将教师的需求作为设计教研活动的出发点,将教学研究和教师的培训合二为一,形成了研训一体的、网络和现场协同的主题化课程化的区域研修活动。对于我区来说,这样的区域研修活动一般每两周组织一次,要求每位老师参加四次现场研修活动,两次网上研修活动。在区域组织的研修活动的形式中,有上课、听课、评课活动,有经验介绍活动,有听报告、讲座活动,有研讨会、论坛等等形式。上课的类型中,又可以分为研究课、公开课、展示课等形式。无论哪一种形式,不同类型的教师都可以在其中找到展示自己教学能力、教学思想的空间。特别是通过网上或现场,教师之间围绕研修活动的主题开展讨论、交流的时候,是教师受益最大的时候,也是最能体现区域研修平台价值的时候。通过区域性的研修活动,可以使学校之间的信息保持畅通,教师的思想、经验和成果得到分享,由此教师的专业发展就能够得到保障。

2. 见习教师教学设计当堂比赛

这种形式主要针对处在实习期的新教师,通过比赛的形式,了解他们在课堂教学设计方面的学科知识掌握情况。比赛一年举行一次。对于教师来说,要上好一堂课,教学设计是关键,是提高教学质量的基础。通过教师的教学设计,可以综合考察教师对于课程标准、教材的理解程度,处理教材的能力和水平;可以综合考察教师将学生实际水平和课程标准的要求相结合来确定教学目标的能力;可以综合考察教师能否合理地确定教学的重点和难点,以及在教学中突出重点和突破难点的措施是否得当;可以综合考察教师对于教学环节的安排是否合理;可以综合考察教师对于教学过程的设计是否体现课程理念、是否有利于落实教学目标。总之,通过教学设计,可以反映新教师的学科教学知识的能力和水平,通过区域层面举办教学设计比赛,可以引导教师努力的方向,促进教师对于学科教学知识的学习和实践,加快新教师的成长步伐。

3. 见习教师课堂教学评优活动

主要围绕见习期内教师教学基本功的要求,重点在于考察教材的把握和处理(包括教学要求的正确把握)、教学的基本规范(教学行为、教学过程和方法符合教学基本规范;多媒体等教学手段应用合理)、教学的基本功(教学设计,语言表达,粉笔字板书能力,师生互动等)等三个方面,考察教师教学基本素养。教材的把握和处理,主要通过教学设计来体现。教学的基本规范,主要在课堂教学的过程中来体现。教学的基本功,主要在教学设计和课堂实施两个环节体现。因此,通过课堂教学评优活动,可以让新教师从全方位的角度展现教师的教学素养和专业发展水平,展现教师的学科知识水平和能力,对于新教师的健康成长和快速成长,起到了催化剂的作用。见习期教师课堂教学评优活动,分两批进行,第一学期第一批老师参加,第二学期第二批老师参加。

4. 浦东新区新苗杯教学评优活动

主要是见习期结束后教龄在三年内的老师参加,每2—3年举行一次。新教师见习期结束后,仍然处在以训练基本功、提高教学实践能力为主的阶段,这时候的他们,与第一年相比,虽然有了一定的教学经验,教学能力和水平也有了一定的提高,但独立分析教材、处理教材的能力相对较弱,教学设计和实施能力相对较低,教学的基本功还相对薄弱,所以还需要进一步通过教学实践,积累丰富的学科教学知识,提高教师的教学实践能力和教学效果。在这一阶段,不管是学校层面还是区域层面,都应该给新手教师提供展示教学实践的平台。浦东新区新苗杯教学评优活动,就是为这一部分教师专门定制的区域教学展示平台。新苗杯教学评优活动,主要考察新教师在教学设计、课堂教学两个方面的能力和水平。一般而言,新教师在准备参加评优活动的过程中,都会得到学校甚至区内学科教学专家的面对面的指导。在这样个别化的指导过程中,导师、专家会根据学科内容,并根据学科教学发展的要求,提出改进的建议,并阐述为什么要这样修改的道理。通过若干次这样的听课、评课、反思、改进,新教师就会比较深刻地领会进行教学设计的要求,领会一堂好课的要求,如何上好一堂课的操作技能,从而可以有效提高教师的素养和专业化水平,可以加快新教师成长的速度。

5. 中青年教师教学评优活动平台

这一平台主要参加的对象为教龄3年以上年龄35周岁以下的中青年教师。这类评比活动主要有教研部门和信息部门两个条线组织的评比活动。如教研部门组织的教学评优活动,按照每四年一个周期,确定每年参加的年段和学科,即每四年,每个年段的每个学科都能够轮到一次这样的教学评优活动。在轮到某一年段某一学科组织教学评优活动时,这一学科都会根据市教研室相关学科提出的教学研究主题来进行。这样围绕主题开展的教学评优活动,既可以考察教师的教学素养,也可以考察教师的研究问题、解决问题的能力,对于提高教师的教学专业水平有重要作用。教学评优的内容主要涉及教学设计、教学设计说明、上课、当场答辩等。从实际的效果来看,区域层面组织的青年教师教学评优活动,对教师来说要求比较高,能够体现教师的实际教学水平,所以深受广大教师和学校的重视,对推动教师的成长有重要意义。

2014 年中青年教师教学评优学科及主题

评选学科	评选主题
小学数学学科	立足数学课程目标,促进数学思维发展
中学数学学科	关注课堂对话,促进数学理解
中小学音乐学科	促进理解的音乐教学
中小学美术学科	关注教学设计,激发创意表现
中小学信息科技学科	把握科技本质,发展学生思维
中学艺术学科	彰显特质的课堂　润育无痕的教学

2013 年中青年教师教学评优学科及主题

评选学科	评选主题
中小学英语	基于语用价值的课堂教学
中小学体育与健身	活化的身体练习,适宜的运动负荷
中小学拓展型课程	有质量的科目,有活力的过程
幼儿教育	基于幼儿发展的师幼互动

6. 教师教学论文评选平台

参加这个平台展示的教师类型不限,但主要以成熟型、骨干型和专家型教师为主体。建设这个平台的意义在于发现和表彰教师在提高课堂教学效益中卓有成效的经验和成果、促进教师提升课程领导力和执行力、展示和分享先进经验及优秀成果。教师可以从提高课堂教学效益的先进经验和做法、基于改进教学基本环节提高教学有效性的经验和做法、基于"减负增效"的教学研究成果等多种角度总结自己的教学经验和研究成果,与区域教师分享经验和成果。我区教师教学论文评选活动一般每四年举行一次。

7. 区级教学展示周平台

近几年,浦东新区教学展示周已经成为我区基础教育阶段展示区域、学校教学成果的一张名片。每年都围绕一个主题,如提升课程领导力主题、国家课程校本化实施主题、教研组建设主题等,进行课堂教学展示,进行教学论坛。教学展示周与一般的研修活动不同,它以展示所取得的研究成果为主,因此在这样的平台中,更加能够体现教师的研究能力和教学能力,参加展示周活动,对教师的专业成长可以起到推动作用。

8. 学科带头人、骨干教师教学实践与研究团队平台

参加这个平台的教师都是区域内的学科带头人和骨干教师,具有较高的学科教学素养和教学专业水平。在这样的平台上,可以针对学科教学中存在的主要问题进行研究和实践,将研究的成果向全区辐射;对学校和区域层面的青年教师进行带教式的指导,加快

青年教师的成长速度;在区域层面开设教师培训课程,通过课程形式,介绍自己或者团队在某一方面教学研究和实践的成果,为提升教师群体的教学能力做出贡献。

9. 区级名师培养基地(工作室)平台

这个平台是以高端专家型教师为主体,以培养我区骨干教师为主的平台。在这样的平台里面,教师通过两年浸润式的学习、研究和实践,可以加快朝专家型教师方向迈进。

第二节 "临床型"带教导师的成长案例分析

"临床型"带教导师与职初教师是一起成长的共同体。在本课题中,"临床型"带教导师的成长主要体现在两个方面:一是通过带教,提升了导师的职业幸福感;二是在与职初教师的互动过程中,带教导师的职业素养也更趋完善。本节主要围绕带教导师成长这一主题,进行相关案例的汇总与分析。

带教导师队伍建设是新区教育发展的基石,也是我区为了加大教师队伍建设而采取的一项新的措施。一方面,是为了强化我区在学科带头人、骨干教师发挥辐射作用的责任和意识,通过动态管理,创立发挥其榜样和辐射作用的工作机制,逐步创设评估体系。另一方面,充分调动一切有效的资源,通过组织、实施、管理导师带教活动,并以点带面逐步扩大所产生的效应,从而强化学科带头人、骨干教师的梯队建设,加快我区骨干教师队伍的成长。而当前,大家似乎对带教导师队伍的普遍判断是——职业倦怠。然而,很多基地学校由于创新做法,加强带教导师队伍建设,以教师职业幸福作为支点,帮教师克服了职业倦怠,重建了职业幸福。特别突出的如东方幼儿园带教导师自身的"五步"发展:信任—倾听—总结—展示—愉悦。再如张江高科实小,改变学校教师考评机制,见习教师带教工作,变"要我做"为"我要做"。以下是一些更为详实的案例分析。

一、中学带教导师的成长案例分析

在此,主要以华师大二附中导师队伍建设为个案进行分析说明。

(一)增强导师带教荣誉感

学校在上学期末就及时总结和展示 2013 学年见习教师规范化培训的各项成果,并特别在教工大会上表彰优秀指导教师,还给带教导师发了小小的"红包"表达敬意。全校教师对见习期规范化培训的意义和任务更加明确,参与培训指导工作的积极性也大大提高。9 月 17 日学校启动新学年见习教师带教仪式,学校主要领导都出席了仪式,并为导师颁发了聘书。

(二) 激发导师自身专业发展的内驱力

学校在暑期就已经着手为9名新学员安排导师。学校改变了前几年的做法,变"学校指定"为"自愿报名＋学校遴选"。学校从激发教师自身专业发展的内驱力出发,鼓励符合条件的教师自愿报名。在教师积极报名的基础上,学校顺利遴选出16位优秀教师担任9名学员的学科和班主任导师,使规范化培训有一个良好的开端。导师在座谈会上纷纷表示:带教新学员,其实也是教学相长的过程,是促进自己专业水平提升的良机。

(三) 明确带教任务,促进规范履职

在见习教师带教仪式上,娄维义副校长向新一轮带教导师和学员介绍了最近几年学校师资见习培训的成果和未来的总体规划,总结了上学期培训情况,对教师培训工作提出了具体要求。开学第二周,导师与学员按照学校总的培训方案,讨论并制定详细的培训计划和具体进度。

(四) 营造群体带教的环境氛围

本学期学校确定由教务处和学生处共同牵手实施培训,利用瞿平老师上海市班主任工作室的资源培训基地学员,推动通识培训课程"教师沙龙"名家名师报告,有计划有组织地邀请专家领导为大家开展培训活动。学校注意将教师个人的经验变成可以共享的集体智慧,他们将上学年导师带教的资料放到校园网,让导师们可以随时查看,为带教提供借鉴。学校提倡带教导师以及备课组"捆绑式"的实践培训,学员们不仅听自己导师的课,还主动跟其他老师申请听课,开拓了视野。

(五) 用"课程化"促进导师成长

学校对培训内容课程化进行初步的尝试,有整体设计,凸显课程化、主题化,增强实践环节。以专业培训课程系列为例,主要根据学科特征,按学科小组进行讨论,形成具有二附中卓越课程理念的学科培训课程,具体由学科指导教师制定完成。

二、小学带教导师的成长案例分析

上南二小坚持"学高为师,身正为范"原则,精选了28位师德高尚、业务精湛、敬业爱生的优秀教师组成带教团队,从"导师任职条件、导师职责、见习教师参培要求"等方面明确职责,规范要求。带教导师工作要求:(1)制订计划,记载活动;(2)以身示范,专业引领;(3)查阅手册,细致诊断;(4)指导推优,参加比赛;(5)实施考核,总结经验。

顾路中心小学关注导师团队人选梯队的形成。领导小组梳理出不同领域有着不同特长的老师,成立导师后备团,充实学校导师资源库,以满足不同层次教师培训的需求。导师库的建立为学校今后的可持续发展带来良性循环。

曹路打一小学作为见习教师培训基地自培学校,积极发挥总校集团的优质教育资源

在见习教师规范化培训的作用,从高起点思考和设计培训活动,从总校的导师队伍中遴选出 15 位优秀教师担任见习教师的带教导师,强调"教学相长"。

浦东南路小学作为浦东新区教师专业发展学校,制定了《浦东南路小学带教导师标准》,根据标准由教师申报,领导小组审核通过,才能担任本次见习教师规范化培训的导师工作。学校要求导师对于带教工作投入热情,要详细了解见习教师的基本情况,制定有针对性的带教计划,随时了解见习教师的培训情况,有针对性、具体地对学员进行客观评价。主动与见习教师聘任学校联系,了解见习教师的现实工作状态,及时调整和完善培训带教工作。

洋泾实验小学鼓励骨干教师承担带教任务,明确带教见习教师是校骨干推荐区级骨干和带头人的准入条件;导师带教需体现"三带"特色:带师德——敬业爱岗,无私奉献;带师能——教育教学与教育科研的基本技能;带特长——结合自己的教学特色,起好帮带作用。

浦师附小为了保证带教质量,提高带教导师的责任感和荣誉感,严格按照《浦师附小带教导师遴选要求及奖励制度》,选拔师德崇高、业务精良、有过学校带教经验的优秀老师承担带教任务。

教院附小的见习教师培训工作小组认真遴选了该校工作认真负责、教育教学经验丰富的 10 位优秀教师和班主任担任指导教师,从班主任工作和学科教学方面全面指导。其中有 4 位带教导师为区学科带头人或区骨干教师,三位是园丁奖获得者。

观澜小学在专家的指导下,上学期末制定《观澜小学导师遴选方案》及征询表,在学校推荐和个人自荐的基础上,成立了由 28 位老师组成的学科导师团,11 位班主任组成的班主任导师团,根据新区每年给定的学员学科和任教年级从导师团队中选取相适应的导师进行带教。

御桥小学在导师配备上高度重视,学校要求 9 位区级骨干发挥学科优势,带头引领教育科研,另外还请 8 位工作有热情、教学有专长的校级骨干教师加入导师团队。其中有全国百佳班主任夏叶青老师、第四教育署班主任演讲团的朱亚明老师、上海市金爱心奖获得者曹秀英老师等等。17 位导师中,有连续三年带教经验的,也有第一次担任导师任务的。为了进一步明确规范培训的内容和要求,学校分别在 9 月 5 日和 9 月 12 日进行了 2 次集体学习活动,让有丰富带教经验的老师介绍带教方法和策略,并重点推荐《浦东新区 2013 年见习教师规范化培训基地学校总结和优秀案例》中的先进带教方法,要求导师们因材施教进行学员情况分析,结合学校工作细化制定个别辅导计划,制定计划表。10 月 17 日,学校组织召开导师务虚会,交流一个月的带教情况,针对性地修改带教计划,为有效落实培训任务奠定了良好的基础。

惠南逸夫小学已召开带教导师会议及专题培训 3 次,学校组织全体带教导师认真学习相关职责,牢固树立培训工作必须规范的意识,进一步明确只有带教导师自身教育教学工作的规范化,才能紧扣规范带教见习教师。要求全体导师要站在课程的高度去制定自己的带教计划。

三林中心小学根据带教的需要,学校进一步充实了带教团队。如为满足"一校两区"布局的需要,充实了专家带教的人数。本学年还专门聘请社科院朱怡华教授团队,在教育理论与方法上做系统指导。

特教学校主要从以下三方面对带教导师进行了培训：首先,由学校组织带教导师认真学习了市、区见习教师规范化培训的有关文件,领会精神,明确了培训任务和要求(四大方面16个要点)。带教导师在研读《浦东新区见习教师规范化培训基地学校工作要求》《带教导师职责》《新教师在基地学校的任务及考核标准》等文件后初步制订了导师个人带教计划。其次,由去年带教表现优秀的导师门璇和王文娴为今年的带教导师提供经验共享和操作指导。帮助带教导师进一步修改与完善带教计划,进而完成有一定质量的带教计划。第三,学校向带教导师推荐2013学年见习教师规范化培训优秀案例,通过导师间相互研讨,提出问题,引发思考,有效改进。

金桥镇中心小学虽然只是第二年作为基地学校,但是他们坚持"学高为师,身正为范"的原则,精选一批师德高尚、业务精湛、敬业爱生的优秀高级教师组建一支业务能力强、工作经验丰富、待人主动热情的导师团队,开展教育、教学的指导工作。首先宣传。通过宣传活动,使每位老师都知晓带教导师的标准以及带教工作的超课时奖励,激发老师们的带教愿望,自主报名。其次申报。采用学校推荐和教师自荐形式,开展申报认真做好带教导师的报名情况统计。根据见习教师的实际任教学科和学段遴选确定带教导师人选。最后遴选。领导小组对导师申报预备人选开展专题讨论并将最终结果在全校教师大会上予以公布。本学年,学校组建由学校学科主管、新区骨干教师,校级教学骨干、市区级优秀班主任、教研组长等组成的16人的带教导师团队,满足了为每位学员各配备了同学科、同年段一位学科导师和一位班主任导师的需求。

根据学校培训工作方案,加强对导师的培训,让每位导师在深入学习学校方案的基础上,明确目标培训,了解培训内容,根据学科特点和班级管理要求,制定了各自详尽的培训方案,将目标任务细化到每周工作安排中,确保培训工作有效有序进行。

三、幼儿园带教导师的成长案例分析

案例一：西门幼儿园注重规范管理,加强导师再培训

在西门幼儿园导师负责制实施推进过程中,把导师的管理、指导、督查三方面与评价进行有机的结合,使导师负责制的开展顺利而有效,加强了导师再培训。

1. 注重规范管理

第一,评价与督查。在西门幼儿园的见习教师规范化培训过程中,形成了细致的督查制度,由组长(园长)、副组长以及各部保教主任形成督查小组,组长(园长)随机参与基地活动,加以评价;副组长至少每周随机参与某一组的活动,加以评析;各部保教主任则至少每月参与本部某一组的活动,加以评析,副组长与各部保教主任将每一次督查的活动情况及时反馈给组长。各级督查、层级评价、及时沟通、有效互动,一系列的过程使得导师负责制有了扎实的保障。

第二,评价与指导。评价是建立在对某一活动观察与分析的基础上的,因此西门幼儿园关注导师的评价能力,能否对学员的活动进行有针对性的指导。如,在学员的半日活动执教过程中,导师必须对学员的整个活动进行观察、记录、分析与评价。在生活环节中执教老师的观察要点是什么,在集体教学活动中教师的目标意识如何,活动的关键重点又在哪里,等等。在观摩中导师对学员的活动有细致的了解,有分析与思考,之后导师给予学员的指导就会具体而有针对性。同样,在对导师的督查过程中,督查小组也会对导师的带教过程有评价,在基于评价基础上对导师进行有针对性的指导。

2. 加强导师再培训

导师的专业发展是西门幼儿园见习教师培训中重要的关注点,通过实施对导师再培训,提升导师专业素养,提高导师专业水平,提升导师的课程执行力,真正起到导师骨干引领的作用。

第一,定期定时定点实施导师培训。在实施导师培训的过程中,为了能让每一位导师都能有时间和机会参与到导师的培训中来,西门幼儿园对于导师的培训采取了定期定时定点的培训方式。如,每月的月底,组织导师聚集在一起,交流分享自己在带教过程中的体验、收获及感受,之后,督查小组的成员会有目的有针对性地根据导师近阶段对学员培训的内容进行培训与指导,每月的例会培训使得导师在带教过程中更有的放矢,游刃有余。

第二,梳理问题的导师培训。在带教过程中如何了解学员的需求,对学员的需求如何指导等,这都是我们导师培训中实实在在的内容。在课程实施的过程中,学科导师集体备课,研究落实课程内容,班主任导师也积极参与每一次的培训,从而进一步了解见习教师的能力与需求,使得见习教师的培训课程实在、切实、有效。导师时常会发现带教中存在的问题,如:在学员的半日活动观摩过程中,学员详细记录了导师半日活动中的每一个环节,也对半日活动的观摩撰写了观课体会,可是在学员的记录中我们发现,记录没有侧重点,有一种走过场的感觉。于是,发现学员中存在的问题之后,导师们开始讨论解决的方法与策略,最后,大家达成共识,在每一次学员参与培训活动之前,导师给予学员本次活动的一个观摩重点或要点,这样促使学员观摩记录有侧重,从而使分析反思重点突出。在发现问题,寻找方法之后,导师们更加明确了下一阶段的带教任务。

第三，基于交流的导师培训。在导师带教过程中，除了落实培训课程的内容之外，每一位导师都会总结自己前一阶段的带教工作以及导师在与学员沟通交流过程中的体会与感受等。每每交流分享的时候，导师们总会从他人的带教中吸取到有益的经验和方法。

第四，发挥导师团队作用以及导师个人优势，为导师成长创造条件。西门幼儿园的导师团队合作互助，导师团队的带教有分有合。在基地培训督查小组的择优过程中，充分挖掘导师个人的能力优势，因人而异，导师通过课程培训的方式将自己的特长结合理论传输给学员。而导师团队的合作互助也为导师的成长创造了条件。

案例二：百灵鸟幼儿园重视导师队伍建设

（1）重视导师学习

百灵鸟幼儿园组成了结构合理的带教团队，由园长全面负责管理，组员由幼儿园各级组长和骨干教师组成。为了提高导师带教质量，减少带教差异性，幼儿园重视导师之间的相互学习与交流。培训初期，组织导师团队进行集中学习，了解掌握了导师带教职责中的5个义务和权力以及见习教师在基地学校的14个培训任务和5大块考核指标内容。就见习教师规范化培训涉及的职业感悟与师德修养、活动设计与保教实践、班级工作与育儿体验、教学研究和专业发展四大块面进行了专门的分析与讨论，调整完善了基地的培训模式。

百灵鸟幼儿园每月召开带教基地领导导师会议，落实基地工作，确保培训质量，通过带教教师间的交流和沟通，相互取经，积累经验，做好带教工作质量分析和考评，使带教工作更具有实效性。

（2）严格导师工作的评价与管理

执行高标准的导师带教制度，让每一位导师明确自己的导师职责，规范带教内容与带教过程。幼儿园要求导师充分准备每一次的活动，即不仅要备好幼儿活动的"课"以外，还要备好学员学习与思考的"课"；每次观摩活动后，导师都会带领学员围绕今天的活动谈论自己的认识和困惑，让学员受益匪浅。在培训管理中，依据顶层设计，清晰地了解到导师与学员的培训地点和培训内容，有针对性地对培训内容进行飞检和蹲点检查，实行监控和管理。

第三节 "临床型"学校的发展案例分析

"临床型"学校的成长与发展也是本课题的重要研究目的和内容。在本课题中，"临床型"学校的成长表现在：在开展职初教师培训的过程中，逐渐构建起见习教师规范化培训课程的"校""区"两级体系,从而使"临床型"学校的课程体系更趋丰富和完善。

见习教师规范化培训实施以来,浦东新区始终把开发见习教师规范化培训课程作为一项重要任务,在酝酿和构划。经过两轮实践之后,我们认为,构建浦东特色的两级课程体系的时机已经成熟,因为,部分学校已经积累了一系列符合我区实际的见习教师规范化培训课程,有整体设计,凸显出课程化和主题化。我们已组织部分优质学校负责开发见习教师规范化培训课程,坚持区域性统一开发的原则,省时、省力。见习教师规范化培训课程的开发既可以以学校为单位,有共同特点的几个学校也可以共同开发,还可以以区为单位统一开发,及时总结课程开发经验并通过市级验收后向各校推广。

整体方案:浦东新区课程建设五个阶段

五个阶段	具体步骤
孵化阶段	摸底—指导—百花齐放
招标阶段	方案—框架—招标目录
评审阶段	动员—收集—评审
完善阶段	面批—修订—印制
推广阶段	观摩—征商—应用

一、构建了校级见习教师规范化培训课程

(一)中学培训课程的建设案例

案例一:东昌中学培训课程建设:分类设计、力求使培训内容课程化。校层面:领导小组和工作小组在认真研究规范化培训四大方面14个要点的培训内容之后,对其中三方面的部分要点,进行整体思考,设计并完成三大模块14课时的培训课程。

案例二:华师大二附中:优化培训内容,增强实践环节,培训内容课程化、主题化。

根据区里提出的新的培训目标,加强培训内容的课程化,该校紧紧围绕规范化培训内容,开展以"教师沙龙"为活动形式的通识课程,力争在规范中寻求特色,更好地满足学员的发展,其中包括名师论坛及专家系列讲座,校长、书记和特级教师做师德和专业发展报告,以及邀请华东师大专家教授做专题报告,并以主题形式进行活动。同时也充分发挥二附中高端教师的优势,组织特级教师和首席教师进行教育、教学和科研等方面的系列讲座,在师德方面、教育教学方面进行全息性的引领,用名师群体的力量带动新教师的成长。

通识培训课程系列主要分两大类:一类为教学论课程,包括教学设计、课堂教学、课堂教学评价与教学观察等。另一类为德育与心理学课程,其中包含教师角色转换、班主任的职责与任务等。

专业培训课程系列主要根据学科特征，按学科小组进行讨论，形成具有二附中卓越课程理念的学科培训课程，具体由学科指导教师制定完成，目前还在初步探讨和探索过程中，希望能有完善的专业课程体系呈现，辐射全区培训工程。

实践类培训按主题活动进行策划并实施。本学期改变去年做法，结合通识培训课程，落实基本功训练，推进实践活动的主题化。在领导小组指导下，聘请专家教师做评委，公平公开公正地进行学员教学基本功的评比活动。本学期预安排说课比赛、板书、板画、硬笔比赛和教学设计比赛。

案例三： 南汇中学：培训内容的系统性和课程化情况：

提供专业共性，倡导学科特色。建设通识培训课程，尝试学科导师指导内容课程化，重点建设所带教学科的上课、作业、评价的专业课程。增设了专业、通识、自学等三类培训课程。有一些基础性的讲座，有待完善和系统化。

（二）小学培训课程的建设案例

上南二小在课程化建设方面，注重培训内容的课程化和系列化，基本架构了校本培训课程的结构框架：分"通识课程"（小学教师教育教学工作 ABC）、"专业课程"（走向基于课程标准的教学）、"特色课程"（对话在小学课堂教学中的行动和策略。

顾路中心小学目前初步编写了四个模块四门校级课程的课程提纲和讲义，包括《校园文化》《课堂教学技能》《班主任工作技巧》《心理成长训练营》；正在开发的校级课程《校园文化（二）》《教学中的常见问题及解决策略》《如何上好午会课》《常规班队活动指导》等。其中《课堂教学技能》已付印成书。

浦东南路小学初步完成了《浦东南路小学见习教师规范化培训课程》编写（已有文本），分为师德要求、教学常规、德育工作、安全教育和教学基本功五大模块，其中教师师德包括三个培训内容；教学常规包括六个培训内容，德育工作包括四个培训内容，安全教育包括两个培训内容，教学基本功包括四个培训内容。课程的实施有讲座式教学模式、沙龙式教学模式等。

金英小学的四大模块八个主题的见习教师培训内容涉及师德、教育法规、教学基本功、教育科研方法、课堂管理与班主任工作等。其中"以帮助新教师提升教育理念、师德素养；掌握教学基本功和班主任工作方法；树立正确的教育观和职业发展观为主要目的"的内容，采取面向全体学员的"通识培训"的方式进行；"以帮助新教师解决具体教学问题、指导教学活动开展为主要目的"的内容，则采取导师与学员点对点的"学科研修跟踪培训"的方式进行。

教院附小现已开发了三门培训课程：《教学流程的要领及实施》《教学研究与专业发展》和《班级工作与育德体验》。

观澜小学的见习教师培训课程追求观澜品牌；开设的培训课程分六个模块："认识观澜、了解观澜""职业感悟和师德修养""教学基本功""课堂经历与教学实践""班级工作与育德经验""教学研究与专业发展",含 17 个微型课程。

御桥小学的班主任培训课程《做一名合格的班主任》八个模块 24 课时已在培训中全面实施。

上南路小学借助学校特色"国学课程",对学员进行中华传统文化的熏陶,有"练字"(每人自行上网购买黑色卡纸,每周练字,每周拍摄自己最佳作品存档,展出)、"经史"(学员每月都聆听国学讲座,每月看一本国学书籍;学期结束进行国学知识问题比赛)等方面的培训。

龚路中心小学经过上三轮培训,征集见习教师、指导教师对培训的需求,在此基础上设计培训的校本课程。通识课程主要包括五大主题:教师师德、教学常规、德育工作、安全工作和教学基本功。将这五大主题,细化为相应的几十个"如何"问题,每次力求突出一个主题,解决一个问题,针对具有代表性也是见习教师入职期间面临的典型问题进行实务系列培训。培训以专家讲座、课例研讨、交流观摩、观看录像、组织参观、上课实践等方式,通过小组合作、问题探究、研修反思、撰写论文等形式完成。每次通识课后,学员要填写一份评分表,以便我们今后对课程的设立进行调整。我们成立了龚小的通识课程培训讲师团队,在开学第一周就召集他们进行培训讲师的培训会议,布置培训任务。我们还准备邀请市区级的专家等,担任一门课程的主讲人,进行高水准、高品质的专题讲座,为见习教师提供领略专家风采、感受名师魅力、拓展教育视野、汲取专业知识的机会。目前,学校已经编印了《为师第一年》课程的第一本手册《见习教师礼仪规范指导手册》;还有两本自编教材业已初具规模。

(三) 幼儿园培训课程的建设案例

案例一:东南幼儿园规范化培训课程方案针对性强、有评价机制。

(1) 基地培训课程设置针对性强

根据规范化培训需求,东南幼儿园构建并不断完善具有本园特色的适合新入职教师专用的"见习教师培训课程"。课程的针对性强。

(2) 建立多层面相结合的课程监控与评价机制

推动见习教师专业成长是基地课程建设的最终目的。根据《浦东新区见习教师规范化培训管理工作汇编》的要求,东南幼儿园结合自身特点,建立多层面相结合的课程监控与评价机制。并由幼儿园基地培训课程实施领导小组、带教导师一起参与课程评价工作,通过观察测评法、谈话了解法、问卷调查法、成长记录法对基地课程实施情况进行反馈分析与发展评估,反思课程目标达成度,针对问题寻找推进的策略。另外,收集来自见习教师的信息,使幼儿园培训课程日臻完善,形成课程不断革新和更新的机制。

第一,课程评价坚持横向评价与纵向评价相结合的原则。横向比较是指课程实施前,根据教师个人和集体的思考,综合提出课程目标、课程实施过程;导师组关注课程达标的预测、课程结束;教师个体感受、体验、反思与同伴的反思、体验、反思结合;纵向评价指教师个体前期和后期对课程目标达成情况的比较。在评价时，将横向和纵向的评价相结合，而且是纵向的较多，让见习教师认识在课程实施前后的专业发展，使教师正确地认识自己、看待自己。

第二，坚持结果评价与过程评价相结合的原则。坚持以过程评价为主，在真实、有意义的活动情境中自然观察，动态掌握教师成长发展轨迹，为见习教师提供适宜性培训。同时，积极开展终结性评价，全面了解见习教师表现状况，完善教育教学工作。要将课程评价与见习教师实践评论结合，评价工作贯穿在每周培训中，使评价实施日常化、经常化。

第三，坚持以人为本与激励强化相结合的原则。评价以促进见习教师发展为总目标，坚持激励强化原则，通过课程实施提高课程目标达成度。

案例二：东蕾幼儿园见习教师培训基地课程内容架构全面、系统。

东蕾幼儿园将课程内容重新进行了梳理，在原有职业感悟与师德修养、课堂经历与教学实践、班级工作与育德体验、教学研究与专业发展等四大模块的基础上新增了技能技巧与教学技术模块。为了使课程能够更加凸显连贯性和重点性，改变过去以活动形式为纬度划分的方式，采用以教师基本素养要素为纬度的划分方式，架构相应的微型课程，如：课堂经历与教学实践模块有班级计划的制定与解析、生活活动的组织与实施、运动活动的组织与实施、学习活动的组织与实施、游戏活动的组织与实施 5 个方面内容。

修订的课程不仅在内容架构上更加的全面、系统，更突出了每一模块的具体内容和要求，操作性明显增强，为有效培训奠定基础。

二、构建了区级见习教师规范化培训课程

为深入推进见习教师规范化培训工作，提升浦东新区见习教师规范化培训课程开发建设的能力，逐步构建具有我区特色的见习教师规范化培训课程体系，提高见习教师规范化培训质量和效益，从 2014 年 9 月开始，教发院委托专家组陆续在全区学校开展了课程摸底和征集工作，组织市区资深课程专家对征集到的四百余门培训课程进行了评审，评选出区级见习教师规范化培训"优秀""合格""不合格"等不同类别的课程。

其中，见习教师规范化培训的区级"优秀课程"是指在专家指导下，可在基地学校、聘任学校或全区见习教师规范化培训集中学习时试点使用的课程，共 61 门（详见附件）。该类课程在具体实施时可边实践边完善。共包含两批：第一批课程共 20 门，是教发院根据市教委 2014 年 10 月"关于征集见习教师规范化培训通识性课程的通知"，组织专家组从一百余门课程中遴选而成，推荐到市教委参评的同时，认定为本区见习教师规范化培训的区级"优秀课程"。第二批课程共 41 门，是教发院组织专家组经过初审和复审两轮评审后，从三百余门课程中评选而出。"优秀课程"将颁发课程开发证书。

"合格"课程共 65 门,是指课程已基本成型,尚需专家进行针对性地指导完善,待时机成熟可以发布和使用的课程。"不合格"课程共 200 门,是指还需要进行较大幅度修订的课程。

第八章 "临床型"支持组织建设的对策与展望

在本课题中,职初教师专业发展"临床型"支持组织是直面教学现场,在真实情境中实现教师专业发展的组织形式,这一组织的核心构成主体有聘任学校教研组、教师专业发展学校以及区域教育研发机构,这三个要素相互协调的运行过程就是职初教师专业发展的"临床型"支持组织建设。建设"临床型"支持组织为了解职初教师专业发展现状、测评职初教师专业发展成效提供了有效工具,并进一步通过评价与反馈指向职初教师的专业发展。本章的任务就是对这一"临床型"支持组织的建设对策进行总结与提炼,同时对其未来发展做出思考与展望。

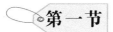 第一节 "临床型"支持组织建设的实践对策

一、树立"临床型"支持组织的目标理念

"临床型"原始医学术语,强调职初医生直接面对病人、直接参与诊治病人。20世纪60年代,美国一些学者陆续把"临床"从医学引入教育领域。在本课题中,"临床型"主要指职初教师的培养模式之一,为其提供专家型教师或带教导师的智力支持,以及在真实的学校、课堂情境中进行实践,浸润式的参与各种教学活动,直面教学中的各类问题,深入研究加以解决,以期快速有效成长。从更广义的角度来看,"临床型"也可以成为一种教师培养方式。总之,"临床型"理念的直接特点是使教师直面教育教学现场,解决真实的教育教学问题;其更深层次的理念特点则是:

一是自然主义的理念。强调教育教学情境的真实与自然,只有在真实的教学情境中,职初教师才能接受各种环境要素的直接刺激,获得快速有效成长,这种培养方式在纯粹人为设计的培训环境中是无法实现的,因为人为设计的情境难免挂一漏万,无法囊括自然教

学情境中的所有要素。

二是实用主义的理念。较为传统的职初教师培养方式更加强调先理性再感性、先理论再实践、先设计再实施的过程,其整个流程就好像正规军的集团作战。传统培训方式更多是一个自上而下的过程,容易脱离真实的教学情境和教学经验。实用主义理念则与此相反,强调一边行动,一边总结经验,一边学习理论,也就是杜威所说的"做中学"。在实用主义理念指导下,职初教师的"临床型"培训方式更加灵活多样,且贴近实战,能在较短期内产生较好的效果。

三是建构主义的理念。"临床型"培训十分注重主体间的互动与共同成长,这就是建构主义理论所强调的"主体间性",即参与职初教师培训的各主体均处于教师培训的共同情境之下,职初教师、学生、带教导师、基地学校等要素之间均处于参与主体的平等地位,在教育教学情境的刺激下,通过互动与交流,共同解决教育教学中的实际问题,共同形成并积累教育教学经验,以达到共同完成意义建构的效果。因此,在建构主义理念下,"临床型"培训其实并不偏向于任何一个主体,而是强调"以生为本""以师为本""以校为本"的共融共生关系。

具体到本课题,"临床型"支持组织建设虽然是职初教师培训的外部支持系统,但同样具备了"临床型"的各大特征,是"临床型"各理念的外化与具体化,如"临床型"支持组织建设在性质上更强调从"系统化"支配走向"个性化"支持,在管理上更强调从"控制模式"走向"服务模式",在机制上更强调从"单角度分割"支持走向"多维度系统化"支持等。

综上所述,"临床型"支持组织建设的主要目标可以概括为:(1)为满足职初教师的专业成长需要提供组织支持;(2)为职初教师成长提供各种情境和发展平台,如"临床型"教研组、"临床型"基地学校、"临床型"区域教育研发机构等的支持;(3)为职初教师专业成长提供临床诊断技术;(4)为职初教师培训中各参与主体的互动与共同成长提供支持和保障。

二、创新"临床型"支持组织的制度设计

职初教师规范化培训是浦东落实《国家中长期教育改革和发展规划纲要(2010—2020年)》和《上海市中长期教育改革和发展规划纲要(2010—2020年)》的重要举措。为了落实《纲要》要求,同时又结合浦东教育的实际,浦东新区在制度设计与落实上大胆创新,在《浦东新区教师继续教育"十二五"规划》基础上提出了建设职初教师规范化培训"临床型"支持组织的概念。其中,教师专业发展学校又是浦东开展规范化培训各级各类支持组织的中坚力量。

教师专业发展学校是浦东新区的首创,是浦东为满足当地教育内涵式发展需要,借鉴美国教师专业发展学校、北京教师发展学校的理论与实践,经研究与探索而形成的创新型

成果。相关探索最早起始于 2005 年初，2006 年正式启动创建教师专业发展学校。通过严格筛选，浦东新区评定了 31 所区教师专业发展学校暨见习教师规范化培训基地学校，25 所见习教师规范化培训基地学校；加上原有的 21 所市、区教师专业发展学校，目前浦东新区共有 77 所学校可以承担见习教师规范化培训基地学校的培训任务。同时，为了更好地设计与实施职初教师专业发展培训内容与评价内容，见习教师规范化培训项目组设计了培训前测，在完善每一名学员个人信息的基础上，在网络平台上发布培训前测问卷，学员在网络上进行培训前测。2012 年暑期以来，在完善培训、管理与评价规章制定与操作细则的基础上，启动实施了 1 159 名见习教师参加的全面培训，将 1 159 名见习教师分派到 77 个基地学校，并落实、协调培训工作的开展。职初教师专业发展"临床型"支持组织在去年取得绩效的基础上，逐渐形成了自己的培训与评价特色，职初教师专业发展成效显著。

三、厘清"临床型"支持组织的基本要素

职初教师专业发展"临床型"支持组织主要涉及的要素有：职初教师、教研组、教师专业发展学校、区域教育研发机构。其中，教师专业发展学校并非指单一的一个学校，职初教师的专业发展由多个教师专业发展学校共同支持，同时，区域教育研发机构也对区域内多个教师专业发展学校起着引领作用。职初教师专业发展"临床型"支持组织各要素及其相互关系如图 9 所示。

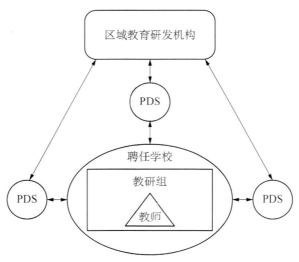

图 9　职初教师专业发展"临床型"支持组织关系图

四、形成"临床型"支持组织的动力基础

职初教师专业发展"临床型"支持组织的有效运行,主要基于三大动力基础,即共同目标、平等关系和共享成果。

第一,是建构了职初教师专业发展"临床型"支持组织追求的共同目标,即提高职初教师教育的质量,进而提升中小学教学质量。教学质量是区域教育研发机构与中小学共同的目标。区域教育研发机构与中小学的教育质量有内在的本质联系,区域教育研发机构对中小学教师培训的引领是中小学校教育教学的质量基础。

第二,构建平等的关系。教师专业发展学校与区域教育研发机构有着平等的权利和义务,需要共同决策和一致行动,同时,建构了区域教育研发机构与教师专业发展学校之间平等互动的情感动力基础。职初教师专业发展"临床型"支持组织有效运行的灵魂在于它平等的合作伙伴关系。这种合作伙伴关系是在双方民主的基础上,遵循平等互利的原则建立和维持下去的。合作理念并非只存在于形式上,也非依靠自上而下的行政命令来实现,而更多倾向于实质层面的合作,它是一种关于教育民主和平等的合作,更是一种所有参与者心灵深处的对话与合作。在职初教师专业发展"临床型"支持组织模型运行的合作实践中,区域教育研发机构尊重与之合作的中小学教师原有的教学经验,实行平等对话,弱化传统区域教育研发机构的行政权威角色,区域教育研发机构与中小学合作行动处于非控制、无前设的自然状态,在教学实践中建构生成、合作、共生关系。参与者共同构建平等关系、倡导对话交流等行动,反思探究教学实际问题,共同协作解决问题。

第三,建构了职初教师专业发展"临床型"支持组织分享发展机会和成就的利益动力基础。职初教师专业发展"临床型"支持组织具有让合作伙伴共享资源和成果的制度功能。中小学在为区域教育研发机构人才培养和研究成果提供检验场所的过程中,和区域教育研发机构共同分享实践研究心得,并在教育实践中为区域教育研发机构提供具有真实价值的教育问题,也为区域教育研发机构制定相关教育政策、制度提供了现实依据。区域教育研发机构指导中小学开展行动研究,对原有的教育观念、教育经验和教学活动不断进行反思,在实践中边修正边研究教育理论,与中小学共同分享解决教育实际问题的成功经验。

五、形成"临床型"支持组织的实施与评价体系

为了使"临床型"支持组织在职初教师规范化培训中能有效落实,课题组把"临床型"支持组织建设的实施及其评价体系进行了整合。这是因为:一方面,评价体系其实规定了"临床型"支持组织建设的主要目标、内容、流程和方法;另一方面,"临床型"支持组织建

设要能真正落实,必须以其评价体系为衡量标准。可以说,"临床型"支持组织建设的实施与评价是同一问题的两个侧面,在此,课题组主要从评价体系建设的角度进行论述。

为整体提升中小幼新入职教师的素质和能力,上海市教委下发了《上海市中小学(幼儿园)见习教师规范化培训指导意见(试行)》,从2012年起,全市基础教育系统实施见习教师规范化培训制度,师范院校或其他高等院校相关专业的毕业生在一年见习期内,安排到教师专业发展学校进行规范的、统一内容与标准的培训。考核合格者颁发市教委统一印制的《上海市见习教师规范化培训合格证书》,作为教师资格首次注册的依据之一。

基于此项政策背景,本研究根据职初教师专业发展的特征与体系,建立了严格的评价体系。从具体的评价操作上来看,有以下几个方面:首先,加强教师在培训期间的出勤管理,切实做到按时培训学习,否则以旷课次数多少来加以惩罚,屡次不到者要取消其培训资格。其次,要进行结业考核,以督促教师在自主学习之后有机会大显身手,这是对达到某一层次的学历规定知识的基本要求,使得职初教师认真学习培训。同时,建立了一套较为科学的评价体系来对新教师在入职培训期间的表现进行评估,其具体内容为:(1)评价对象:师范院校或其他高等院校相关专业毕业,在中小学、幼儿园首次任教的见习教师;(2)评价内容:主要包括职业感悟与师德修养、课堂经历与教学实践、班级工作与德育体验、教学研究与专业发展等四个方面,重点在职业认同与课堂实践、班主任工作能力的提升,关注与职前培养内容的衔接;(3)培训方式:以专题讲座、观课评课、带教、专业诊断、经典阅读、演讲比赛、教学基本功考核等为主要方式,注重在有经验教师指导下的教学实践;在浦东教育发展研究院统一组织安排下,承担区级学科带教及专业诊断任务的基地学校与见习教师聘任学校,共同担任见习教师的规范化培训工作;(4)培训周期:一年;(5)培训评价:见习教师规范化培训结束后,在浦东教育发展研究院指导下,见习教师聘任学校、学科带教及专业诊断基地学校共同对见习教师进行考核。浦东教育发展研究院对考核合格者颁发"见习教师规范化培训合格证书",考核结果作为其在聘任学校从事教育教学工作的重要依据。

为了使得"浦东新区见习教师规范化培训"有目标可循,促进职初教师更快、更好地适应现有岗位,浦东新区构建了职初教师专业发展"临床型"支持组织运行的评价标准。2012年暑期以来,浦东教育发展研究院见习教师培训部研发了20多个教师专业发展评价与管理文本:《浦东新区见习教师规范化培训实施意见(试行)》、《浦东新区2012学年见习教师规范化培训工作方案》、《浦东新区见习教师规范化培训内容与要求》《浦东新区见习教师规范化培训聘任学校工作要求》《2012年浦东新区教师专业发展学校暨见习教师规范化培训基地学校评审方案》《浦东新区教师专业发展学校暨见习教师规范化培训基地学校评审标准》《浦东新区见习教师规范化培训基地学校工作要求》《浦东新区见习教师规范化培训考核办法》《浦东新区地学校带教导师学分登记、奖励等实施办法》《浦东新区 2012 学年见习教师规范化培训须知》《浦东新区中小学见习教师规范化培训手册》《浦东新区幼儿园见习教师规范化培训手册》《浦东新区见习教师规范化培训基地学校资料袋》《浦东新区见习教师规范化培训聘任学校资料袋》《浦东新区见习教师规范化培训基地学校带教导师资料袋》《浦东新区见习教师规范化培训聘任学校学科带教导师资料袋》《浦东新区见习教师规范化培训聘任学校班主任带教导师资料袋》等。

职初教师专业发展评价考核针对不同评价对象与评价实施者,其评价内容有所不同。评价对象涵盖参加规范化培训的所有见习教师,包括幼儿园教师、中小学教师,评价实施者是聘任学校、基地学校、浦东教育发展研究院见习教师培训部门。聘任学校按照《浦东新区中小学见习教师规范化培训考核标准1》或《浦东新区幼儿园见习教师规范化培训考核标准2》进行考核;基地学校按照《浦东新区中小学见习教师规范化培训考核标准3》或《浦东新区幼儿园见习教师规范化培训考核标准4》进行考核;浦东教育发展研究院见习教师培训部门按照《浦东新区见习教师规范化培训考核标准5》进行考核。

以上各方的考核均以满分 100 分计分,60 分以下为不合格,60—74 分为合格,75—84 分为良好,85 分及以上为优秀。聘任学校和基地学校将考核结果记在见习教师的《浦东新区中小学(幼儿园)规范化培训手册》上,并分别汇总考核结果报浦东教育发展研究院见习教师培训部门,浦东教育发展研究院见习教师培训部门汇总聘任学校、基地学校、见习教师培训部门等各方考核成绩,确定见习教师规范化培训考核最终成绩。任何一方考核的缺勤超过 1/4,该考核结果为不合格;只有各方考核结果均为合格及以上的,最终综合考核成绩才能达到合格及以上;各方面考核结果均为优秀,并在区级教学考评中获得优秀成绩的,最终综合考核成绩才能被评为优秀,优秀率约为 25%。通过这种多方面、多视角、多评价主体的评价体系构建,力求全面、有效地对职初教师专业发展进行评价。以下以基地学校使用的《浦东新区中小学见习教师规范化培训考核标准3》为例阐述考核细则(见下表)。

见习教师考核内容由"职业感悟与师德修养""课堂经历与教学实践""班级工作与德育体验""教学研究与专业发展"四大一级指标构成,同时,每个一级指标又划分成若干个二级指标,并赋予相应的分值。例如,"课堂经历与教学实践"板块分割成熟练掌握教学基本功、完成 1 次公开课教学,根据录像进行自评和反思、2 次对照录像课,自我观课评课、一门拓展型选修课的构思,一节选修课试教情况、观摩 4 节课,写出观课报告,有针对性地点评其他老师的 1 节课,写出评课报告、编 1 次单元考试试卷,实测后作质量分析,见习教师针对有问题学生采取相应的补救措施,见习教师完成 1 次期中或期末考试班级质量分析,提出教学对策。以上考核细则的制定具有较强的操作性,同时,评价的方向与内容指向见习教师教学水平的提升与教学行为的改进。

浦东新区中小学见习教师规范化培训考核标准3

一级指标	二级指标	分值	得分
师德表现	有违反师德规范的行为	一票否决	
	参训的积极性低,参与度小,缺勤率大于1/4		
职业感悟与师德修养	认真阅读师德修养书籍1本,完成读书心得1份	10	
	完成职业生涯体验随笔不少于4篇	10	
课堂经历与教学实践	熟练掌握教学基本功	10	
	完成1次公开教学,根据录像进行自评和反思	5	
	2次对照录像课,自我观课评课。	5	
	一门拓展型选修课的构思,一节选修课试教情况	5	
	观摩4节课,写出观课报告。有针对性地点评其他老师的1节课,写出评课报告。	5	
	编1次单元考试试卷,实测后作质量分析;指导见习教师针对有问题学生采取相应的补救措施;指导见习教师完成1次期中或期末考试班级质量分析,提出教学对策	5	
班级工作与德育体验	召开一次班干部会议、一次学生座谈会,就某位学生的某个问题作一次家访	10	
	主持一次主题班会、一次班级社会实践活动	10	
	写一份班级情况分析、2位学生个案分析;写学生学期综合评价评语	10	
教学研究与专业发展	积极参与教研组活动;完成一次备课组活动策划方案。	5	
	完成见习教师规范化培训总结	5	
	制定1份三年的个人专业发展计划。	5	

第二节 "临床型"支持组织建设的发展趋势

从"十一五"开始,浦东新区努力将教师专业发展的重心下移,提升以校为本教师专业发展模式的实际效能,为职初教师专业发展提供"临床型"支持。通过多年的探索,经过各个学校以及区域教育研发机构的理论学习和实践摸索,职初教师专业发展"临床型"支持组织逐渐成为职初教师专业发展的重要平台,借由这个平台,各个学校逐步摸索形成了适合本校的"临床型"支持组织。如今,"十二五"即将进入尾声,"十三五"的画卷正在展开,本研究的结题并不意味着职初教师专业发展探索的停止,职初教师专业发展"临床型"支持组织进一步发展的脚步将永不停止。

一、通过课题引领,面向实践问题

课题是职初教师专业发展"临床型"支持组织运行的重要抓手。从本校的实际情况出发,构建课题、申请立项的过程就体现了以校为本的问题意识和研究意识,而发现问题、提出问题又是职初教师专业发展前提与基础,通过课题研究的过程,职初教师的教学能力、研究能力均得到了较大提升。调查发现,在课题引领教师专业发展方面做得较好的学校,都是基于本校研修工作中的现实与问题,提出相关的研究课题,同时,又能将各个学科教学中存在的问题整合到该课题研究范畴之内,带动一大批不同学科的职初教师积极参与到该课题的实践研究之中。例如,云台小学的区级课题:《合作互动中催生教师教育智慧的实践研究》,带动全校教师从本学科教学出发,参与课题研究,生成了教育智慧,促进了职初教师专业发展。

二、优化组织载体,注入发展动力

如果,职初教师培训一直采用固有的载体与模式,往往会导致有效性逐渐下降。通过调查,我们发现,职初教师专业发展较好的学校,一般都能不断优化教师专业发展"临床型"支持组织的运行载体,为职初教师专业发展注入新的活力。例如,南码头小学利用ALS平台,开展了无纸化的教学,这种基于平板电脑的教学为职初教师的研修提供了新的契机,在这样全新的教学环境下,督促教师不断地反思教学实践的有效性以及教学与技术的整合问题,激发了教师专业发展的兴趣和动力,提升了职初教师专业发展的实效性。

三、丰富支持主体,健全运行机制

从支持职初教师专业发展的微观层面——学校来看,凡是职初教师培养成绩卓著的学校,学校领导都十分重视,亲自负责,层层落实,有健全的机构和相应的规章制度来保障,从而也真正体现了"校长是职初教师专业发展的第一责任人"的原则。同时,在校长的引领下,学校"临床型"支持组织运行机制完善,在人力、物力、财力上予以充分的支持,给职初教师的专业发展提供了保障。

从支持职初教师专业发展的整体来看,目前,本研究落实的职初教师专业发展"临床型"支持组织的构建主体只涉及三个核心要素,即聘任学校(教研组)、教师专业发展学校、区域教育研发机构,高校对该"临床型"支持组织的联系与支持并不明显,尽管大学与中小学已经存在某些合作,但大学、中小学以及区域教育研发机构的三重合作却并未形成机制,因此,如何将大学纳入到职初教师专业发展"临床型"支持组织的运行机制之中,进一步完善"临床型"支持组织的支持主体及其运行机制是今后要做的工作。

四、完善评价机制,增强实际效能

职初教师专业发展评价制度是职初教师专业发展的"瓶颈",能否唤起每一位教师主动成长的愿望,能否让教师充分享受到实践研究中的快乐与"回报",在一定程度上受制于各校以及区域的评价机制。尤其是对于职初教师培训做得较好的学校以及积极进取、力求发展的职初教师个人,如何给予充足的资源帮助和诚挚的精神抚慰,应避免评价方式形式化、单一化、走过场,消耗资源,浪费时间,教师专业发展评价要做到帮助职初教师找到今后发展的方向,并为其提供新的动力。要充分体现"临床型"支持组织中教师个体和教师团队两大要素的主观能动性,从而凸显"临床型"支持组织的自主化、个性化、多样化的特点,只有这样,"临床型"支持组织才能真正有效地促进教师的专业发展。

总之,职初教师"临床型"支持组织的运行帮我们实现了传统意义上小作坊式师徒带教的教师培训模式的转变,帮助职初教师在优秀的"临床型"支持组织下接受规范化指导,实现快速、全面成长,使得教师队伍的整体素质得到大面积、大幅度的提升。我们相信,随着进一步摸索与改进,职初教师"临床型"支持组织一定能成为浦东新区成就"教育强区"之梦的重要翅膀。

参考文献

[1] 朱旭东. 教师教育思想流派研究[M]. 北京：北京师范大学出版社，2017
[2] 蒋喜锋. 专业化的解构与重建：美国当代教师教育政策与实践研究[M]. 上海：华东师范大学出版社，2017
[3] 龙宝新. 当代国际教师教育研究[M]. 北京：科学出版社，2016
[4] 杜秀芳. 教师职业生涯规划与发展[M]. 上海：华东师范大学出版社，2015
[5] 常若松. 教师教育心理学[M]. 北京：北京师范大学出版社，2014
[6] 陈珍国. 基于诊断的中学物理教师教学技能训练教程[M]. 上海：复旦大学出版社，2014
[7] 丁洪涛. 教师的职业内涵与专业发展引论[M]. 北京：中国轻工业出版社，2011
[8] 张丰. 校本研修的实践嬗变[M]. 杭州：浙江教育出版社，2011
[9] 王志军. 校本研修实践探究[M]. 北京：北京师范大学出版社，2011
[10] 陆蓉，邹雪园. 行走在双语路上：基于实践的双语教师能力建设[M]. 杭州：浙江大学出版社，2010
[11] 周南照等. 教师教育改革与教师专业发展：国际视野与本土实践[M]. 上海：华东师范大学出版社，2007
[12] 周广强. 校本研修指南[M]. 长春：东北师范大学出版社，2005
[13] 严先元. 教师怎样进行校本研修[M]. 长春：东北师范大学出版社，2004
[14] Matoba, M. et al. (Eds.). Lesson study: International Perspective on Policy and Practice. Beijing: Educational Science Publishing House, Introduction, 2006.
[15] 钟启泉. 教师研修：新格局与新挑战[J]. 教育发展研究，2013,(12)
[16] 陈珍国. 以学校支持组织改善教育公共服务——基于纽约市教育局的经验[J]. 教育研究，2013,(5)
[17] 安桂清. 话语分析视角的课堂研究：脉络与展望[J]. 全球教育展望，2013,(11)
[18] 陈向明. 从教师"专业发展"到教师"专业学习"[J]. 教育发展研究，2013,(8)
[19] 陈向明，王志明. 义务教育阶段教师培训调查：现状、问题与建议[J]. 开放教育研究，2013,(4)
[20] 戚业国. 校本研修的制度性困惑与机制创新[J]. 教师教育研究，2013,(5)
[21] 安桂清. 以学为中心的课例研究[J]. 教师教育研究，2013,(2)
[22] 李秀伟. 中小学校本研修的改进路向与模型建构[J]. 教育研究，2012,(7)
[23] 王荣生，高晶. "课例研究"：本土经验及多种形态[J]. 教育发展研究，2012,(8,10)
[24] 朱郁华. 名优教师与职初教师的教学观念和教学行为的比较研究[J]. 中小学教师培训，2012,(3)
[25] 陈珍国. 区域性教师终身学习体系建设研究——以上海市浦东新区为例[J]. 上海教育科研，2011,(1)
[26] 安桂清，赵萌萌. 教师如何做课例研究之六：课例研究的认知与实践误区[J]. 人民教育，2011,(Z1)
[27] 杨凤林. 职初教师职业适应期支持策略体系的建构[J]. 赤峰学院学报（自然科学版），2011,(12)
[28] 何菊玲. 教师专业成长的现象学旨趣[J]. 教育研究，2010,(11)
[29] 陈珍国. 后学历时代教师继续教育的时代特征与实践创新[J]. 上海教育科研，2010,(2)
[30] 沈民冈，汪泠淞. 基于"关键教育事件"教师教育的行动研究综述[J]. 上海教育科研，2010,(4)

[31] 都光珍.加强教学团队建设的思考[J].国家教育行政学院学报,2009,(1)
[32] 尹祥.中小学校本研修研究综述[J].天津师范大学学报(基础教育版),2009,(4)
[33] 顾泠沅.校本教研:从制度建设到聚焦课堂[J].人民教育,2007,(19)
[34] 王洁.当前校本研修制度建设的现状与问题的反思[J].上海教育科研,2007,(1)
[35] 陈珍国.重构教育公平形态 实现教育均衡发展[J].教育发展研究,2006,(13)
[36] 潘文光.略论学校教师专业发展文化的创建——组织文化的视角[J].教师教育研究,2006,(5)
[37] 宋广文,魏淑华.影响教师职业认同的相关因素分析[J].心理发展与教育,2006,(1)
[38] 胡定荣.影响优秀教师成长的因素[J].教师教育研究,2006,(4)
[39] 侯晓静,朱丹,乔莉.临床护理教师核心能力评价指标体系的探索性研究[J].护理研究(上旬版),2006
[40] 张翅.近十年来国内关于教师角色的研究综述[J].现代教育科学,2006,(10)
[41] 李德华.新手教师实践性知识的建构[J].当代教育科学,2005,(12)
[42] 胡庆芳.教师成长档案袋发展的国际背景与实践操作[J].上海教育科研,2005,(11)
[43] 和利.国外新教师入职培训的现状及模式[J].师资培训研究,2005,(4)
[44] 刘万海.教师专业发展:内涵、问题与趋向[J].教育探索,2003,(12)
[45] 余文森.论以校为本的教学研究[J].教育研究,2003,(4)
[46] 宫玉花,王艳,陆虹,郑修霞.对临床教师有效教学行为的调查[J].中华护理杂志,2003,(1)
[47] 张立昌.试论教师的反思及其策略[J].教育研究,2001,(12)

后 记

自 2003 年从事教师发展研究以来,我越来越深切地感受到,教师的卓越发展除了自身不懈的努力以外,还跟其所处组织提供的专业支持是否有效密切相关！2004 年以来我一直关注:不同发展阶段的教师需要什么样的支持组织？何种支持方式最能有效促进教师发展？有效的区域教师发展支持组织需要一种什么样的层次结构？其内在的组织文化是什么？从 2004 年基于前测的浦东新区英语教师分层培训,到 2005 年浦东新区的教师专业发展学校和校本研修学校建设,到 2006 年浦东新区新教师 TST 培训模式构建,我试图从一个个培训项目设计与实施中去寻找这些问题的答案。

这些实践让我认识到,如何准确诊断教师发展中的问题,如何基于诊断的问题激发教师追求卓越的内在动力,如何完善学校教研组、区教研室等具有临床性质的这些组织结构,如何改善这些组织的临床支持方式等,对促进教师尤其是职初教师的专业化发展具有重要意义。于是 2012 年我决定申请一个课题,拟集中团队力量从职初教师需要的支持组织建设入手进行系统研究。在领导专家的支持下,"支持职初教师专业发展的'临床型'组织建设研究"(项目编号 A1226)被立项为上海市哲学社会科学规划教育学课题、上海市教育科学研究重点项目。

该项目从立项至今已历时五年,该书稿从撰写到修改也已两年。期间,不论做什么事,我都会不自觉地与这个课题联系起来,不管看什么材料,都会往这项研究上思考。这个项目一直是压在我心上的一块石头,现在,书稿终于要付梓了。

该书稿是项目组成员、领导和专家集体智慧的结晶！

该项目组以浦东教育发展研究院和浦东新区项目学校的研究者为主,主要成员有王丽琴、高珊、朱一军、张新、吴耀忠、孙立坤、兰保民、童燕燕、张广录、马天宇、万辉霞、李晟、张娟、顾俊超、沈健美、娄华英、王伟航、田荣俊等。其中,王丽琴博士作为前期的项目秘书在课题整体设计、早期实施阶段做了大量的基础研究与组织工作；高珊博士作为后期的项目秘书在成果结集、结构调整、统稿与修改阶段投入了大量精力；朱一军作为教师发展中心常务副主任协助主持人在项目设计、实施推进、成果凝练的各个阶段发挥了统筹、协调、组织作用；项目组其他成员分别在调查问卷设计、工具开发、政策设计、具体培训项目的组织与实施、数据采集与分析、子项目研究的推进实施、子项目研究报告撰写、最终成果素材提供与凝练等方面做出了重要贡献。很难想象，如果没有每一位成员对教师教育事业的热爱，没有每一位成员对"临床型"培训理念的理解与坚持，没有每一位成员在合作研究过程中的包容与奉献，该成果何以能够顺利面世！为此，我代表项目组向每一位成员表示敬意与谢意！

    本书的问世，得到了许多专家学者的无私帮助，在立项阶段得到了张明生、张民选、尹后庆、倪闽景、胡卫、苏忱、顾泠沅、杨国顺等老师的悉心指点，开题时苏忱、顾泠沅、顾志跃、宋林飞等老师亲临项目组进行指导，研究过程的不同环节还得到了钟启泉、陈玉琨、应俊峰、张华、代蕊华、郅庭瑾、沈玉顺等老师的启迪，最后张民选、陈玉琨两位老师在百忙之中为本书审稿并作序。本书的问世还得到了孙晶博士的鼎力相助。在此，一并向所有提供过帮助的专家、朋友、同事表示感谢！

    本书还借鉴、引用了其他专家的研究成果，书中所列的参考书目难免挂一漏万，在此，也向可能出现的遗漏表示歉意！因项目团队、尤其是主持人的能力有限，本书难免许多谬误，敬请读者、同行批评指正！我们一定在后续研究和成果梳理中予以改正。

陈珍国

2017年7月于上海

图书在版编目(CIP)数据

临床型组织：上海职初教师成长的秘密/陈珍国等著. —上海：复旦大学出版社,2017.7
ISBN 978-7-309-13101-7

Ⅰ.临… Ⅱ.陈… Ⅲ.师资队伍建设-研究 Ⅳ.G451.2

中国版本图书馆 CIP 数据核字(2017)第 170728 号

临床型组织：上海职初教师成长的秘密
陈珍国　等著
责任编辑/郑越文

复旦大学出版社有限公司出版发行
上海市国权路 579 号　邮编：200433
网址：fupnet@fudanpress.com　http://www.fudanpress.com
门市零售：86-21-65642857　团体订购：86-21-65118853
外埠邮购：86-21-65109143　出版部电话：86-21-65642845
江苏凤凰数码印务有限公司

开本 787×1092　1/16　印张 12　字数 235 千
2017 年 7 月第 1 版第 1 次印刷

ISBN 978-7-309-13101-7/G·1745
定价：40.00 元

如有印装质量问题,请向复旦大学出版社有限公司出版部调换。
版权所有　侵权必究